中国历史文化名人传

# 边塞诗雄
## 岑参传

管士光 著

作家出版社

# 中国历史文化名人传

## 组委会名单

主任：李　冰
委员：何建明　葛笑政

## 编委会名单

主任：何建明
委员：郑欣淼　李炳银　何西来　张　陵　张水舟　黄宾堂

## 文史组专家成员（按姓氏笔划为序）

王春瑜　王家新　王曾瑜　孙　郁　刘彦君　李　浩　何西来
郑欣淼　陶文鹏　党圣元　袁行霈　郭启宏　黄留珠　董乃斌

## 文学组专家成员（按姓氏笔划为序）

王必胜　白　烨　田珍颖　刘　茵　张　陵　张水舟　李炳银
贺绍俊　黄宾堂　程步涛

# 出版说明

中华民族五千年文明史中，涌现了一大批杰出的文化巨匠，他们如璀璨的群星，闪耀着思想和智慧的光芒。系统和本正地记录他们的人生轨迹与文化成就，无疑是一件十分有必要的事。为此，中国作家协会于2012年初作出决定，用五年左右时间，集中文学界和文化界的精兵强将，创作出版《中国历史文化名人传》大型丛书。这是一项重大的国家文化出版工程，它对形象化地诠释和反映中华民族文化的基本精神，继承发扬传统文化的精髓，对公民的历史文化普及和建设社会主义文化强国都具有重要而深远的意义。

这项原创的纪实体文学工程，预计出版120部左右。编委会与各方专家反复会商，遴选出在中国文化发展史上产生过重大影响的120余位历史文化名人。在作者选择上，我们采取专家推荐、主动约请及社会选拔的方式，选择有文史功底、有创作实绩并有较大社会影响，能胜任繁重的实地采访、文献查阅及长篇创作任务，擅长传记文学创作的作家。创作的总体要求是，必须在尊重史实基础上进行文学艺术创作，力求生动传神，追求本质的真实，塑造出饱满的人物形象，具有引人入胜的故事性和可读性；反对戏说、颠覆和凭空捏造，严禁抄袭；作家对传主要有客观的价值判断和对人物精神概括与提升的独到心得，要有新颖的艺术表现形式；新传水平应当高于已有同一人物的传记作品。

为了保证丛书的高品质，我们聘请了学有专长、卓有成就的史学和文学专家，对书稿的文史真伪、价值取向、人物刻画和文学表现等方面总体把关，并建立了严格的论证机制，从传主的选择、作者的认定、写作大纲论证、书稿专项审定直至编辑、出版等，层层论证把关，力图使丛书经得起时间的检验，从而达到传承中华文明和弘扬杰出文化人物精神之目的。丛书的封面设计，以中国历史长河为概念，取层层历史文化积淀与源远流长的宏大意象，采用各个历史时期最具代表性的文化符号与雅致温润的色条进行表达，意蕴深厚，庄重大气。内文的版式设计也尽可能做到精致、别具美感。

中华民族文化博大精深，这百位文化名人就是杰出代表。他们的灿烂人生就是中华文明历史的缩影；他们的思想智慧、精神气脉深深融入我们民族的血液中，成为代代相袭的中华魂魄。在实现"中国梦"的历史进程中，必定成为我们再出发的精神动力。

感谢关心、支持我们工作的中央有关部门和各级领导及专家们，更要感谢作者们呕心沥血的创作。由于该丛书工程浩大，人数众多，时间绵延较长，疏漏在所难免，期待各界有识之士提出宝贵的建设性意见，我们会努力做得更好。

《中国历史文化名人传》丛书编委会

2013 年 11 月

岑参

# 目录

001  草堂松风

018  出入二郡

054  初入仕途

073  走向远方

094  塞上风云

114  长安交游

149  二赴边塞

181  丹心未休

252  蜀道艰难

267  最后岁月


303  附录一  岑参年表

311  附录二  参考文献

# 草堂松风

　　唐朝有两个都城，一个是长安，称为西都，一个是洛阳，称作东都。东都洛阳附近有一座名山，叫作嵩山。唐代的嵩山，同现在一样，树木茂盛，风景优美。嵩山山南称为嵩阳，在武则天时改名登封。嵩山在唐朝人眼里是一个重要所在，因为这里离东都洛阳很近，便于人们去东都洛阳结交权贵、谋取功名、经营商业，而居住在洛阳的达官贵人也常到嵩阳一带打猎、避暑，所以他们的别墅也喜欢建造在这一带，因为这里清静，隐居山林的人士也喜欢选择这里居住，所以附近建有不少和尚和道士的寺观。这样一处自然景观和地理优势并存的地方，自然是唐代的人们，包括诗人们所喜欢的暂居之处了。盛唐著名诗人中，几乎没有人没到过嵩山，杜甫、王维、王昌龄、李白都登过嵩山，留下了许多优美的诗篇，而还有一位唐代著名诗人在这里生活了多年，留下不少佳作，这位诗人就是本书的主角——岑参。

　　岑参是怎么来到嵩阳的呢？

这还要从头说起——

岑参的祖籍是南阳棘阳，即今河南新野县，梁时迁往荆州江陵，即今湖北荆州市。岑参的父亲一直出外做官，在他当仙州刺史的时候，岑参出生了。岑参的父亲叫岑植，他当仙州刺史的品级为正四品下，每月享受的待遇相当不错，正常收入有每月俸给十一千，禄米二百四十石，职田七顷，公廨田八顷，庶仆十二人。岑植官位中等，待遇颇丰，足以维系全家过较富裕的生活。到岑参五六岁的时候，岑植由仙州刺史改任晋州刺史。晋州即今山西临汾，晋州刺史在品级上从三品，因为晋州较仙州富庶，地位更为重要，所以从唐朝的品级看，仙州为小州，晋州为上等州，同样官任刺史，地位和官品却有不同。岑参在晋州开始读书，也对汾水周围的景色留下了美好的回忆，他后来又来到汾水桥边，写下了充满感情的诗篇《题平阳郡汾桥边柳树》。此诗题下有自注："参曾居此郡八九年。"其诗云：

> 此地曾居住，今来宛似归。
> 可怜汾上柳，相见也依依！

这首小诗赋予柳树以生命和感情，写出作者重返旧地高兴而又复杂的心情。如果岑参在这样的环境下继续成长，也许其人生会是另外的一种景象，可是命运多变，只过了五年，岑植就因病去世了。岑参的母亲是继室，丈夫前妻育有二子，岑渭、岑况早已成人，离家独自谋生，而她自己生养的三个孩子岑参、岑秉、岑垂只能和她一起在晋州过着并不富裕的生活。在岑参十三四岁的时候，岑参随母亲迁往河南府王屋县，王屋县北十里左右就是著名的王屋山。王屋山的主峰叫天坛山，在今河南省济源市西王屋镇北，天坛山南青萝河畔有岑参祖上留下来的别业，岑家称之为"青萝旧斋"。《大清一统志》里说："青萝斋，在（河南）济源县西王屋山下，唐岑参别业也。"岑参这时已经在王屋县城和青萝旧斋往返居住了。后来他在外做官，想起自己早年居住在王屋山下，常常去青萝河游玩，有时钓鱼，有时闲逛，好不惬意！他常常回忆这一段美好的生活，如在虢州做官时写下了《南池夜宿思王屋青萝旧斋》，诗里表达了对王屋旧斋及当年悠闲生活的怀念，诗里这样写道：

> 早年家王屋，五别青萝春。
> 安得还旧山，东溪垂钓纶？

一年以后，岑参一家又告别王屋，向南渡过黄河，经过东都洛阳，来到嵩山南边的丘陵地带，这里也有岑家祖上留下来的旧草堂，岑参一家便在这里住了下来。住在这里还有一个原因，那就是离他大哥岑渭当官的地方不太远。来到嵩山以后，岑参常常怀念王屋的隐居生活，也怀念在那里交往的隐居之士，有一天他在王屋山东边的溪流畔留宿，情有所感，写下了《宿东溪怀王屋李隐者》：

> 山店不凿井，百家同一泉。
> 晚来南村黑，雨色和人烟。
> 霜畦吐寒菜，沙雁噪河田。
> 隐者不可见，天坛飞鸟边。

这首诗写得十分平易，表现出他善于写实的特点。首联写出山居人家的景色，山店有泉，不用凿井，而百家同饮一泉；中间两联犹如一幅水墨画，确是"诗中有画"。沙雁，指河边沙洲上的雁。尾联感叹不能与隐者相见，令人遐想，余味悠然。天坛，王屋山之绝顶，为隐者所居之处。此诗前写宿东溪所见，绘出山中幽绝景观，后写诗人之感慨，读之使人感到"高人宛然在目矣"。

自从来到嵩阳，一晃五年过去了，在这五年里，岑参的家庭发生了很大变故，母亲去世了，兄弟几个也各奔前程，只有岑参依然没有离开嵩阳。当然，他也不是只住在这里，从有关材料看，他还到过缑山，在那里住过一段时间，作有《缑山西峰草堂作》：

> 结庐对中岳，青翠常在门。
> 遂耽水木兴，尽作渔樵言。
> 顷来阙章句，但欲闲心魂。
> 日色隐空谷，蝉声喧暮村。
> 襄闻道士语，偶见清净源。
> 隐几阅吹叶，乘秋眺归根。
> 独游念求仲，开径招王孙。
> 片雨下南涧，孤峰出东原。
> 栖迟虑益澹，脱略道弥敦。
> 野霭晴拂枕，客帆遥入轩。
> 尚平今何在，此意谁与论。
> 伫立云去尽，苍苍月开园。

缑山，即缑氏山，在嵩山之西，今河南省偃师市南缑氏镇东南。传说这里是周灵王太子晋得仙之处。此诗描写了闲居草堂时的所见所闻，景中有情，说自己对着五岳之一的嵩山建造了房舍，推门即见一片绿色，在这里只是终日沉溺于退隐林泉的乐趣之中，谈论的只是打鱼砍柴之类的内容。近来已久与书籍疏远，只是为了使心里清静而已，但见空谷落日，但闻暮村蝉声。"曩闻"两句引起遐思：曾听过道士宣讲清静无为的道理，曾靠着小几静看风吹落叶，想着叶落归根的深意。此时特别感到独游之寂寞，希望有人与自己一道隐居。这里用了一个蒋诩的典故：蒋诩辞官归隐，在房前竹下开三径，同故人求仲、羊仲往来。尚平，指尚长，字子平，东汉隐士，这里以之指友人。此意，指隐居生活的闲适。此诗结尾一句颇有韵味：独自伫立，遥望白云远去，苍苍月色，已把园林照亮……

岑参还去过登封北的巩县，在那里他寻访了当地一位有道德、学问而隐居不仕的李先生，留下了《寻巩县南李处士别居》：

先生近南郭，茅屋临东川。

桑叶隐村户，芦花映钓船。

有时著书暇，尽日窗中眠。

且喜闾井近，灌田同一泉。

巩县，唐县名，在今河南巩义市。南郭，外城。《周礼》里说，古代五家为比，五比为闾。又说八家为一井，故"闾井"即乡里，指所居之地。巩县南郊邻近嵩山，故有"闾井近"之说。

又有《巩北秋兴寄崔明允》：

白露披梧桐，玄蝉昼夜号。

秋风万里动，日暮黄云高。

君子佐休明，小人事蓬蒿。

所适在鱼鸟，焉能徇锥刀。

孤舟向广武，一鸟归成皋。

胜概日相与，思君心郁陶。

透过此诗，可看出岑参借景抒胸臆的巧妙手段。友人在朝为官，辅佐休美昌明之世，而自己却隐居蓬蒿之中；可自己心思在鱼鸟身上，岂能出仕从政呢？徇，曲从。锥刀，指微细之利，即"锥刀之末"，此处喻指出仕为官。友人崔明允乘船沿黄河向广武（山名，在今河南荥阳市东北）方向而去，而自己要前往巩县东北的成皋，眼中的美景只能增强自己思念友人的郁闷和忧愁。

此期岑参又去过陆浑别业，也住过相当一段时间。可见，他是以嵩阳为中心，在周边一带周游、访学，开始了自己人生最初的交游。

光阴推移，时间来到了唐朝开元二十二年（734）……

这天一大早，在嵩山南面的一条小路上，急匆匆地走来一个仆人装束的壮汉，他来到山间的一间茅屋前，停了下来，边擦头上的汗，边大声叫道："岑先生！岑先生！"

随着喊声，时年二十岁，还是一副书生模样的岑参走了出来，一见这个壮汉，便笑道："阿六，你怎么这么早就来了？"

阿六一边往屋里走，一边喘了口气说："你哥哥岑大人叫我再给你送些米面，对了，还有这些书。"说着，他把背上的大包放在地上。岑参感叹道："真让兄长费心了！"

"岑大人说叫你好好读书，不要浪费时间。"

岑参点点头，说："你回去告诉我哥哥，我这里一切都好，请他放心！"

待阿六走后，岑参捧着哥哥送来的书，长长地叹了一口气。他理解哥哥送书的一片深意。是呀，而今自己已经二十岁了，一定要抓紧时间苦读，才能尽早获取功名！

他信步走出草屋，眼前一片葱绿，风吹松树发出一片涛声，他的思绪就像那山间的小鸟，一刻也不能安静……

说起来，岑参有值得自豪的家史，他的祖辈和父辈出了不少高官，有三个甚至官至宰相，这可是一般家庭里少见的。第一个是岑参的曾祖父岑文本，他文章写得好，在唐太宗的时候当了中书令。第二个是伯祖父岑长倩，他是岑文本的侄子，在唐高宗永淳年间，做了宰相。岑长倩虽然当了高官，但坚持原则，在武则天当政时期，他反对立武承嗣为皇太子，使武姓众人很不高兴，后来有酷吏为了讨好武氏，就给他罗织了不少罪名，岑长倩蒙冤被杀，更惨的是他的五个儿子也一起被赐死。第三个是岑参的伯父岑羲，他在中宗、睿宗时期当了宰相，后来却参与太平公主的阴谋活动，在玄宗上台执政后被杀，家里的财产也被没收了。岑参的祖父岑景倩也是当官的，他在武后为大中大夫，行麟台著作郎兼弘文馆学士，他有四个儿子，岑参的父亲岑植为长子。

想到自己可以夸耀于人的家史，岑参总是百感交集，他深觉自己有重振家业的责任，这也是他刻苦读书的动力。可是，自己已经二十岁了，却仍然要依靠哥哥的帮助来生活，更别说获取功名和重振家业了！想到这，他不由长长地叹了一口气。

正在这时，忽听有人叫道："岑兄，又在那里构思佳作了吧？"

岑参从沉思中惊醒过来，一回头，见是经常来往的几位诗友——张杉、王文吾和周陆，忙迎上去，笑道："小弟我能有什么佳作？大概是三位兄长有什么不朽之作，特来向小弟我炫耀的吧？"

张杉行过礼，笑道："岑兄，我昨日读你那首《宿东溪怀王屋李隐者》，很是兴奋，你在王屋山住了多长时间？"

"也不过一年多吧。"

"噢，这首诗颇有隐者之风呀，我已经背下来了！你们听——山店不凿井，百家同一泉。晚来南村黑，雨色和人烟。霜畦吐寒菜，沙雁噪河田。隐者不可见，天坛飞鸟边。"

王文吾叹道："好一个'晚来南村黑，雨色和人烟'！"

岑参还礼道："见笑！见笑！"

张杉又说："那首《春寻河阳闻处士别业》也不错，我……"

王文吾打断他说："这首诗我知道，你们听——风暖日曈曈，黄鹂飞近村。花明潘子县，柳暗陶公门。药碗摇山影，鱼竿带水痕。南桥车马客，何事苦喧喧？"

张杉说："'花明'两句对仗工整，可谓诗眼。当年潘安仁为河阳令，提倡种植桃李花，人号河阳一县花。此典用在这里太精巧了！"

王文吾说："'柳暗'句用陶渊明宅边有五柳树的典故，也很恰切！"

岑参只是叹了一口气，并未说什么。

还是周陆观察得细致，他说："我看是岑兄又想起家业未振，功名未就，心中又不痛快了吧？"

"嘿！"还不待岑参回答，张杉快人快语道，"岑兄，何必想那么多呢？我们终日悠闲于山间林下，世事皆不关心，岂不快意，为什么一定要自寻烦恼呢！"

王文吾说："张兄难道还不知道吗？岑兄家族中人才辈出，曾三出宰相，岑兄当然要以重振家风为己任了。哪像我们这些平民百姓的后代，自然不去做出将入相的美梦了！"

岑参摇摇头说："王兄所言差矣。如今我大唐朝野一片升平，自太宗皇帝奠定基业以来，已经一百四十余年了，正是我们这些人报效国家的好时候，怎能终日山间林下，虚度一生呢！不知各位是否知道有一位写诗的圣手叫李白，他有一首诗写得好，前不久我兄长让人带给我，我读了很有感慨呀！"

众人说："不妨读来听听！"

岑参略一沉吟，轻声朗诵道：

> 桃李得开日，荣华照当年。
>
> 东风动百物，草木尽欲言。
>
> 枯枝无丑叶，涸水吐清泉。
>
> 大力运天地，羲和无停鞭。
>
> 功名不早著，竹帛将何宣！

张杉赞道："'功名不早著，竹帛将何宣'，有气魄！我知道此人诗名很大，他还有一首《古风》，开头两句也是大气魄，你们听——'一百四十年，国容何赫然！'"

"是啊，现在虽说是太平盛世，但其实也不是一片光明。据我所知，这位李白的仕途也很不顺呢！"王文吾说道。

岑参问道："莫非王兄与这位李白有交往吗？"

王文吾笑道："我只是从一位朋友那里听说过这个人。他是蜀人，据说出生在西域，后随父回蜀。七八年前由蜀中来到内地，自言'仗剑去国，辞亲远游'，游历许多地方后定居安陆，后又在那里与故相许圉师孙女结婚。"

张杉问："噢，这位李白先生的经历还真有些传奇色彩呢！"

"是呀，"王文吾接着说，"在安陆他待得烦了，就到长安去求发展，据说通过关系结识了当今圣上的女婿张垍，可惜张垍只把他安排在终南山玉真公主别馆暂住，并没有为他奔走，李白只得失望而归，看来'桃李得开日'，也不过是一句空话！"

周陆似乎想起什么，问道："莫非那首《襄阳歌》和《江上吟》就是这位李白先生离开长安后写的？王兄这么一说，倒使我想起不久前长安王昌龄老兄寄来的诗了，诗的作者就叫李白，两首诗都是好诗！"

岑参忙说："不知周兄能否背诵下来？"

周陆笑道："小弟不妨试上一试，若有记忆不清的地方跳过去便罢！"

"好！"大家知道这是周陆谦虚，他的记忆力历来极佳，何况又是好诗，肯定不会有任何遗漏。周陆略一沉吟，先朗诵了李白的《襄阳歌》：

> 落日欲没岘山西，倒著接蓠花下迷。
>
> 襄阳小儿齐拍手，拦街争唱《白铜鞮》。
>
> 旁人借问笑何事，笑杀山公醉似泥。
>
> 鸬鹚杓，鹦鹉杯。
>
> 百年三万六千日，一日须倾三百杯。
>
> 遥看汉水鸭头绿，恰似葡萄初酦醅。
>
> 此江若变作春酒，垒曲便筑糟丘台。
>
> 千金骏马换小妾，醉坐雕鞍歌《落梅》。
>
> 车旁侧挂一壶酒，凤笙龙管行相催。
>
> 咸阳市中叹黄犬，何如月下倾金罍？
>
> 君不见晋朝羊公一片石，龟头剥落生莓苔。
>
> 泪亦不能为之堕，心亦不能为之哀。
>
> 清风朗月不用一钱买，玉山自倒非人推。
>
> 舒州杓，力士铛，李白与尔同死生。
>
> 襄王云雨今安在？江水东流猿夜声。

"真是好诗！"众人听罢都点头，王文吾说："李白内心之苦闷和悲哀，令人对仕途望而却步！"

岑参说："诗是好诗，只是色彩太灰了一些……"周陆笑笑，又轻声朗诵起《江上吟》：

> 木兰之枻沙棠舟，玉箫金管坐两头。
> 美酒樽中置千斛，载妓随波任去留。
> 仙人有待乘黄鹤，海客无心随白鸥。
> 屈平词赋悬日月，楚王台榭空山丘。
> 兴酣落笔摇五岳，诗成笑傲凌沧洲。
> 功名富贵若长在，汉水亦应西北流。

吟罢，周陆看看大家，笑道："各位兄长，不知道听了此诗有何感想？"

王文吾笑道："这位李白先生真是大手笔呀！我们真是自愧不如！"

岑参接着说："以小弟之见，这位李白先生为人旷达，诗情勃发，只是色彩还是太灰了一点儿，功名虽然不能长在，但大丈夫岂能视而不见，不去追求？"

张杉摇摇头，说："人各有志，我倒是更欣赏李白先生的志向，功名富贵，白云流水而已！"

岑参颇不以为然，说："张兄所言，小弟不敢苟同，大丈夫来世上走一遭，岂能不有所建树？功名富贵固然不值得过分追求，但光宗耀祖、有功于朝廷却是我们这些读书人应该念念不忘的！"

张杉和王文吾历来追求一种清静闲适的生活，对社会世事不感兴趣，也从来不去想获取功名的事，所以听了岑参的话，不约而同地摇了摇头。

周陆看气氛有些不够协调，趁张杉和王文吾还未说话，忙说："依我之见，今天我们还是不争这些。我看今日相聚，我们只谈一个字，那就是'诗'，如何？"

岑参、张杉、王文吾都点了点头。

周陆把手里的东西放在石桌上，说："我带了些酒肉，大家还是边喝边谈吧，怎么样？"

"还是周兄想得周到！"

待大家分别在草屋外的石桌旁坐下以后，张杉问道："我们今日以诗会友，是各作新诗呢，还是品评旧作？"说着，他把杯中的酒一饮而尽，又自己斟上一杯。

周陆说："以小弟之见，我们近来作诗不少，今天还是品评一番，看哪几首最为优秀，如何？"

岑参点了点头，放下酒杯："行，我看就这样吧！"

周陆说："依我之见，近期诸位所作，还以岑兄那首《自潘陵尖还少室居止，秋夕凭眺》最为出众，尤其是其中'草堂近少室，夜静闻松风。月出潘溪尖，照见十六峰'几句最为精彩，把草堂月夜写得美极了！"

"是呀，这首确实相当不错，其他几句也很好，我来读一读如何？"王文吾接着朗诵道：

> 九月山叶赤，溪云淡秋容。
>
> 火点伊阳村，烟深嵩角钟。
>
> 尚子不可见，蒋生难再逢。
>
> 胜惬只自知，佳趣为谁浓。

昨诣山僧期，上到天坛东。

向下望雷雨，云间见回龙。

久与人群疏，转爱丘壑中。

……

张杉认真地说："此诗总的讲也的确不错，周兄点的几句固然精彩，不仅写出草堂月色，更把自潘陵尖还草堂一笔带过，下面写少室秋夕眺望所见，村火、暮烟，用'点''深'二字，颇为精当。'尚子''蒋生'借古人写自己，自有深意。最后又表明了决心归隐的想法，甚佳！"

王文吾说："还没结束呢，你接着听。"他又不紧不慢地轻声读道：

心淡水木会，兴幽鱼鸟通。

稀微了自释，出处乃不同。

况本无宦情，誓将依道风。

王文吾接着说："岑兄近期佳作不少，依我之见，还是那首寄给我的诗最好，特别是'卷迹'以下两联真是神来之句，妙极了！"说着，他摇头晃脑地朗诵起来：

田中开白室，林下闭玄关。

卷迹人方处，无心云自闲。

竹深喧暮鸟，花缺露春山。

胜事那能说，王孙去未还。

周陆赞扬道："岑兄此诗不仅写出春景悦人，更写出我等潜心隐居、专心释道的心思，结句更有招隐之意，耐人品味！"

听了这话，岑参忙说："二位兄长过奖了，小弟诗才平平，怎当得起这样的赞扬？近期三位仁兄所作，都有佳品，还是……"

张杉笑着打断岑参的话说："我们这是评诗，好就是好，不好当然就说不好，岑兄不必过谦。不过依我之见，还是岑兄写我们悠闲生活的那首《南溪别业》最有诗味。"说着他站起身，朗诵道：

> 结宇依青嶂，开轩对翠畴。
>
> 树交花两色，溪合水重流。
>
> 竹径春来扫，兰樽夜不收。
>
> 逍遥自得意，鼓腹醉中游。

"这首真是佳作！"王文吾点头赞叹，"既写出南溪别业景色，又写出我们的隐居生活，竹径通幽，兰樽长把，真与庄子一样，尽享逍遥之游啊！"

张杉坐下饮了一口酒说："怎么样，岑兄真把我们远离尘世的生活写活了。前不久，我把这首诗抄寄给长安的一位朋友，他来信对此诗大加赞赏，说此诗作者定是当今诗坛的一个奇才！"

听了这话，岑参不仅没有露出喜悦之色，反而长长地叹了一口气。

几个人都很吃惊，忙问为何。

岑参勉强一笑，说："小弟确实没有什么事，只是刚才各位选的我的几首拙作均是半年前的旧作，这半年来我的思想发生很大变化，想到我为世宦之家子弟，岂能真的老死林下，所以入世之心又起，日渐强烈，想想自己年已二十，却在这山间林下虚度光阴，心中十分难过。刚才张兄说长安有人赞我为诗坛奇才，小弟实不敢当。可是大丈夫生在世间，不能为国家出力尽心，只会写写诗，又有何用？"

岑参的声音不大，但语气十分有力。一时，谁也没有说话。

停了好一会儿，岑参又说："小弟的想法与几位兄长各不相同，可是人各有志，不能强求，还请诸位理解。"

"岑兄！"三个人一下子都站了起来，他们虽然不热心于入世为官，但却被岑参的一番话打动了。他们站在那里，等着岑参继续说下去。岑参却什么也没有再说，只是给每个酒杯里又倒上了酒。

周陆一把握住岑参的手，急切地问道："岑兄有何打算？快快告诉我们，如果能帮上忙，我们一定助你一臂之力！"

张杉和王文吾也随声应道。

"不瞒诸位兄长，我计划近期便前往洛阳……"

"据传当今皇上正在洛阳，我想先去那里试一试。"

周陆点点头说："据我所知，要想出仕任职一般有三条路可走：一是应考，二是求达官贵人推荐，三是直接向皇帝献上文赋。"

"噢，那岑兄是想走第三条入仕之路了？"张杉问道。

"是的。我早就想过，应考现在不是时候；求达官贵人推荐，我觉得并不光明磊落，因此，我想去洛阳，直接向当今皇上献上诗赋。"

"对，凭岑兄的文才，献诗赋是一个好主意！"张杉点点头。

王文吾说："是啊，若是被圣上看中，岂不是入仕的一条捷径吗！"

"当然是一条捷径，有许多人就是走这条路踏上仕途的。"张杉喝了一口酒，接着问道："岑兄，你难道对朝廷的事一点都不知道吗？"

"什么事？"岑参问道。

"我等自然知道，自开元以来，圣上任用姚崇、宋璟等能干的大臣，进贤而退不肖，特别实行姚崇所奏十事，如行法必自亲近之人开始，废除苛捐杂税……"张杉说道。

"还有不幸边功，宦竖不与政，停道、佛营造……"周陆插话道。

"对，"张杉继续说道，"这些措施实行以后，我大唐确实出现了开元盛世，不然我等又怎能在此吟诗作赋、闲暇度日呢！"

"是呀，"岑参点点头，"我看'开元之治'不比'贞观之治'差多少，不知各位仁兄如何看？"

大家表示赞同。张杉说："我听长安的一个老朋友说，情况近来还是有些变化，当今皇上年事已高，对朝政不太感兴趣，他老人家洞晓音律，丝管皆造其妙，据说击鼓的技术圣上也是一流的，所以圣上每天都在梨园调教音乐子弟，不仅亲自指挥、培养宫中女乐，还让她们演奏自己的作品，有时还亲自参加演出……"

周陆说："岂止这些！据我所知，开元初圣上锐意进取，社会一片升平，至开元中圣上似有懈怠，比如开元十三年，圣上东封泰山，就带着三百只由'神鸡童'贾昌饲养的斗鸡随驾；十八年春，又命令侍臣和百官每个假日找一处风景优美的地方举行游宴，还广为赐钱，住宿饮食皆由公家出资提供，从那以后，这种游宴一年要搞好几次呢！而朝政都交给了宰相李林甫，据说……"

"李林甫？"王文吾插话道，"这个人我听说过，有人说他很有才华，也有人说他权力欲望特盛，喜欢用手段排挤别人，听朋友说，最初圣上问身边的高力士，说自己已经十年不出长安了，天下无事，想把政事托付给李林甫如何？高力士劝圣上不要把大权交给别人，圣上很不高兴，高力士也就不敢说话。后来听说皇上对李相是绝对信任的。"

"是呀，圣上对他是绝对信任，听说他也做了许多好事，比如这几年在丰年用平价收购粮食储存起来，到灾年就拿出来用，改变了每到灾年朝廷就迁往洛阳找食物的惯例，圣上很高兴，对他也就更信任了。"

"他虽然有当臣子的本事，但是听说十分妒贤嫉能，下属胆敢反对他，肯定没有好下场，"张杉说，"这样的人占在那么重要的位置上，政治能清明吗？这时候出去入仕，能有好结果吗？"

王文吾说："听说去年圣上叫李林甫举行制举考试，希望选拔在野的人才，但李林甫怕这些士子不懂朝廷规矩，胡言乱语，指斥朝政，所以就通知州郡长官注意训练教导这些士子，让他们按一定的答案来准备，结果来到朝廷，他们个个木讷愚钝，竟无一人入选，岂不可恶！可是，你们知道李林甫给圣上上表怎么说？他竟然上表祝贺，说是'野无遗贤'，你们说可笑不可笑！"

"可笑，又可恨！"众人应道。

岑参若有所思地说："朝廷什么时候都有忠臣奸臣，难道因此就不出去为国效劳吗？"

听了岑参的话，大家知道他决心已下，一时没有人再说什么，突然显得十分安静。

"那你需要……"周陆的话还没说完，张杉便打断道："那还用问，依我看，岑兄远游一定需要银子，我那里还有一些，去时一并带走吧！"

"对，我也有一些，过两天一定送来！"

"我明天就给你送来！"

听着朋友们的话，岑参的眼睛湿润了。

# 出入二郡

为了实现自己入仕的愿望，岑参暂时告别了嵩山，带着朋友们和哥哥送的一些银子，踏上了去洛阳的道路。正是初夏时节，一路青枝绿叶相送，岑参沿着山间小道急急忙忙走下山来，一颗年轻而充满活力的心在胸中跳荡不已。他不知道这次离去前途如何，但年轻的他，对未来自然充满了信心。

"嵩山，再见了！"当岑参走到嵩山脚下，他在心里这样向嵩山告别。回望嵩山，峰峦叠嶂，山溪叮咚，岑参有几分不舍，他略一停留，觉得胸中有一口气需长长地吁出，他长叹一口气，又摸摸身上的书包，那里有他这些日子苦心写出的几篇文赋，他真希望这些作品能受到皇上的赏识，给他带来好运气。

就这样，岑参带着对未来的希望，离开了他生活了很长一段时间的嵩山。走上大道，一路向西而去……

可是，人生的道路总是很坎坷的，对于刚刚二十岁的岑参来说，他对坎坷的人生还没有充分的准备，他总觉得，凭着自己的才华，自己的理想是很容易就能达到的。但是，命运似乎并不特别关照他，反而却像是在捉弄他。当岑参匆匆赶到洛阳，按着官府的惯例，把自己的文赋送到朝廷专门的机关里以后，便在城里找了个客店住了下来，一心等着使人喜悦的消息。

时间一天天过去了，岑参的心里越来越不安定，身上的银子也越来越少了。渐渐地，岑参开始担心自己的前途。每当夜深人静，他躺在床上久久不能入睡，他反复自问："难道是我的文章不好，皇上没有看中吗？即使这样，官府也应该有个回信呀！怎么会如石沉大海，一点消息都没有呢？"

在焦急的等待中，又过了十几天。

这天，岑参实在忍不住了，一大早便前往洛阳专管文士献赋的机构去打探消息。他等了很长时间，才从里面走出一个年老体弱的老吏，岑参忙上前施礼道："请问老先生，我二十多天前献上了几篇文赋，不知为何一直到今天还没有一点消息呢？"

"噢，"老吏有气无力地问道，"你叫什么名字？"

"小人叫岑参，是从嵩山来的，献上文赋以后，我一直在城西客店里等着消息，可……"

老吏把手中的名册随便翻了翻，打着官腔说："你的文赋没有被皇上看中，你走吧！"

"啊！老先生，我……"

也许是岑参着急的样子打动了老吏，他流露出几分同情，小声说："这位先生，你不要着急。其实，你们这一批献上的文赋，皇上根本就没看！"

"没看？那……"

老吏看着岑参，小声说："你还不知道吧？皇上近来新得了一个美人。哪有工夫看你们这些文人的文赋呢！"

"美人？是谁呢？"

"就是杨玉环呀，现在皇上已封她为贵妃了，近来皇上特别宠爱她，对朝政都不怎么关心了。"

"那……"岑参急得说不出话来。

老吏同情地叹了一口气，说："你们这些读书人哪！"他见岑参露出灰心丧气的神色，又安慰道："你也别太着急，皇上在东都洛阳没心思看你们献的赋，到了西京长安总是会看的，你不如再去长安碰碰运气，皇上明天就起驾回长安了。"

岑参点点头说："谢谢老先生指点！"说着掏出几两银子塞在老吏手里。

回到客店，岑参即刻打点行装，结了账，当天就离开洛阳前往长安。

但是，事情并不顺利，岑参的愿望在长安仍然没有机会实现，他献给朝廷的文赋，并没有引起皇帝的重视。时间在等待中一天天过去了，岑参开始感到生活渐渐拮据起来，幸亏他哥哥岑渭又托人带来些银子，他才能在长安继续住下去。

这一天，客店的老板告诉岑参，皇上又到洛阳去了。见岑参有些不信，老板说："这是宫中当差的朋友告诉我的，他们呀，就盼着皇上去洛阳，那样他们就可以偷闲些日子了。"岑参取了些银子给老板，叫他打些酒来。岑参自斟自饮起来，一时感到心中非常郁闷。是啊，此时此刻，他又该怎么办呢？最后，他还是决心再到洛阳去一趟，也许还能够找到一个入仕的机会。

第二天，岑参离开长安又踏上了去洛阳的道路。快到中午的时候，他来到了潼关。潼关是一座古关，在今陕西省潼关县，地当陕西、河南、山西三省交界处。关城依山临水，历来以形势险要著称。守关的士兵验明了他的身份，放他过了关。回头望着曾经几次经过的潼关，岑参忽然想到了东汉时一个叫郭丹的人。据史书记载，郭丹是南阳人，有一次他入函谷关寻求仕路，曾经立下誓言说："我此生若不能在关内为官，便决不再出此关返乡！"果然，几年后，郭丹被任命为谏议大夫，作为使者被皇上派往南阳，遂了他衣锦还乡的愿望。岑参虽然不追求什么"衣锦还乡"，但是在他生活的时代，要想在政治上有所作为，唯一的出路便是出仕为官。难怪他会想到东汉时的郭丹了。想想郭丹，比比自己，岑参心中不由得感慨万千，他不禁随口吟道：

> 来亦一布衣，去亦一布衣，
> 羞见关城吏，还从旧道归！

是啊，这一年以来，岑参两次经过潼关，却仍然是一介布衣，并没有得到一官半职，难怪他自卑得连守卫潼关的小吏都羞于相见呢！

"出入二郡"期间，他因为常在外奔波，思念亲人的感情难免不时产生，值得特别注意的是他的一首怀念妻子的诗，因为这一类诗往往有靡丽和缠绵的风格，所以特别标明了"效齐梁体"几个字，其诗如下：

> 盈盈一水隔，寂寂二更初。
> 波上思罗袜，鱼边忆素书。
> 月如眉已画，云似鬓新梳。
> 春物知人意，桃花笑索居。

这首诗是一个夜晚，岑参路过磐豆城（今河南灵宝市西磐豆镇，在黄河南岸）时隔河望永乐县，心有所感而写的，言浅情深，耐人品味。岑参还在磐豆这个地方探访过野寺里的高僧，作有《晚过磐豆寺礼郑和尚》诗，以"岸花藏水碓，溪竹映风炉。顶上巢新鹊，衣中带旧珠"四句写野寺周围景色和高僧坐禅时入神情态，颇为后人赞赏。岑参还曾从磐豆横渡黄河到达黄河北岸的永乐县访问朋友，一次，他在友人郑少府办公室的墙壁上留下一首诗：

大河南郭外，终日气昏昏。
白鸟下公府，青山当县门。
故人是邑尉，过客驻征轩。
不惮烟波阔，思君一笑言。

黄河在县城南流过，终日河上水气弥漫，白鹭在县署里飞过，县城之门正对着青山。友人在此任县尉，客人只得停下远行的车马。自己渡河相访，见出彼此友情之深。

说到此时关东关西的奔波，岑参是很希望能有人关照提携，帮助自己走通仕途之路的，特别是那些已经在朝廷任职的人，他更是寄予了期望，其《函谷关歌，送刘评事使关西》值得一读：

君不见函谷关，崩城毁壁至今在。
树根草蔓遮古道，空谷千年长不改。
寂寞无人空旧山，圣朝无事不须关。
白马公孙何处去，青牛老子更不还。
苍苔白骨空满地，月与古时长相似。
野花不省见行人，山鸟何曾识关吏？

故人方乘使者车，吾知郭丹却不如。

请君时忆关外客，行到关西多致书。


　　函谷关是长安东出的门户，故址在今河南灵宝县。此诗在咏古中表达送别之意，自有一种苍凉高古之感。诗人感叹赫赫有名的函谷关，今天却城崩壁毁，到处是草蔓树根，只有空谷旧山默默无语；昔日过关的公孙龙、老子早已不知魂归何处，眼前只见苍苔白骨；皓月长存，野花山鸟又岂多情？过关之人和守关之人早已不为今人所知了。白马公孙，指战国时人公孙龙，他是名家学派代表人物，有"白马非马"的论点。据说他有一次骑白马过关，关吏阻拦说："此关不许过马。"他回答道："白马不是马。"青牛老子，老子，春秋楚人，史书记他乘青牛过函谷关，为关令尹喜著《道德经》五千言而去，后不知所终。诗的结尾点到刘评事的使者身份，说郭丹与他相比都有所不如，表现出对他的羡慕，同时希望得到他的关照，想想此时的岑参，这种心情是可以理解的。

　　岑参这些年往来于长安和洛阳之间，他自言此乃"出入二郡"时期，他常常在求仕不成失望之时又回到嵩阳闲居，这里的山水令他向往，给他安慰。有一次他沿洛水东归，有感而发，在洛水舟中写下了《还东山洛上作》其诗如下：


春流急不浅，归枻去何迟。

愁客叶舟里，夕阳花水时。

云晴开螮蛛，棹发起鸬鹚。

莫道东山远，衡门在梦思。


　　诗中描写出了洛水上的明丽景色，春水已深而归枻已迟，孤舟客愁与夕阳相伴，初晴见虹而棹起惊鸟，表现出他急于归来的心情，莫言故山尚远，梦中已先归了！还有一次，他从长安东行归嵩阳少室山，经过潼关时天色已晚，他干脆住在潼关，夜不能寐，起身写下《东归晚次潼关怀古》：

> 暮春别乡树，晚景低津楼。
> 伯夷在首阳，欲往无轻舟。
> 遂登关城望，下见洪河流。
> 自从巨灵开，流血千万秋。
> 行行潘生赋，赫赫曹公谋。
> 川上多往事，凄凉满空洲。

怀古中有无限感慨。留宿于古关，自然会生出思古之幽情。晓行夜宿，在夕阳西下时来到了黄河北岸的风陵渡，潼关与之隔河相望。很想访问不食周粟的伯夷的隐居地首阳(此指雷首山，在今山西省永济市南，地近潼关)，可惜没有"轻舟"之便。望中所见所感，诗人不由感叹自从山劈河通，潼关即为兵家必争之地，自古以来征战不已。又想到潘岳描写潼关的《西征赋》和曹操在潼关的一次成功的军事行动，感叹今日满目凄凉，英雄不再。潘生赋，指潘岳的《西征赋》，据说他在西晋元康二年（292）为长安令，由当时的京都洛阳西行赴任，一路上览胜怀古，作《西征赋》，其中涉及潼关的名句有"眺华岳之阴崖，觇高掌之遗踪""慨韩马之大憝，阻关谷以称乱，魏武（曹操）赫以霆震，奉义辞以伐叛，彼虽众其焉用？故制胜于庙筹（战前计划）"。曹公，即指曹操，据史书载，建安十六年（211），马超、韩遂等叛，屯兵潼关，曹操亲自领兵西征，用谋略打败了马超和韩遂，获得大胜。

虽然说"羞见关城吏",但他还是在命运的摆布下又一次经过潼关,与关吏相见,因为岑参在嵩山少室山待了几个月以后,自知还会同上次一样一无所获,只得又从原路再一次返回长安。他想,长安是大唐的首都,是政治经济文化的中心,这里仕进的机会毕竟多一些。因此,他这次决定在长安多住些日子,好好找一找出仕报国的机会。

这一天,岑参在客店里待得无聊,便信步来到长安西市。西市在群贤坊、怀远坊、光德坊和醴泉坊之间,距皇城不远,西边是长安的金光门。这里是长安的主要商业区,店铺一间挨着一间,饭馆酒楼随处可见。他走了一阵儿,觉得有点乏累,便走进一家酒楼,要了些酒菜,独自喝起了闷酒。

在岑参的邻桌,围坐着几个读书人,他们的谈话吸引了岑参的注意,他不由得转过头仔细听了起来。在谈了一阵国家大事和朋友琐事以后,一个长着络腮胡子的人举着酒杯站了起来,他笑着对一位白皙脸、年纪约在四十岁左右的人说:"王兄,你的诗堪称天下第一,今日何不借着酒兴,当场为我们大家吟诵两首?"

旁边的几个人也笑着附和。

那个被称作"王兄"的人也端起酒杯,笑着说:"李兄,你不必将我一军,谁不知道你的诗才是当朝的佳品,何必取笑我呢?"

听了他的话,众人都笑了起来。

这时一个小个子的壮年人站起来说:"王兄、李兄,你们不必谦虚,你们的诗各有特色,天下传唱,我还是喜欢王兄几年前在江南镇江芙蓉楼送别我时写的那首《芙蓉楼送辛渐》。"说着,他抑扬顿挫地朗诵道:

寒雨连江夜入吴,平明送客楚山孤。

洛阳亲友如相问,一片冰心在玉壶。

众人拍手称好。有人站起身，由衷地夸赞道："此诗借送友以写胸臆，其词自然潇洒可爱。送别诗而不言别，着重剖白自己的高洁，'一片冰心在玉壶'，实在难得！"

"是啊，"辛渐笑道，"此诗首句写送别前夜的自然景色，次句写平明相送。结句最妙，含意十分丰富，我想一定会成为千古传诵之诗句！"

另一人也站起来说："在我看来，那首《从军行》也是绝唱呀。"接着朗诵道：

> 青海长云暗雪山，孤城遥望玉门关。
> 黄沙百战穿金甲，不破楼兰终不还。

话音刚落，众人齐赞："好气魄！"有人反复吟咏"黄沙"二句，赞不绝口。那位被称作"王兄"的人谦虚地说："见笑了！见笑了！其实李兄的大作才值得称道呢，你们听——"他略一停顿，朗诵道：

> 白日登山望烽火，黄昏饮马傍交河。
> 行人刁斗风沙暗，公主琵琶幽怨多。
> 野云万里无城郭，雨雪纷纷连大漠。
> 胡雁哀鸣夜夜飞，胡儿眼泪双双落。
> 闻道玉门犹被遮，应将性命逐轻车。
> 年年战骨埋荒外，空见蒲桃入汉家。

众人也纷纷点头。那个被称作"李兄"的人笑道："不知各位听说过‘旗亭画壁’的故事没有？好不有趣！”

“什么旗亭画壁？”众人不解地问。

“是这么回事，”那位“李兄”笑着说，“去年刚入冬的时候，昌龄兄、高适兄和之涣兄一起在酒楼饮酒，忽见有十几个歌女前来献唱，这几位仁兄暗中较劲，看歌女唱谁的诗最多。”

“有趣！结果如何？”有人问道。

那位被称作“王兄”的人笑道：“我们当时约定，平时大家各有诗名，互不相让，现在正好可以悄悄观察歌女所唱，唱谁的诗，谁就在墙上画一笔，谁的诗入歌多谁就算胜。”

“哈哈，有意思！”

“王兄”又说：“第一首唱的就是我的《芙蓉楼送辛渐》，第二句唱的是高适兄的一首五绝……”

“李兄”接口道：“我知道，是《哭单父梁九少府》的前四句：‘开箧泪沾臆，见君前日书。夜台今寂寞，犹是子云居。’”

“确是好诗！”

又有人问：“那之涣兄岂不失落？”

“王兄”笑道：“谁知之涣兄神色坦然，说‘这几个歌女都不出色，唱的自然是下里巴人’，他指着歌女中最漂亮的一个说：‘如果这个女子开口，唱的不是我的诗，我一辈子也不敢和你们比试了，若是我的诗，你们应当场跪下，拜我为师！’”

众人听得更有趣味了。

“李兄”接着说：“结果这个歌女一开口，就是之涣兄的《凉州词》‘黄河远上’，结果……”

“哈哈……”众人大笑。

这时有人轻声朗诵起《凉州词》：

黄河远上白云间，一片孤城万仞山。

羌笛何须怨杨柳，春风不度玉门关。

众人又是一片叫好声。

那个被称为"王兄"的人，颇有感慨地说："我大唐朝一百余年以来，天下太平，读书人可以安心读书，且朝廷又有按诗取士之制，所以诗风是历朝历代以来最为兴盛的。现在有一些年轻士子，他们的诗写得相当好，比如我有一位朋友常年住在嵩山，很早以前，他给我寄来一些诗，是一个叫岑参的年轻人写的，相当不错，所以我们可不敢在这里说什么'天下第一'之类的话呀！"

"王兄所言极是！"

停了一下，"王兄"又说："这个岑参的诗我读了一些，其中颇有佳作，你们听这一首如何——"他清清嗓子朗诵道：

扁舟沧浪叟，心与沧浪清。

不自道乡里，无人知姓名。

朝从滩上饭，暮向芦中宿。

歌竟还复歌，手持一竿竹。

竿头钓丝长丈余，鼓枻乘流无定居。

世人那得识深意，此翁取适非取鱼。

"好一个'此翁取适非取鱼'！境界果然不凡！看来这位岑参先生是一个向往适意的人，这倒和我等气味相投。"

听到有人提到自己的名字和诗，岑参先是一愣，继而想起在嵩山时，老友张杉曾说过他把自己的一些诗寄给了长安的一位朋友，当时也没有问他长安的朋友叫什么，大约就是这个被人称作"王兄"的人了。

岑参放下酒杯，来到正在高谈阔论的众人面前，先施了一礼后问道："敢问这位王先生大名？"

"你是……"

岑参轻轻一笑说："刚才这位先生提到的岑参便是本人，所以特来问安。"

"你是嵩山张杉先生的朋友吗？"

"正是晚生。"

"太好了！"那人急忙站起身，对岑参说："我叫王昌龄，"他又指指那位大胡子，"这位是李颀。"接着他又把在座的人一一作了介绍，然后问道："不知岑兄是否肯与我等同席畅饮？"

岑参又行了一个礼，这才坐下。

虽然王昌龄和李颀比岑参要大二十岁，但岑参早就听说过王昌龄和李颀的大名，他们的诗他也是读熟了的，可以说"神交已久"，特别是王昌龄的绝句和李颀的歌行，岑参是认真学习过的，尤其是王昌龄的边塞之作，更给岑参留下深刻的印象，所以他们一相识，便一见如故，有说有笑，无话不谈，很快就成了朋友。

这次欢聚之后，岑参与王昌龄、李颀等常来常往，经常聚会赋诗，这为他那寂寞而孤独的生活平添了一份乐趣。

但是，好景不长。这一天，李颀来找岑参，并带来昌龄兄因得罪了朝官，被贬为江宁丞的消息。

第二天，岑参和弟弟岑秉与李颀、常建等人在西市酒楼为王昌龄饯行，大家心里都很不愉快。是啊，送友远行本来就是人生的一大难事。席间，王昌龄感伤地说："唉，当个小小的官，真不是一件容易的事呀！

我生性粗放，难免要得罪一些人，还是朋友们理解我呀！"

李颀劝慰道："江宁虽远在润州（今江苏南京市），但毕竟是鱼米之乡，王兄一去也许会另有发展！"王昌龄淡淡一笑，摇了摇头却什么也没有说。

岑参为王昌龄斟上一杯酒说："王兄不必太感伤了，你毕竟还能有所作为，而我……"岑参没有说下去，只是仰头一口喝尽了一杯酒。

王昌龄诚恳地劝道："岑兄，你虽有才华，却怀才不遇，时光岂不白白浪费了吗？依愚兄之见，你不如参加每年朝廷举行的科举考试，一定会被朝廷选中，那时一定会比愚兄我更有作为。虽然要花些力气和时间，但这毕竟是我等读书人入仕的一条门路，总比在长安闲居要好得多！"

"王兄所言极是！"

李颀对入仕为官并不热心，他唯一关心的就是作诗，见王昌龄和岑参谈得热闹，便插话说："王兄，饯行不能无诗，有酒无诗岂不太俗气了？"

"那你先带个头吧！"众人笑道。

李颀摸一摸络腮胡子说："行，那我就献丑了！"说完，他站起身，略一思索，轻声吟道：

> 漕水东去远，送君多暮情。
> 淹留野寺出，向背孤山明。
> 夜来莲花界，梦里金陵城。
> 叹息此离别，悠悠江海行！

"好一个'叹息此离别，悠悠江海行'！真是情深意切啊！"

李颀谦虚地摇摇头，说："我只是凑个趣，岑参兄诗名不凡，何不当场赋诗，让我们也欣赏欣赏？"

岑参笑道："那我就不客气了。"说完沉思片刻，朗声吟道：

> 对酒寂不语，怅然悲送君。
> 明时未得用，白首徒攻文。
> 泽国从一官，沧波几千里。
> 群公满天阙，独去过淮水。

"好诗！好诗！"只听这八句，便有人叫起好来。

常建评道："此八句悲昌龄兄之远行，可谓句句是泪。对酒不语，怅然相送，而虽为'明时'，却不被重用，只能徒攻诗文、白首读经；今赴官远行，江湖无边，数千里烟波令人心惊，而'群公'二句更是沉痛！"众人纷纷点头："常兄所评精当……"

"还有呢！还有呢！"李颀示意大家安静，等着听岑参后面的诗句，岑参从容地继续吟道：

> 旧家富春渚，尝忆卧江楼，
> 自闻君欲行，频望南徐州。
> 穷巷独闭门，寒灯静深屋，
> 北风吹微雪，抱被肯同宿。
> 君行到京口，正是桃花时，
> 舟行饶孤兴，湖上多新诗！
> 潜虬且深蟠，黄鹄举未晚。
> 惜君青云器，努力加餐饭！

　　岑参话音刚落，李顾便站起身赞道："确是送行佳作，岑兄果然诗才不凡，佩服！佩服！"

　　常建继续评论道："前八句写岑兄自己，读此诗才知道岑兄曾在富春江一带居住过，想是童年之事吧？'穷巷'四句更见出岑兄与王兄深挚之友情，令人感叹；结尾八句表达了我们对昌龄兄共同的祝愿，那就是多写佳作，保重身体，现在小人当道，即使真龙也要隐伏而不可施用，但王兄自有大才，今后一定会如黄鹄冲天一样有机会施展才能……"

　　有人笑道："常兄何时成了诗评家了？哈哈！"大家都笑了。

　　也不知是酒起了作用还是听了友人的赞扬不好意思，岑参的脸红了，他轻轻坐下，笑着说："诗写得一般，让众位兄长见笑了，可是小弟对王兄的一片离情却是真挚的，此诗只不过表达了我心中之情的十分之一罢了！"

　　王昌龄紧紧握住岑参的手，一句话也说不出来。过了好一会儿，王昌龄站起身说："我深感众位友人之深意，也献上一首诗凑凑趣吧！如果诸位同意，我就把诗题为《留别岑参兄弟》，送给岑家二位老弟！"

　　说完王昌龄用他那低沉而略带几分沙哑的声音吟道：

　　　　江城建业楼，山尽沧海头。

　　　　副职守兹县，东南棹孤舟。

　　　　长安故人宅，秣马经前秋。

　　　　便以风雪暮，还为纵饮留。

　　　　貂蝉七叶贵，鸿鹄万里游。

　　　　何必念钟鼎，所在烹肥牛。

为君啸一曲，且莫弹箜篌。

徒见枯者艳，谁言直如钩。

岑家双琼树，腾光难为俦。

谁言青门悲，俯期吴山幽。

日西石门峤，月吐金陵洲。

追随探灵怪，岂不骄王侯。

　　想到自己即将前往六朝旧都建业（即江宁县），一路只有孤舟相伴，颇为凄凉，一年前来到长安，与朋友们畅饮交往，令人怀念感叹。岑家历史显赫，犹如汉代的金日磾一门七代皆为高官，而岑参兄弟万里出游，寻求入仕的机会。临别之际，王昌龄不禁劝慰岑氏兄弟不必感叹家族以往的辉煌，还是长歌一曲，在箜篌声中抒发自己的感情，虽然世间枯荣易换，但那些刚直之人又岂可变直为曲呢?！岑家兄弟都极有才华，其光彩腾耀，友人难以比并，还是不要过多感叹家道中衰，最好能够前来吴地一游，那时我们一同登石门山，游金陵洲，这岂不比王侯更为惬意吗！

　　听了王昌龄的诗，众人一时沉默不语，是啊，那"徒见枯者艳，谁言直如钩"两句诗中有多少感慨和不平啊，这种感情深深地打动了岑参，他想：确如王昌龄诗中所说，世上本有枯而复荣的人，但这些人往往都是善于阿谀逢迎权贵的人，那些为人正直的人，不能变直为钩，当然也只能穷困凋枯、不被重用了。王昌龄为人耿介，正是这样的人呀！想到这些，他不由得长长叹了一口气。

　　夜色在不知不觉中降临在长安城上，一弯明月在云层中静静地浮动……

　　岑参与王昌龄有很深的友情，送走王昌龄以后的第三年六月，在朝廷任拾遗之职的许登去江宁看望父母，岑参为其送行时写了送别之作，诗中表达了对王昌龄的怀念之情：

> 王兄尚谪宦，屡见秋云生。
> 孤城带后湖，心与湖水清。
> 一县无诤辞，有时开道经。
> 黄鹤垂两翅，徘徊但悲鸣。
> 相思不可见，空望牛女星。

王昌龄治理地方业绩突出，有时还研读道家经典。谪宦江宁，犹如黄鹤垂翅，只能隐伏待时，而自己的思念之情不可抑制，犹如牛女二星相望而不能相遇，令人惆怅。

送走王昌龄以后，李颀和其他几个朋友纷纷离开长安，有的回家乡省亲，有的去外地谋求出路。这天，一位姓唐的朋友又要离开长安，朋友们在浐水边为其送行，而这位朋友要去的地方正是岑参家室所在的嵩阳，所以他是一定参加送别的，席间，岑参写下了《浐水东店送唐子归嵩阳》：

> 野店临官路，重城压御堤。
> 山开灞水北，雨过杜陵西。
> 归梦秋能作，乡书醉懒题。
> 桥回忽不见，征马尚闻嘶。

前四句写送别时景色和环境。浐水，源出秦岭山中，从西安东郊流过，与灞水相合流入渭河。御堤，指长安御沟（龙首渠）的堤岸。灞水北，指骊山。杜陵，即长安乐游原，在今西安市东南，汉宣帝筑陵于此。后四句写由友人离去而思念家人和送别情景。此诗颇有特色，一位友人听罢即评道："此诗前二联写野店之景，后二联叙送别之情。唐子乃岑兄之乡人，故其归而起故园之想。惟有梦归，书不能题者，醉后之情绪难堪耳。于是目送其行，至人马皆隐，而犹察其声。抒写惜别之怀，令听者宛然在目……"

朋友们纷纷离开，岑参重又回到寂寞孤独之中。他总感到心神不定，也不知道干些什么好。在这种境况下，他决定到外地周游一番，一则散散心，二则也许能碰到一个出仕的机会，因为手里的银子不多，岑参不能到太远的地方去游历。当时，社会比较安定和富裕，远行之人不必身带兵器，也不用带很多的钱，所以出游是一件并不困难的事情，对文人墨客来说，更是一门必修课。岑参一直想到黄河以北的河朔一带去转转，这次时间充裕，终于能够成行。岑参先到了古邺城，其故址在黄河北临漳县西，漳河流经这里，望着东去的漳河水，岑参不由得吟道：

> 下马登邺城，城空复何见？
>
> 东风吹野火，暮入飞云殿。
>
> 城隅南对望陵台，漳水东流不复回。
>
> 武帝宫中人去尽，年年春色为谁来？

邺城本为魏国都邑，建安十八年（213）曹操为魏王，定都在这里，使邺城成为中原地区最繁盛的地区之一，但在北周大象二年（580），杨坚与相州总管尉迟迥在此大战一场，邺城在战斗中被焚毁。面对这样一座昔盛今衰的空城，诗人的无限感慨便会自然产生。飞云殿，邺城宫殿名。望陵台，即曹操建的铜雀台。据载，曹操（后被追尊为武帝）临终留下遗言说："吾死之后，葬于邺之西岗上……妾与伎人皆著铜雀台……汝等时登台，望吾西陵墓田。"铜雀台"高一十丈，有屋一百二十间，周围弥覆"。结句一问，感叹人事俱非，春色依旧，写尽魏都之荒凉，抒发了吊古之幽思……

由古邺城西北行又到了邯郸，邯郸是战国时赵国都城，故地在今河北省邯郸市，至今有丛台军赵王城遗址，岑参在邯郸留下了诗作《邯郸客舍歌》：

> 客从长安来，驱马邯郸道。
>
> 伤心丛台下，一旦生蔓草。
>
> 客舍门临漳水边，垂杨下系钓鱼船。
>
> 邯郸女儿夜沽酒，对客挑灯夸数钱。
>
> 酩酊醉时月正午，一曲狂歌垆上眠。

前四句写游至邯郸，触景伤怀，但见丛台荒芜，令人感慨。丛台，战国赵都邯郸的台观之一，因由许多高台连缀而成，故名。以下四句犹如一幅市井风俗画，"客舍"二句写人物，颇为生动，"对客挑灯夸数钱"则如人物特写，"不但描画了邯郸儿女的形象、动作，就连其豪爽泼辣的性格也真切可感"（薛天纬《高适岑参诗选评》）。最后两句更写出诗人醉酒后的文人形象。

离开邯郸，经贝丘，岑参又来到冀州（今河北冀州市）。他在贝丘见到了一位新朋友，二人相携来到冀州。这位新朋友叫王绮，他的父亲叫王景，是兰州刺史，他自己是越州仓曹参军，此时刚接到诏书要去长安参加制举考试。所谓"制考"，是皇帝在正常考试之外亲自下诏增加的一种特殊的考试，始兴于唐高宗时，唐玄宗即位后也以制举取士，有直言极谏科、文辞雅丽科、将帅科等等，这一年正月，玄宗又下诏说自己求才若渴，希望朝廷内外互相推荐，使那些"有才术异能，风标节行，通闲政理，据资历堪充刺史、县令者，各任以名荐"。这些人被推荐参加考试后即会得到任命，当然，如果被选中的人不能胜任或者出了问题，不仅本人要受到处罚，推荐之人也得承担责任。对读书人来说，这当然是个好机会。岑参很羡慕他的际遇，想到自己一事无成，心中颇为郁闷，中午的酒宴上借酒浇愁，几杯酒下去就快醉了。王绮见到这种情况，恳切地说："岑兄，看你今天心情不好，还是少喝一些吧！"

"王兄，没事，我自会把握。"

旁边有人趁机说："明天王兄就要赴京，何不请岑兄即席赋诗呢？"

众人拍手称是。

岑参略一沉吟，提起笔来，手腕快抖，疾书而成《冀州客舍酒酣贻王绮》，其诗曰：

夫子傲常调，诏书下征求。

知君欲谒帝，秣马趋西周。

逸足何骎骎，美声实风流。

富学赡清词，下笔不能休。

君家一何盛，赫奕难为俦。

伯父四五人，同时为诸侯。

忆昨始相值，值君客贝丘。

相看复乘兴，携手到冀州。

前日在南县，与君上北楼。

野旷不见山，白日落草头。

客舍梨花繁，深花隐鸣鸠。

南邻新酒熟，有女弹箜篌。

醉后或狂歌，酒醒满离忧。

主人不相识，此地难淹留。

吾庐终南下，堪与王孙游。

何当肯相寻，澧上一孤舟。

诗好字亦好，众人当然一片叫好之声。诗中岑参赞王绮才华横溢，将应制举考试，进而赞扬王氏家族之盛。二人于贝丘相遇，一起来到冀州，同登北楼。岑参希望王绮将来有机会乘舟沿澧水南下到终南山来游玩，那里是自己的隐居之处。

从冀州南返，岑参又到达井陉，在这里他结识了一位道士，道士的家在双溪边上，岑参前去拜访，道士取出"五粒松（松的一种）"花酿的酒让他鉴赏，岑参略一品尝，确实感到味道独特，不由得多饮了几杯。席间，岑参写下了《题井陉双溪李道士所居》：

五粒松花酒，双溪道士家。

唯求缩却地，乡路莫教赊。

因为是道士请客，又恰逢诗人生思归之念，所以诗中自然用了费长房的典故：据晋葛洪《神仙传》记载，费长房有神术，能缩地脉，"千里存在目前宛然，故之复舒如旧也"。离开井陉，岑参一路在山间行走，经过整整一天的跋涉，在夕阳下来到一个四通八达的渡口，此时马已十分疲劳，卧倒在山坡上不肯前行，岑参无奈也停了下来，望着秋日的天空和伸向远方的石路，不由感慨万千，心生悲秋之念，由鹏鸠（即伯劳鸟）四处鸣叫和蕙草已近衰败想到自己蹉跎失时，求仕无成，更加深了行走在外的寂寞之感，《暮秋山行》便很好地表现出他此时的情绪：

疲马卧长坂，夕阳下通津。
山风吹空林，飒飒如有人。
苍旻霁凉雨，石路无飞尘。
千念集暮节，万籁悲萧辰。
鹍鸡昨夜鸣，蕙草色已陈。
况在远行客，自然多苦辛。

"鹍鸡"二句化用《离骚》："恐鹈鴂之先鸣兮，使夫百草为之不芳"的辞意，感叹自己之怀才不遇。对这首诗，后人评价很高，特别是前四句，范晞文《对床夜语》评曰："远途凄惨之意毕见于此。"刘永济《唐人绝句精华》评曰："诗写旅途荒野凄寂之状，如在目前。"

北游南还到达了黎阳。黎阳，卫州属县，其地即今河南浚县，南滨黄河古道。在这里也与一位姓狄的县令相遇，这是一位老朋友，已经三年未见面了，此次相逢，当然十分高兴，岑参提笔写了《临河客舍呈狄明府兄留题县南楼》：

黎阳城南雪正飞，黎阳渡头人未归。
河边酒家堪寄宿，主人小女能缝衣。
故人高卧黎阳县，一别三年不相见。
邑中雨雪偏着时，隔河东郡人遥羡。
邺都唯见古时丘，漳水还如旧日流。
城上望乡应不见，朝来好是懒登楼！

这首诗如诗题所说是题写在城楼的墙壁上的，内容比较随意，写的是眼前景，是心里想说的话，也表现出作者的思古之幽情和思乡的归情，语言十分自然流畅，凡是走到县南这座城楼前读到此诗的人很容易读懂此诗，这也有助于这首诗的流传。狄县令把此诗反复吟诵了几遍，感慨地说："岑兄，你这诗中的最后两句化用王粲《登楼赋》以抒怀，令人遥想当年王粲客居荆州、登楼望乡之情啊！我来此地已经三年，思乡而不得归，这两句正写出了我的心情啊！"

岑参只是望着不远处的漳河流水，没有说话。

从黎阳出发，又经过新乡，县尉王釜热情接待了岑参，在酒宴之后，岑参又以会客厅的墙壁为纸，写下了《题新乡王釜厅壁》：

> 怜君守一尉，家计复清贫。
>
> 禄米尝不足，俸钱供与人。
>
> 城头苏门树，陌上黎阳尘。
>
> 不是旧相识，声同心自亲。

新乡是唐县名，属河北道卫州，在今河南新乡市。苏门，新乡附近山名，又叫苏岭、百门山，在今河南辉县西北。诗中感叹友人只任县尉小官，家计清贫，但却乐于助人，为人豪爽，所以虽是新结交的朋友，却意气相投。最后两句言简意深，历来为人们传诵。声同，《易·乾》："同声相应，同气相求。"作为一个县尉，能得到岑参的赠诗，而且评价又如此高，王釜自然十分高兴，他不仅令人再加酒增菜，更叫人备好文案，请岑参把赠诗书写在纸上，他要好好保存，传之后人。

岑参趁着酒兴，一挥而就，二人品评一番，又开怀畅饮起来……

出去了一段时间，难免有些劳累，岑参决定结束此次周游，尽快回长安去。在西归长安途中的一个晚上，在华阴（唐县名，在今陕西省华阴市）城东的客舍里，忽然想起老友阎防，不知友人可好，遂写下《宿华阴东郭客舍忆阎防》诗：

次舍山郭近，解鞍鸣钟时。
主人炊新粒，行子充夜饥。
关月生首阳，照见华阴祠。
苍茫秋山晦，萧瑟寒松悲。
久从园庐别，遂与朋知辞。
旧垫兰杜晚，归轩今已迟。

首阳，山名，在今山西永济市，地近潼关。华阴祠，即西岳庙，在华阴市华山北麓，是祭祀华山神的地方。这是一首借景表达对友人的怀念之情的诗作。阎防是汉中（今山西永济）人，开元、天宝年间颇有文名，曾进士及第，在今湘南当过州郡的司户，后官至大理评事。岑参与这位阎防关系很好，后来与他一直交往，岑参后来还有一首诗专记自己带着琴酒去阎防所住的崇济寺僧院拜访他，即《携琴酒寻阎防崇济寺所居僧院》："相访但寻钟，门寒古殿松。弹琴醒暮酒，卷幔引诸峰。事惬林中语，人幽物外踪。吾庐幸相近，兹地兴偏浓。"

这一次河朔之行，用了几个月的时间，岑参结交了一些新朋友，也见到了不少老朋友，对社会人生加深了了解，也写下不少诗作，他自己感到收获很大，也充分体会到出游的乐趣和益处，所以回到长安以后不久，他又决定再一次出去游历。这一次他从长安向东，一路前行，当天便赶到了潼关，其时已经是傍晚时分，他只得投宿于潼关西的客舍。他刚刚住下，便听到院子里有人说话，似乎是两个相熟的人在此偶遇，自然十分兴奋，再一细听，岑参不由心里一动，原来还是有人去参加朝廷的制举考试。岑参默然地躺在床上，望着窗外的一轮明月，忽然想到了在嵩山隐居时的老友严世林、许冲之，他们要是也能前来参加制举考试该有多好！想到这些，岑参起身写下了《宿关西客舍，寄东山严、许二山人，时天宝初七月初三日，在内学见有高道举征》：

> 云送关西雨，风传渭北秋。
> 孤灯然客梦，寒杵捣乡愁。
> 滩上思严子，山中忆许由。
> 苍生今有望，飞诏下林丘。

从诗题看，此诗写作的时间是天宝元年，即公元七四二年七月初三，正是岑参"出入二郡"之时。所谓内学，指道家的学说。此诗既写出诗人自己行旅的孤单，又借东汉初严光和尧时隐者许由之名，表达对隐居不出的友人的思念，希望友人应试出仕，建立功业。严子，东汉初隐士严光，少与刘秀同游学，秀即帝位后，光改名隐居，垂钓于富春江畔，钓处有"严陵濑"之称。许由，传为尧时隐者，传说为避帝位，他逃到箕山下，躬耕而食。

过潼关，岑参东行至匡城（唐县名，属滑州，在今河南长垣县西南），在这里，岑参见到了老朋友周少府（县尉），少不了又是饮酒，又是赋诗，岑参在周少府办公地方的墙壁上留下一首诗：

> 妇姑城南风雨秋，妇姑城中人独愁。
> 愁云遮却望乡处，数日不上西南楼。
> 故人薄暮公事闲，玉壶美酒琥珀殷。

颍阳秋草今黄尽，醉卧君家犹未还。

妇姑城即指匡城，因旧有妇姑庙而得名。其时正值秋风秋雨，愁云遮住望乡之路，所以诗人数日不登西南城楼，友人公事之余与自己饮酒畅谈。作者不由得怀念起早年的隐居之地，感叹自己客居他乡而不得还。颍阳，唐县名，即今汉南登封市西南颍阳镇，这里代指岑参早年隐居之地"少室居止"。

离开匡城，岑参来到大梁，这里是战国时魏国的国都，故城在今开封西北。作为历史名城，一草一木无不引发诗人的幽思。走在古城的街上，陪伴他的朋友一边介绍着大梁的历史古迹，一边介绍近来的一些名人故事。这位朋友姓刘叫刘文重，在县衙做一个书记官。刘文重问道："岑先生，你认识高适先生吗？"

"高适？噢，听说过他的大名，是一位豪爽之士，也是一位当今的大诗人，对吧？"

"没错。"

"我读过他的《燕歌行》，真是千古绝唱！"说着岑参竟旁若无人地朗诵起来，他的声音时而激昂，时而低沉，充满了感情。岑参朗诵最后一句时，右手伸开，由心胸处缓缓伸向前面，似乎在历史中回望，充满了对李将军的怀念之情……

"太好了，真是佳作！"刘文重也感慨道，"岑兄朗诵得也好，颇为传神！"

岑参又说："高适先生的另一首《别董大》，想必刘兄熟悉吧？"

"那更是千古绝唱了！"刘文重随口背诵道：

千里黄云白日曛，北风吹雁雪纷纷。

莫愁前路无知己，天下谁人不识君！

岑参点点头，问道："刘兄为何提起高诗人呢？"

"他最近到大梁来游历，我陪了他两天，他也非常兴奋，走了不少地方，特别是写了一首长诗《古大梁行》，一时广为流传……"

"真的？你手边有这首诗吗？"

"当然有了，不过，我已能背诵这首诗，岑先生想听吗？"

"当然，那就……"

刘文重放慢脚步，缓缓背诵道：

古城莽苍饶荆榛，驱马荒城愁杀人。

魏王宫观尽禾黍，信陵宾客随灰尘。

忆昨雄都旧朝市，轩车照耀歌钟起。

军容带甲三十万，国步连营一千里。

全盛须臾那可论，高台曲池无复存。

遗墟但见狐狸迹，古地空余草木根。

暮天摇落伤怀抱，抚剑悲歌对秋草。

侠客犹传朱亥名，行人尚识夷门道。

白璧黄金万户侯，宝刀骏马填山丘。

年代凄凉不可问，往来唯有水东流！

"真是好诗！"岑参由衷感叹，"从题材和内容来看，吊古之作并不少见，何况来到大梁，更是难免要发思古之幽情，可这首诗却不同凡响……"

"愿听其详！"

"你看，此诗一上来就把抒情推向高潮，接下来层层发展，真有一唱三叹之妙！"

"岑兄所言极是！"

岑参又说："这首诗起笔二句伉爽，'魏王'二句敷衍，'忆昨'四句推开，'全盛'句折入，'暮天'句入己，以下重复感叹，自有深浅，而气益厚，韵益长，反复吟咏，久之自见……"

刘文重轻轻点头，认真领会……

当天晚上，岑参把刘文重抄录的《古大梁行》又读了两遍，忽有所感，想到匡城接待自己的周县尉，提笔写下了《至大梁却寄匡城主人》：

> 一从弃鱼钓，十载干明王。
>
> 无由谒天阶，却欲归沧浪。
>
> 仲秋至东郡，遂见天雨霜。
>
> 昨日梦故山，蕙草色已黄。
>
> 平明辞铁丘，薄暮游大梁。
>
> 仲秋萧条景，拔刺飞鹅鸧。
>
> 四郊阴气闭，万里无晶光。
>
> 长风吹白茅，野火烧枯桑。
>
> 故人南燕吏，籍籍名更香。
>
> 聊以玉壶赠，置之君子堂。

自从结束隐居生活，岑参十年来一直在寻求入仕之路，但却没有机会谒见皇帝，只得仍然归隐林泉。诗中写到一路的行程和途中所见到的景色。东郡，即唐代的滑州，即今河南滑县东。此次岑参的行程是沿黄河先到了滑州，又到匡城、铁丘，由铁丘到的大梁。铁丘，在唐滑州卫南县东南十里，今河南濮阳县西南。秋日原野的景色，颇为生动，友人的感情亦深厚、真诚，点出此诗写作的本意。南燕，唐初所置县名，地近匡城，此借指匡城。籍籍，指声名远扬。玉壶，指自己的一片素心。写罢长诗，放下毛笔，岑参自我欣赏这首诗和这幅字，再读到"长风吹白茅，野火烧枯桑"二句时，颇有几分得意，不觉又吟诵了几遍。这两句诗不仅岑参自己比较满意，同时的人也大加赞赏，比如同时代的诗评家殷璠编了一部《河岳英灵集》，其中说："参诗语奇体峻，意亦造奇，至如'长风吹白茅，野火烧枯桑'，可谓逸才。"

月亮西斜，夜已深了，岑参却没有一点睡意，他想着自己，虽胸怀大志，但却没有施展的机会，不由得又展纸挥毫，写下《秋思》一首：

那知芳岁晚，坐见寒叶堕。

吾不如腐草，翻飞作萤火！

这首小诗明白如话，感情纯净。诗人感叹光阴迅速流逝，心情无奈又茫然。三、四句所发出感慨和自伤，令人心动。古人认为萤火虫是从腐草中化出的，所以岑参在此感叹自己连能化出萤火虫的腐草也不如。是啊，这些日子岑参虽然四处游历，好像很轻闲自在，其实他的心里一刻也没有忘记自己入仕报国的理想。读罢此诗，眼前似有一位希望有所作为的青年文士的形象在晃动。

带着一种失意情绪，岑参在初冬时节回到了长安。这一路岑参结识了许多好朋友，有些来往很密切，比如在大梁结识了一位名叫郭乂的朋友，后来岑参与郭乂多有交往，在长安也有交游。在由大梁回长安途中，岑参还结识了一位朋友叫韩樽，二人一起到偃师东去拜访了景云寺的和尚，写下了《偃师东与韩樽同诣景云晖上人即事》：

山阴老僧解楞伽，颖阳归客远相过。

烟深草湿昨夜雨，雨后秋风渡漕河。

空山终日尘事少，平郊远见行人小。

尚书碛上黄昏钟，别驾渡头一归鸟。

诗写眼前所见，颇为生动传神。偃师，在今河南偃师市。景云，佛寺名。上人，和尚的别称。山阴，山北。楞伽，佛经名。漕河，以水道转运粮食的河，此指洛河。尚书碛、别驾渡，洛水上的地名。回到长安以后，免不了又要与友人相聚和送别，一次，郭乂从长安前往河朔，岑参在送别时写作了《送郭乂杂言》赠给这位朋友：

地上青草出，经冬方始归。

博陵无近信，犹未换春衣。

怜汝不忍别，送汝上酒楼。

初行莫早发，且宿灞桥头。

功名须及早，岁月莫虚掷。

早年已工诗，近日兼注《易》。

何时过东洛，早晚渡盟津。

朝歌城边柳簳地，邯郸道上花扑人。

去年四月初，我正在河朔。

曾上君家县北楼，楼上分明见恒岳。

中山明府待君来，须计行程及早回。

到家速觅长安使，待汝书封我自开。

诗作从郭乂的生活写起，说他虽然离家乡不远，但因没有信使往来，故春天仍未送来春衣，不得不着冬装。博陵是他的家乡。博陵，隋郡名，唐改为定州，后又改为博陵郡，即今河北定州市。"怜汝"四句写送别及想象郭乂此行将经过的地方和景物，表达了深长的离别之情，可谓情真动人。陆游曾特别欣赏"早发"二句，"尝称此句至工"。"功名"四句说郭乂学有所成，当及早建功立业，也表现出岑参的一种人生追求。这首诗既是勉励友人又是自勉自励，其中有两句深深地打动了郭乂的心："功名须及早，岁月莫虚掷！"这两句诗形象而又典型地表达了岑参此时的心情。是啊，时光犹如河水一样悄悄地流去，一去而永不复返。可是自己呢？却只能终日与朋友一道饮酒赋诗，空抒壮志，这样下去，什么时候是个头呢？自从回到长安之后，又过去了三个多月，可是，路在哪里呢？

这一天，岑参觉得十分无聊，早早地便躺在了床上。他从窗户往外望去，只见一轮明月像往常一样悠然浮动，把一片洁白洒向人间。此时此刻，岑参一丝睡意也没有，思绪像插上了翅膀在夜空里飞翔，他想了许多许多，想到了嵩山的朋友，想到了远去了的王昌龄、李颀，更多地想到了自己已经年近三十，到了而立之年，可是却如一片白云，飘来飘去，没有定所；他还想到自己值得炫耀的前辈，更为自己功名不就而心如火焚，感念旧事，百感交集。突然，他翻身下床，披一件长衣，来到书桌前，取过纸笔写下了三个大字《感旧赋》，继而文不加点地写了起来。他先写了"序文"：

参，相门子。五岁读书，九岁属文，十五隐于嵩阳，二十献书阙下。尝自谓曰：云霄坐致，青紫俯拾。金尽裘敝，蹇而无成，岂命之过欤？国家六叶，吾门三相矣！江陵公为中书令辅太宗，邓国公为文昌右相辅高宗，汝南公为侍中辅睿宗，相丞宠光，继出辅弼。《易》曰："物不可以终泰，故受之以否。"逮乎武后临朝，邓国公由是得罪，先天中，汝南公又得罪，朱轮华毂如梦中矣！今王道休明，噫世业沦替；犹钦若前德，将施于后人。参年三十，未及一命，昔一何荣矣，今一何悴矣！直念昔者为赋云。

序文写完，他略一思索，文不加点，一挥而就：

吾门之先世，克其昌赫矣！烈祖辅于周王，启封受楚，佐命克商，二千余载，六十余代，继厥美而有光。其后辟土宇于荆门，树桑梓于棘阳；吞楚山之神秀，与汉水之灵长。猗盛德之不陨，谅嘉声而允臧。庆延自远，祐洽无疆。自天命我唐，始灭暴隋，挺生江陵，杰出辅时。为国之翰，斯文在兹，一入麟阁，三迁凤池。调元气以无忒，理苍生而不亏；典丝言而作则，阐绵蕝以成规。革亡国之前政，赞圣代之新轨；捧尧日以云从，扇舜风而草靡，洋洋乎令问不已！

克，能。昌赫，昌盛显赫。烈祖，有功业的祖先。周王，指周文王、周武王。启，开始。佐命，辅助建立功业。厥，其，指上文之"烈祖"。土宇，土地房屋。荆门，此借荆州。桑梓，古代为了养蚕而种桑树，为了制棺木而种梓，后以桑梓代指家乡。棘阳，在今河南新野县东北。吞，借助。与，相同。灵长，绵长广远。这两句说祖先居楚，得江山之神秀之气，族运如同汉水，绵长广远。猗，叹词。陨，落。谅，的确。允臧，善美。庆，福。祐，福。洽，滋润。江陵，指江陵公。时，当朝。翰，柱子，此指国之栋梁。麟阁，指秘书省。凤池，指中书省。忒，差错。典，主其事。丝言，指天子的谕旨。则，准则。绵蕝，指朝廷礼仪。亡国，指隋。捧尧日，谓尊奉圣君。云从，说随从的人很多。舜风，圣德之风。洋洋，美盛的样子。令问，好名声。

继生邓公，世实须才。尽忠致君，极武登台。朱门复启，相府重开；川换新楫，羹传旧梅。何纠缠以相轧，恶高门之祸来？当其武后临朝，奸臣窃命，百川沸腾，四国无政。昊天降其荐瘥，靡风发于时令。藉小人之荣宠，堕贤良于槛穽。苟惛恢以相蒙，胡丑厉以职竞？既破我室，又坏我门。上帝懵懵，莫知我冤；众人恺恺，不为我言。泣贾谊于长沙，痛屈平于湘沅。

致君，使君主成为圣明天子。极武，极尽武功。岑长倩曾任兵部侍郎，故云。登台，任宰相。启，开。川换新楫，指新任宰相。《尚书·说命上》载，殷高宗任傅说为相，说"若济巨川 ⋯⋯ 汝作舟楫"。羹传旧梅，指岑长倩继承叔父文本的相职。《尚书·说命下》载，殷高宗对傅说说："尔惟之训于朕志⋯⋯若作和羹，尔惟盐梅。"羹须盐梅以和之。轧，争斗。恶，为何。四国，四方。荐瘥，重病。靡风，淫靡之风。槛穽，囚车与陷阱。苟，如果。惛恢，喜欢喧闹争讼的人。相蒙，相犯。丑厉，恶人。职竞，好事争抢之人。"既破"二句，《新唐书·岑文本传》附长倩传："酷臣胁诬长倩与（格）辅元、欧阳通数十族谋反，斩于市，五子皆赐死，发暴先墓。"懵懵，无知的样子。恺恺，可憎。贾谊、屈原，以之代指族中被贬之人。

夫物极则变，感而遂通，于是日光回照于覆盆之下，阳气复暖于寒谷之中。上天悔祸，赞我伯父，为邦之杰，为国之辅。又治阴阳，更作霖雨；伊廊庙之故事，皆祖父之旧矩。朱门不改，画戟重新；暮出黄阁，朝趋紫宸；绣毂照路，玉珂惊尘。列亲戚以高会，沸歌钟于上春。无小无大，皆为缙绅；颙颙印印，逾数十人。嗟乎！一心弼谐，多树纲纪，群小见丑，独醒积毁，铄于众口，病于十指，由是我汝南公复得罪于天子。当是时也，逼侧崩波，苍黄反复；去乡离土，隳宗破族；云雨流离，江山放逐。愁见苍梧之云，泣尽湘潭之竹；或投于黑齿之野，或窜于文身之俗。

遂通，感知岑家之冤屈。悔祸，纠错。赞，助。伯父，指岑羲。治阴阳，指任宰相，即治理天下。作霖雨，也是任宰相的意思。《尚书·说命上》载，殷高宗立傅说为相，说："若岁大旱，用汝作霖雨。"伊，语首助词。廊庙，朝廷之上。故事，规矩。画戟，有画饰的门戟。黄阁，汉丞相官署涂以黄色，此指宰相官署。紫宸，唐朝宫殿名。绣毂，装饰华丽的车子。玉珂，马笼头上的玉制饰物。高会，盛会。歌钟，指音乐和歌声。上春，正月。"无小无大"四句，说岑羲兄弟均入仕为官。缙绅，官员。颙颙印印，有尊严的样子。逾，超过。"一心"六句说因一心理政，得罪于人，受到攻击。弼谐，辅佐谐和。树，整顿。铄，销毁。十指，十手所指，言谗毁的人很多。逼侧，相逼。崩波，纷乱。苍黄，指变化翻覆。隳宗破族，家破人亡。苍梧，山名，在今湖南宁远县东南，相传舜死后埋葬在这里。湘潭之竹，即斑竹。传说舜死后葬于苍梧之野，尧之二女娥皇、女英追之不及，相与恸哭，泪下沾竹，"竹上文为之斑斑然"。黑齿，传说南方种族名。文身，在身上刺刻图像或花纹。此二句说汝南公获罪以后，亲族中人大多被放逐到南方偏远荒蛮之地。

　　呜呼！天不可问，莫知其由，何先荣而后悴，曷曩乐而今忧？尽世业之陵替，念平昔之淹留。嗟予生之不造，常恐堕其嘉猷。志学集其荼蓼，弱冠干于王侯。荷仁兄之教导，方励己以增修。无负郭之数亩，有嵩阳之一丘。幸逢时主之好文，不学沧浪之垂钩。我从东山，献书西周，出入二郡，蹉跎十秋。多遭脱辐，累遇焚舟；雪冻穿屦，尘缁弊裘。嗟世路之其阻，恐岁月之不留。眷城阙以怀归，将欲返云林之旧游。

　　曩，以往。陵替，陵侮。平昔，以往。淹留，久留。不造，没有成就。堕，失去。嘉猷，好的谋划。荼蓼，生于陆地和水中的杂草，比喻辛苦。弱冠，《礼记·曲礼》："二十曰弱冠。"仁兄，岑参有兄岑渭、岑况。负郭，背靠城郭。嵩阳，嵩山之阳。沧浪之垂钩，指隐居。东山，指隐居之地嵩山少室。西周，指洛阳。二郡，指长安和洛阳。脱辐，车轮毁坏。穿屦，破鞋。缁，污，黑。"多遭"四句言世路不顺、贫困潦倒。眷，回头看。

　　遂抚剑而歌曰：
　　东海之水化为田，北溟之鱼飞上天，
　　城有时而复，陵有时而迁，
　　理固常矣，人亦其然。
　　观夫陌上豪贵，当年高位，歌钟沸天，鞍马照地；
　　积黄金以自满，矜青云之坐致；

高馆招其宾朋，重门叠其车骑。

及其高堂倾，曲池平，

雀罗空悲其处所，门客肯念其平生？已矣夫！

世路崎岖，孰为后图？

岂无畴日之光荣，何今人之弃予！

彼乘轩而不恤尔后，曾不爱我之羁孤。

叹君门兮何深，顾盛时而向隅。

揽蕙草以惆怅，步衡门而踟蹰。

强学以待，知音不无；

思达人之惠顾，庶有望于亨衢。

复，通覆，倾覆。迁，迁徙。畴日，昔日。爱，怜惜。羁孤，漂泊在外，孤独无依。隅，角落。强学，勉力而学。达人，显达之人。亨衢，四通八达的道路。此处指仕途通达。在这"歌"里，表现出诗人对世事多变的感叹、世途不顺的苦恼，也表达出"强学以待"寄希望于未来的情绪……

这篇长文，内容丰富，感情变化剧烈，因岑参早有思考，故提笔在手，如泉水奔涌，十分流畅，写的时候好像毫不费力，但当最后一个字刚刚写完，他便觉得浑身一点劲儿也没有了。他把笔往桌子上一丢，无力地坐在床上，长长地叹了一口气。

忽然，王昌龄离京前劝他应试的话又响在耳边，本来，他是准备应试的，可是总觉得这条路有些太俗气了，所以也不是很积极地准备。现在想来，这也许是自己入仕的唯一的一条出路了。"对！"岑参自言自语道，"明天我就开始准备参加下一次的科举考试！"

夜，已经深了……

# 初入仕途

　　科举考试有严格的要求，竞争非常激烈，即使像岑参这样自幼饱读诗书的学子也不敢大意，为了更好地准备功课，也为了更方便去长安应考，岑参很快便决定举家迁往终南山的高冠谷。《长安县志》卷十三有记载："终南山自鄠县东南圭峰入（长安）县西南界，东为高冠谷，高冠谷水出焉。谷口有铁锁桥，为长安、鄠县分界。"岑参在此隐居，难免有诗作留下，如《还高冠潭口留别舍弟》：

> 昨日山有信，只今耕种时。
> 遥传杜陵叟，怪我还山迟。
> 独向潭上酌，无人林下期。
> 东溪忆汝处，闲卧对鸬鹚。

　　岑参有两个弟弟，即参秉、岑亚，此时都住在长安。岑参在长安暂住一段时间后要回高冠谷，留下了这首诗。杜陵叟，当是与岑参一起隐居在高冠谷的友人。在准备功课的那些日子里，岑参也常常以高冠谷为中心出外周游。当然，他也只是在隐居之处不太远的地方与友人交往、同游，也留下了一些诗篇，如《宿太白东溪李老舍寄弟侄》：

渭上秋雨过，北风正骚骚。

天晴诸山出，太白峰最高。

主人东溪老，两耳生长毫。

远近知百岁，子孙皆二毛。

中庭井栏上，一架猕猴桃。

石泉饭香粳，酒瓮开新糟。

爱兹田中趣，始悟世上劳。

我行有胜事，书此寄尔曹。

诗中描写了所见之景色，秋雨过后，晴空万里，北风吹动，一峰突兀立于眼前，犹如一幅壮美的图画。继而又借东溪李老，写出乡间淳朴之风，最后借写对"田中趣"的艳羡，表达了自己在京洛间奔波的感慨，"始悟世上劳"，言简意深，耐人品味。

他还到过今陕西周至县东的尹喜故宅，写作了《题楼观》：

荒楼荒井闭空山，关令乘云去不还。

羽盖霓旌何处在，空余药臼向人间。

尹喜，周人，为丞谷关令，《史记·老庄申韩列传》裴骃《集解》引《列仙传》说，"尹喜是周朝大夫，曾为函谷关令，他信仙求道，喜食丹药，老子西游出函谷关，尹喜见紫气而知真人当过，仔细观察，果然见老子出关而来。老子也知道尹喜不是凡人，为他著书，留下《老子》五千言。后尹喜追随老子前往流沙之西，服食仙药，不知所终。此诗即为咏尹喜的故事。

岑参还到终南山云际峰大定寺访问"法澄上人"，但上人不在，他回到高冠谷，从谷口瀑布处遥望终南山主峰，想到了友人，遂写下《终南云际精舍寻法澄上人不遇，归高冠东潭石淙望秦岭微雨作贻友人》：

> 昨夜云际宿，旦从西峰回。
> 不见林中僧，微雨潭上来。
> 诸峰皆青翠，秦岭独不开。
> 石鼓有时鸣，秦王安在哉。
> 东南云开处，突兀猕猴台。
> 崖口悬瀑流，半空白皑皑。
> 喷壁四时雨，傍村终日雷。
> 北瞻长安道，日夕生尘埃。
> 若访张仲蔚，衡门满蒿莱。

此诗写尽回望雨中秦岭所见，对瀑布的描写尤为生动。诗人以古代隐士自比，表现出自己的孤寂心境。张仲蔚，东汉人，与同郡魏景卿隐居不仕，住地野草没人，前人有"顾念张仲蔚，蓬蒿满中园"之句。

又有《题云际峰眼上人读经堂》：

> 结宇题三藏，焚香老一峰。
> 云间独坐卧，只是对杉松。

短短四句，生动地描绘出一位远离尘世的"上人"的形象与神态，见出作者内心的纯净与追求。诗下有注说："眼公不下此堂十五年矣。"三藏，指佛经。佛教经典分为"经""律""论"三部分，合称"三藏"。

经过几个月的准备，岑参参加了朝廷每年都要举行的秋考，以第二名的成绩及第。这一年是唐天宝三载（744），岑参刚好三十岁。

及第以后，朝廷照例要授官，岑参被任命为右内率府兵曹参军。这是一个职位很低的官，像岑参那样有志向的人，自然不会以此为满足。但是这毕竟表示着自己已经步入仕途，何况自己没有家产，要养家糊口，就不能以官太小而推辞不干，所以岑参还是带着复杂的心情接受了这个任命。

当时，岑参的家小早已移居终南山，现在自己在长安做了官，当然要先将他们接来，所以授官不久，岑参便告假前往终南山。在路上，他想到自己年已三十，虽然才刚当上兵曹参军，几年前那种出仕做官的热情和兴趣却已经消磨净了。苦于自己没有祖传的产业，因此也顾不得官小禄微，只得接受任命。他把心中的这些想法，吟成了一首诗：

> 三十始一命，宦情都欲阑。
> 自怜无旧业，不敢耻微官。
> 涧水吞樵路，山花醉药栏。
> 只缘五斗米，辜负一渔竿。

此诗真实地表现了诗人初授官时的心情。回到隐居之处诗人情绪愉快。最后两句笔锋一转，反用陶潜不为五斗米折腰的典故，表达了自己因世俗的羁绊而不能归隐的无奈和苦恼。

虽已入仕为官，但毕竟官卑位低，闲暇的时候很多，岑参便过起了亦官亦隐的生活。长安是他为官的地方，高冠草堂是岑参隐居之处。这个草堂在终南山之高冠谷，位于长安西南，在今陕西户县境内。岑参移家长安，他常来高冠草堂，或游玩，或暂居，或休整，朝廷一放假，他往往会来到这里休息一段时间，有一首《因假归白阁西草堂》的诗，值得一读：

> 雷声傍太白，雨在八九峰。
> 东望白阁云，半入紫阁松。
> 胜概纷满目，衡门趣弥浓。
> 幸有数亩田，得延二仲踪。
> 早闻达士语，偶与心相通。
> 误徇一微官，还山愧尘容。
> 钓竿不复把，野碓无人舂。
> 惆怅飞鸟尽，南溪闻夜钟。

此诗前四句实写眼前之景，绘出一幅山峰雷雨图。太白、紫阁均为终南山的峰名。在诗人笔下，我们似乎听到从太白峰传来的阵阵雷鸣，看到八九个峰头都被雨幕笼罩，雨云正从白阁峰头向紫阁峰飘去，把那一望无际的松林都遮盖住了。"胜概"六句写自己十分喜欢这种隐居生活，愿意追随古代遗民求仲、羊仲，因为那些看透了人生的智者（达士）的话，正与自己的心思相通。胜概，指山中雨景。衡门，十分简陋的门，此指白阁西草堂门。二仲，东汉隐民求仲、羊仲，他们二人的事迹颇令后人景仰。最后六句感叹自己无奈担任一个小小的官职，放弃了隐居的自由生活，实在是无奈之举，最后两句是写景，而又有无限惆怅之情。徇，顺从。尘容，俗人的样子。黄培芳《唐贤三昧集笺注》评此诗"极有气魄"，并评此诗起得"突兀"，而"早闻"二句"转笔豪俊"，可以参考。

岑参也常请朋友到高冠谷草堂来休息，他也有朋友隐居在草堂附近，一次，他去拜访住在谷口的朋友郑鄂，郑鄂有事外出，岑参写了《高冠谷口招郑鄂》诗：

> 谷口来相访，空斋不见君。
> 涧花然暮雨，潭树暖春云。
> 门径稀人迹，檐峰下鹿群。
> 衣裳与枕席，山霭碧氛氲。

此诗中间四句写景十分生动：高冠谷水旁的花在暮雨中绽放，潭边的树为春云笼罩透出一种暖意，门前的小路上没有行人，像房檐一样向外延伸的山峰下有群鹿在活动。后两句写山间云气弥漫，意味深长。氛氲，云气弥漫的样子。访人不遇，古人常能留下佳作，如李白《访戴天山道士不遇》："犬吠水声中，桃花带露浓。树深时见鹿，溪午不闻钟。野竹分青霭，飞泉挂碧峰。无人知所去，愁倚两三松。"再如贾岛《访隐者不遇》："松下问童子，言师采药去。只在此山中，云深不知处。"把这些诗对照阅读，别有一番情趣。

把家小接到长安以后，岑参在这里安了家，虽然仍常来高冠谷，但他毕竟开始了以长安为中心的城市生活。他的交往越来越广泛，朋友也越来越多了。在他的朋友中，有些是在同一个衙门办公的同事，也有些是慕名相交的诗友，还有一些是左邻右舍的文人和雅士。大家在一起，无非饮酒赋诗，谈古论今，好不畅意。岑参与老友韩樽常相往来，有一次韩樽到他家拜访，岑参留他畅饮，酒席中岑参写了一首很有特色的诗作：

> 三月灞陵春已老，故人相逢耐醉倒。
> 瓮头春酒黄花脂，禄米只充沽酒资。
> 长安城中足年少，独共韩侯开口笑。
> 桃花点地红斑斑，有酒留君且莫还。
> 与君兄弟日携手，世上虚名好是闲。

灞陵，在灞水之上，本名灞上，汉文帝筑陵葬此，故俗称灞陵，在陕西西安市东，此处代指长安。瓮头春，即"瓮头"，指初熟的酒。黄花脂，浮在酒面的泡沫。诗中写出了友人相聚、纵情饮酒的情景，反映诗人及时行乐的情绪，"禄米只充沽酒资""世上虚名好是闲"，都是平易而耐人品味的句子。读至此，使人想到李白《将进酒》中的名句："五花马，千金裘，呼儿将出换美酒，与尔同销万古愁！"

韩樽很喜欢这首诗，因为诗里表现出他的豪放性格，所以请岑参将此诗书写装裱挂在书房里。与岑参最要好的一位朋友是大书法家颜真卿，岑参非常喜欢他的字，认为他是大唐第一人，而颜真卿也特别欣赏岑参的诗才，所以两人一见如故，特别谈得来，后来便常在公务之余一起饮酒赋诗，写字作画，总是乘兴而聚，尽兴而散。

这一天，岑参刚从衙门回来，仆人便告诉他："颜大人在书房里等您呢。"

岑参急忙走进书房，见时任监察御史的颜真卿正在书房里随手翻看他的藏书，便笑道："颜兄，今天这是怎么了，你为何不先打个招呼，有什么要紧的事吗？"

颜真卿笑道："岑兄，我今天是来辞行的，所以来得有些突然。"

"辞行？"岑参一愣，"颜兄要去哪里？"

颜真卿笑了笑说："事情是这样的，下午宫中来人把我召进宫去，皇上亲自吩咐我前往西域河西陇右一带的军营中去传旨，并命我明天一早便启程，不得有误。你知道，河西节度使在凉州（今甘肃武威），陇右节度使驻在鄯州（今青海东部），这一趟要跑不短的路呢！"

"噢，"岑参点点头，"颜兄，你真有福气呀，西域一定是个神奇的地方，可惜我没有你这样的机会，如果能去看一看西域的风光，那一定是极有意思的。"

"岑兄不必着急，我想你将来一定会有机会去西域的。"

"但愿如此！"

"一定会有机会，你不知道前几天河陇一带又有战事，皇上又派了一些大将，我有一个朋友封常清也随军出发了！"

"封常清？这个人我认识，他是蒲州猗氏人，一直生活在安西一带，前不久来到长安，在一次朋友的聚会上我见过他，其人其貌不扬，但气度有些不凡。"

"对，就是此人！文士要在边地立功，现在正是大好机会呀！我大唐军威远扬，皇上对边将颇为重视，随军远征的文士也就自然可以建功马上了！"

"马上建功当然令人向往，就是那边地风光也够吸引人的了！如果有机会……"

"哈哈，岑兄，不要着急，我想你一定会有机会的。"停了一下，颜真卿又说，"每当我读到前人和时人的边塞之作，都会十分激动。王昌龄兄有不少这一类大作，你大约也知道吧？"

岑参点点头，朗声诵道：

秦时明月汉时关，万里长征人未还。

但使龙城飞将在，不教胡马度阴山。

"真是好诗呀，尤其第一句，把'明月'和'关'前分别加上了'秦'和'汉'这两个时间词，给人一种苍茫之感，真是耐人回味！"颜真卿由衷赞叹道，也随口吟诵道：

青海长云暗雪山，孤城遥望玉门关。

黄沙百战穿金甲，不破楼兰终不还。

岑参说："这首诗也好，写出了我大唐将士的心声，也写出了战斗的艰苦，令人感叹！"

颜真卿略一停顿，说："我大唐从军边塞的第一位诗人应该是骆宾王……"

"对，"岑参点点头，"正是四杰之一的骆观光！"

"岑兄对骆前辈的情况也熟悉？"

"略知一二吧，"岑参说道，"在仪凤四年，骆宾王与裴行俭一道率军护送波斯王子回国册立为君，一路风尘，骆宾王还写了不少诗呢！"

颜真卿问道："此次他们路线是怎样的呢？"

"唉，据我所知，大致是敦煌经伊吾，翻过天山，从西州到达了北庭，又从那里到达西突厥可汗庭，然后过热海，到达了碎叶……"

"哎呀，那真是经过了千辛万苦呀！"

"是呀，骆宾王此次在边塞滞留了三年之久，写了不少诗，想来颜兄也知道吧？"

"想来一定不如岑兄熟悉，不知岑兄可否背诵几首让小弟我欣赏一番？"

岑参拱拱手："那就让颜兄见笑了！"说着，他略一沉思，舒缓地背诵道：

> 一得视边塞，万里何苦辛。
>
> 剑匣胡霜影，弓开汉月轮。
>
> 金刀动秋色，铁骑想风尘。
>
> 忽上天山路，依然想物华。
>
> 云疑上苑叶，雪似御沟花。
>
> 行叹戎麾远，坐怜衣带赊。
>
> 交河浮绝塞，弱水浸流沙。
>
> 旅思徒漂梗，归期未及瓜。
>
> 宁知心断绝，夜夜泣胡笳。

颜真卿评道："前几句写西域景色，犹如画卷；后半写豪情壮志和对京华的思念，令人感慨万千……"

岑参笑道："颜兄的点评很精当，你再看这一首——"他长舒一口气，又朗诵道：

> 二庭归望断，万里客心愁。
>
> 山路犹南属，河源自北流。
>
> 晚风连朔气，新月照边秋。
>
> 灶火通军壁，烽烟上戍楼。
>
> 龙庭但苦战，燕颔会封侯。

莫作兰山下，空令汉国羞！

"好气魄！"岑参话音刚落，颜真卿就击掌叫了起来，岑参也受到感染，又把最后四句大声朗诵了一遍："龙庭但苦战，燕颔会封侯。莫作兰山下，空令汉国羞！"

说着话，岑参叫仆人去告诉夫人安排酒席，为颜真卿送行。酒过三巡，岑参站起身说道："这杯酒祝颜兄一路顺风，速去速回！"

"借岑兄之吉言，小弟我敬饮此杯！"说着，颜真卿仰头喝了一杯。

几杯酒下肚，两人都有了几分醉意，岑参笑道："为颜兄送行，不能没有诗文，小弟送上一首如何？"

"那太好了！岑兄，请吧！"

"好，请颜兄指正。"说完，岑参略一沉吟，把刚才构思好的一首诗朗诵出来——

君不闻胡笳声最悲，紫髯绿眼胡人吹。
吹之一曲犹未了，愁煞楼兰征戍儿。
凉秋八月萧关道，北风吹断天山草。
昆仑山南月欲斜，胡人向月吹胡笳。
胡笳怨兮将送君，秦山遥望陇山云。
边城夜夜多愁梦，向月胡笳谁喜闻！

"好诗！好诗！"颜真卿兴奋地叫起来，"岑兄果然诗才不凡！你这首诗四用胡笳，但没有重复之感，反复吟咏，感情渐深，小弟我确有缠绵渺远之感，多谢！多谢！"

岑参谦虚道："让颜兄见笑了！"

"岑兄用汉西域的楼兰国代指西域；用萧关道泛指通向西北边地的道路；用天山指边塞；用秦山代长安、陇山代指河陇。使小弟我顿生历史沧桑、地域辽阔之感！"

岑参仍是笑道："颜兄过奖了！"

颜真卿叫仆人拿来纸墨，他认认真真地把岑参的这首《胡笳歌送颜真卿使赴河陇》诗抄在洁白的纸上，仔仔细细地收好。

两人边喝酒边聊天，一直到拂晓时分……

在唐朝的时候，边塞战争相当频繁，其中既有唐朝对周边少数民族的侵略，也有对少数民族统治者入侵的反击。因此边塞立功，出将入相，又为当时的读书人开辟了一条新的入仕之路。岑参的前辈诗人杨炯就写下了"宁为百夫长，胜作一书生"的诗句，张九龄亦有"封侯自有处，征马去啴啴"的豪言壮语。与岑参同时有一位以写边塞题材而著名的诗人叫高适，他写出了当时读书人奔赴边塞，参军入伍，希望马上立功的愿望："万里不惜死，一朝得成功。画图麒麟阁，入朝明光宫。"除了在边塞可以建功立业以外，边塞风光的壮丽，边塞生活的新奇，都吸引着当时的读书人，岑参便是其中的一个。现在身边的朋友有机会前往边塞，自然引起了岑参对边塞生活的无限向往，那话头儿一时哪里收得住呢！

自从送走颜真卿以后，岑参在长安过着平淡无聊的生活，除了常常参加朋友们的聚会以外，他也常常参加为友人送别的宴会，有时送人去省亲，如《送薛彦伟擢第东都觐省》：

> 时辈似君稀，青春战胜归。
>
> 名登郄诜第，身着老莱衣。
>
> 称意人皆羡，还家马若飞。

一枝谁不折？棣萼独相辉。

这位薛彦伟的家庭是一个有特色的家庭，他父亲去世后，其母林氏认真教育彦辅、彦国、彦伟三个儿子和侄子薛据、薛总，这五个孩子在林氏的训育下，都有文名，在开元、天宝二十年间，这几个人都中科举，受到时人的称赞。后来薛彦伟做过监察御史。此时刚刚中举，正是得意之时，所以岑参此诗开始两句轻松写来，说他才干超群，年纪很轻即应试高中，正与薛彦伟此时心情切合。次联借郤诜的典故赞薛彦伟之中举，借"老莱衣"的典故赞其尽孝心。郤诜，晋人，一次晋武帝问他："卿自以为何如？"答曰："臣举贤良对策为天下第一，犹桂林之一枝，昆山之片玉。"后遂称登第为折桂。老莱，即老莱子，春秋时代楚国人，性至孝，年七十，常穿"五彩斑斓"的衣服，仿效小孩动作，以让双亲高兴。第三联写出中举后的快乐与得意。结句说兄弟相亲相爱、相辅相助。《诗经》："常棣之华，鄂不韡韡；凡今之人，莫如兄弟。"常棣，即棠棣，一种植物。萼，花瓣下部的一圈绿色小片。

有时又送别因故罢职的友人，如《送宇文南金放后归太原寓居因呈太原郝主簿》：

归去不得意，北京关路赊。

却投晋山老，愁见汾阳花。

翻作灞陵客，怜君丞相家。

夜眠旅舍雨，晓辞春城鸦。

送君系马青门口，胡姬垆头劝君酒。

为问太原贤主人，春来更有新诗否？

诗中的"北京",即指太原,曾名北京,又改名为"北都"。赊,远。晋山,泛指太原府的山。汾阳,汾水之南,即太原府附近地区。灞陵客,指被送别之人。灞陵,在灞水之上,有灞桥,为唐代长安送别之地。青门,指长安东门。胡姬,即指西北少数民族妇女。垆头,指酒店里放酒瓮的土台子。诗中写在长安青门送别,可谓言浅情深。

一天,有一位叫费行的朋友,从边地回来,却未建功业,他的遭遇令岑参十分同情,这一天他要离开长安前往武昌(县名,属鄂州,地即今湖北鄂城),朋友们为他举行送别酒宴,岑参看费行其人相貌奇特,眉宽口大,胡子是红色的,十分惊奇,也感到十分亲切。特别是听别人介绍,这位费行为人豪爽轻财,曾在赌博游戏"樗蒲"中一掷百金,更生几分敬意,故而在席间频频向他敬酒,令费行十分感动。费行举杯对岑参说:"听说岑兄很想去边塞?"

"是呀,我很向往那种火热的战场生活,可是一直没有机会,费兄你在边塞生活了多长时间?"

"十年!"

"十年?"

"对,整整十年!"

"那……"

"唉!这十年来剑锋已经白白地磨平了,马蹄也早已踏穿了!我最远到过祁连山,那些岁月真是令人难忘!"

"费兄也算没有虚度光阴!比起我们只是在长安过平平静静的生活,实在精彩百倍!"

"边地的生活也是充满艰辛和不平呀……"

"可以理解,但毕竟是另一种让人羡慕的生活呀!"

费行叹了一口气:"此话大体不差,但也确实一言难尽!"

　　岑参想到边塞就热血沸腾，见费行情绪颇为低落，很想劝劝他，但一时又不知说什么好，便随口问道："费兄此次去武昌，走哪一条路线呢？"

　　"我从长安出发南行至长江，再沿长江东下经巴陵（郡名，即岳州，地即今湖南岳阳）到武昌。"

　　"到武昌还要经过汉阳（县名，即今武汉，地近武昌县）吧？"

　　"对，到了汉阳也就快到武昌了。"

　　岑参笑笑："那就可以称费兄为'汉阳归客'了！"说着便叫人取来纸笔，"费兄，你就要回武昌了，我无以为送，还是送你一首诗吧！"

　　"好呀！"费行大声应和，其他人也纷纷停下筷子，放下杯子，离席向岑参的书案围过来。岑参手握毛笔，稍一沉吟，挥笔写道：

> 汉阳归客悲秋草，旅舍叶飞愁不扫。
> 秋来倍忆武昌鱼，梦着只在巴陵道。
> 曾随上将过祁连，离家十年恒在边。
> 剑锋可惜虚用尽，马蹄无事今已穿。
> 知君开馆常爱客，樗蒲百金每一掷。
> 平生有钱将与人，江上故园空四壁。
> 吾观费子毛骨奇，广眉大口仍赤髭。
> 看君失路尚如此，人生贵贱那得知。
> 高秋八月归南楚，东门一壶聊出祖。
> 路指凤凰山北云，衣沾鹦鹉洲边雨。
> 莫叹蹉跎白发新，应须守道勿羞贫。
> 男儿何必恋妻子，莫向江村老却人。

"好一个'男儿何必恋妻子，莫向江村老却人！'"费行激动地说，"岑兄的深意我明白，请岑兄放心！"

旁边有人说："'曾随上将'四句真实写出费兄从军十年的艰苦，但却去职无事，一切成为枉然，真令人感叹！"

也有人说："'知君'四句说费兄为人豪爽轻财，写得太传神了！"

也有人问："凤凰山、鹦鹉洲对得太工了。凤凰山在武昌的北边吧？"

费行答道："凤凰山在武昌北二里，据说以前这里有凤凰飞过，所以称作凤凰山；鹦鹉洲大家都知道，在汉阳西南的大江中。凤凰山和鹦鹉洲都是我此次去武昌的必经之地。"

特别让岑参在意的，是他还送走了武辞仁和胡莫友等几位投笔从戎前往西域边将幕府去任职的朋友。岑参常常在心里一遍又一遍地问着自己："我什么时候才能有机会像他们那样前往边塞呢？如果能投到边将幕府里任职，那该多好！"

时间一天天过去，一晃五个月了，颜真卿终于从边塞完成使命回到长安。他不愧是岑参的知心朋友，完全理解岑参的心情，所以刚从边塞归来，稍稍休息了一下，便来到岑参家。岑参一见颜真卿，笑道："颜兄，什么时候回来的？我还说到城门外去接你呢！"

"正巧碰上驿站发一班快马，我就提前一天回来了。"

岑参一边叫仆人快备酒菜，一边给颜真卿让座。待两人坐下以后，岑参看着颜真卿笑道："颜兄，边塞的风把你吹得更结实了，脸色也变得黑里透红，显得健康多了！"

"哈哈！"颜真卿不无得意地说，"岑兄，你可不知道，那边塞的风光，真是壮美极了！就是那风，也与内地的风完全不同，带着一股硬劲，就连碗大的石头都能吹得满山滚呢！"

"真的？太奇妙了！"岑参由衷地感叹道。

颜真卿又兴奋地说道:"且不说那神奇的火山、热海,单是那大漠落日就会令人永世难忘。"

岑参点点头说:"颜兄大约也知道王维先生的名句吧?"

"王维?"颜真卿呷了一口茶,"就是那个在朝廷里做官的王摩诘吧?"

"正是他。"

"他的诗写得好,名句也多,不知岑兄说的是哪一首?我最佩服他那首送别元二的名篇——"说着,颜真卿朗诵道:

渭城朝雨浥轻尘,客舍青青柳色新。

劝君更尽一杯酒,西出阳关无故人。

"这首诗的确不错,你看,前二句写友人送别之时间、地点,春雨纷纷,杨柳青青,几多伤感,尽在不言之中;后二句我看是借用了前人沈约《别范安成》中'勿言一杯酒,明日难重持'的名句,而境界更为高远!"

"岑兄所言极是!"

"这首好,那一首《使至塞上》我更喜欢……"

"《使至塞上》?"

"其中描绘大漠、黄河、落日的那两句,我想颜兄一定知道。"

"噢,那我知道。这是几年前河西节度使崔希逸打败入侵敌军,王维奉命出使宣慰将士,他还在节度使幕中兼任判官呢。这首诗就是在赴边途中作的。"

岑参说:"没错,没错。"

颜真卿点点头说:"你说的是不是'大漠孤烟直,长河落日圆'

两句？"

"不错，正是这两句。"

颜真卿面露得意之色："岑兄，若是不亲眼看一看大漠上的孤烟、黄河上的落日，你就不会知道王摩诘诗里'直''圆'两个字的准确和传神。欣赏这两句佳诗，我可比你有资格，这样说，你不会反对吧？"

"当然，当然！王维此诗，不仅这两句好，全篇都不错。"岑参随口朗诵起来：

> 单车欲问边，属国过居延。
>
> 征蓬出汉塞，归雁入胡天。
>
> 大漠孤烟直，长河落日圆。
>
> 萧关逢候骑，都护在燕然。

颜真卿说："这两句可称为诗眼，尤其是用一个'直'字状'孤烟'的劲拔和坚毅，用一个'圆'字状河上落日之苍茫粗犷，真是千古绝唱。当然，其他几句也陪衬得好，比如首联交代出使的目的和任务，接着写自己的心境和出塞的季节；最后二句说明前线战事仍未结束，令人担忧！"

岑参点点头："颜兄对王摩诘的诗领会极深，佩服佩服！"说完，便陷入了沉思。

颜真卿见岑参有些落寞的样子，笑着问道："岑兄是不是真心想去边塞？"

"那还用说，难道颜兄还不了解小弟的心思吗？"

颜真卿笑笑说："岑兄，你别着急，我当然知道你的心思和愿望，要不然我不会一有机会就替你说话了。"

"替我说话？"

"是呀！"颜真卿喝了一口水，说道，"我这次去边塞，是向西域名将高仙芝宣读圣旨，这位高将军虽然是一名武将，但对文人颇为器重，他的幕府里有不少读书人。在西域期间，我常陪他饮酒，还为他写了不少字。我素来知道你有前往西域之志，便在一次宴会上把你推荐给他，听了你的情况和抱负，高将军非常高兴，叫我回长安后转告你，他很欢迎你去西域。"

"这个高仙芝，是不是就是安西四镇节度使高将军？"

"正是此人！"

"太好了！"岑参笑了起来，"颜兄，这次你真帮了我的大忙了，我该怎么谢你呢？"

"谢我？"颜真卿故意做出一副沉思的样子，"那就多寄给我一些边塞诗吧！"说完，哈哈笑了起来。

岑参还是有些不太放心，略一停顿，小声问道："颜兄，你看这事具体如何办呢？"

"岑兄请放心，不几日高将军就会入朝报告边地情况，他已说好在上朝时上表给皇上，请求朝廷给他派一些官员，其中会有你的大名。"

"是吗？太好了！"岑参面露喜色，"不知会让我担任什么职务？"

"可能是任命你为右威卫录事参军，前往安西担任节度使幕府掌书记之职。"

岑参闻此言，不禁心中大喜，忙令妻子将家藏好酒拿出，与颜真卿把酒言欢。

# 走向远方

　　颜真卿带来的消息太让岑参兴奋了，这些天岑参情绪极好，虽然夫人并不赞成他匆匆忙忙前往边塞，但他决心已定，认为这是一个很难碰上的机会，所以不能错过。

　　果然如颜真卿所言，高仙芝不久后即来到长安。高仙芝的入朝颇为当时人们注意，其大将风度颇为人们所钦佩，杜甫有一首《高都护骢马行》便表达了人们对高仙芝的感情，诗是这样写的：

安西都护胡青骢，声价欻然来向东。

此马临阵久无敌，与人一心成大功。

功成惠养随所致，飘飘远自流沙至。

雄姿未受伏枥恩，猛气犹思战场利。

腕促蹄高如踏铁，交河几蹴曾冰裂。

五花散作云满身，万里方看汗流血。

长安壮儿不敢骑，走过掣电倾城知。

青丝络头为君老，何由却出横门道。

此诗在赞美高将军所骑战马的同时，写出了马的主人的英雄气概，所以此诗一出，立刻在长安读书人中流传起来。高仙芝上朝后提出了一个用人名单，岑参名列其中，朝廷很快就批准了这个名单。

这天，岑参正在书房看书，在朝里任职的朋友杜位急急忙忙来拜访，两人一见面，杜位就问道："岑兄，你真的要去西域边地？"

岑参一愣，忙问："你怎么知道？"

杜位说："我在朝廷上听别的朋友说的，不知是真是假？"

"是真的，杜兄以为如何？"

"我觉得边地生活太苦了，到那里寻求功名代价太大了。岑兄祖上声名显赫，又是读书之人，在长安谋取功名还不容易吗？何必要去荒凉不毛之地呢？"

岑参此次要去的"西域"一带，就是从汉代以后中原诸王朝管辖的西部地区，即主要指今新疆广大地区，确实是比较荒凉的地方。

岑参知道朋友是一片好意，可是自己决心从军赴边，难道仅仅是为了个人的功名吗？自己已经三十六岁，在朝廷里当一个小官，终日庸庸碌碌，生命又有什么意义呢？何况边地的奇异风光也是自己十分向往的。想到这些，岑参笑道："杜兄，谢谢你的关心，我的决心已下，只等朝廷的命令了。"

杜位看他态度坚决，没再说话。

很快，朝廷的任命就下来了。职务正如高仙芝所奏请的，是"右威卫录事参军"，岑参将以这个职衔前往安西担任节度使幕府掌书记之职。

经过二十余天的准备，并参加了各种各样的饯行宴会，岑参告别妻子和孩子，告别了长安的朋友和同事，踏上了去西域的漫长的道路。他身上带的，除了日常换洗的衣服和一些银子，便只有他数年来的诗义作品和颜真卿的一封推荐信。至于西去所需要的棉衣之类，他计划在路上看情况随时添置。

正是秋末冬初的季节，树上的叶子开始变黄，不断飘落下来，在旋风中打着转儿。天空灰蒙蒙的，像一个严肃刻板的人的面容。在这种季节，离开家人和朋友远行，本来是容易引发人们的感伤之情的，但是岑参的心情却与那灰色的天空形成鲜明的对比：他是那样兴奋、昂扬，因为他认为建功边塞的机会终于来了，自己要毫不犹豫地抓住它！

当然，人的感情是复杂的。当岑参回头看那自己刚刚走过的长安西门时，心中不免也油然生出几分惆怅。是啊，谁知道在漫长的边塞之路上会遇到什么困难？谁又能知道自己在边塞到底会不会建立功业呢？但是想到自己毕竟在向边塞进发，他的心里又觉得十分充实。

过了一个驿站又一个驿站，在天快黑的时候，岑参来到了陇山头。这个地方又叫陇头和陇坂，在今陕西陇县西北，是由长安前往河西、陇右的必经之地。一过陇山头，便是荒凉的地方了，因此经过这里，往往十分感伤。《三秦记》里面有这样的话："小陇山，其坂九回，上者七日乃越，上有清水四注。俗歌曰：'陇头流水，鸣声幽咽，遥想秦川，肝肠断绝。'"由此可见，这里确是一个令人感伤的地方，容易让行人触景生情，生出忧愁和哀怨之感。

站在陇水边上，看着那汩汩流水，东去的水流向长安方向，西去的水流向西域方向，诗人将随着西流之水向西一路远去，当然离西域越来越近而离长安越来越远了，岑参的心里自然生出乡思之愁，可谓百感交集，他不由得轻声吟道：

陇水何年有，潺潺逼路傍？
东西流不歇，曾断几人肠！

正在这时，有一个人骑马向驿站走来，因为奔跑的劳累，马的身上渗出了汗水，而汗水又被飞尘遮掩，此人的貂裘外套上凝结着早晨的露珠，给人一种餐风露宿的感觉。见了岑参，那人跳下马来，笑着问道："请问这位仁兄，是第一次经过陇头吧？"

岑参抬起头，见这人脱下貂裘，里面一身文官装束，便笑道："是啊，先生也是去西域吗？"

"不，"那人摇摇头，"我是从西域来的，要到长安去。第一次经过陇头，难免感慨万千，想当年我第一次经过陇头，还洒过几滴眼泪呢，现在想起来，就像做梦一样！"

岑参问道："请问仁兄在边塞生活了多长时间？"

那人淡淡一笑："细算起来，也已经五年了。"

岑参又问："不知近来边塞情况如何，是否常常发生战争？"

那人说："大体上说来边塞近年以来还是安定的，当然，胡人也时常前来进犯，一般的战斗是难免的，只是没有特别大规模的战争。"

岑参点点头，又想起什么，问道："前不久我听说唐军大破小勃律的消息，是怎么一回事呢？"

"噢，"那人回答，"原来小勃律和周围二十多个小国都是我大唐的州郡，大唐在勃律国还置有绥远军呢。开元二十四年，吐蕃向小勃律进军，后来又把公主叶玛勒嫁给小勃律王苏失利支，使得附近各国都归顺了吐蕃。"

"那可麻烦了！"

"是呀，安西几任节度使先后出兵，都没成功，后来高仙芝将军才打了个大胜仗，俘虏了小勃律王，朝廷振奋，圣上非常高兴，不久前才封高将军为侯！"

"太好了！"

那人继续说道："边塞的事情特别复杂，有时打得热闹，有时又和得突然，像我们这样的人真是搞不明白。圣上大约又有什么新的旨意，这不，我就是随高将军前往京城领旨的。"

"高将军？哪个高将军？"

"就是高仙芝将军呀，他可是我大唐赫赫有名的边将呀！你还不知道他吗？"

"知道呀，"岑参急切地说，"我就是投奔高将军的！他不是前不久才离开京师吗？怎么？"

"是呀，高将军刚到边地，又接到入京的诏书，只得又往回赶，君命不可违呀！"

"原来如此！"岑参明白了，高将军上次入朝请求朝廷派一批官员，也许还没有得到朝廷的批准就回边塞了，到了边塞，还没有休整，又接到了入京的诏命。

"你……"

岑参这才想起来，说了半天话竟忘了作自我介绍，忙说："小弟叫岑参，今年春天，颜真卿兄赴使西域，向高将军举荐了小弟，前不久朝廷刚下了任命，我这就是去西域拜见高将军，想在安西幕府里谋个差事。"

"啊，我想起来了，上次颜真卿兄来边塞传旨，在与高将军饮酒时提起过一个诗人正在朝廷任兵曹参军，想来就是仁兄你了。那天颜真卿兄还在酒宴上朗诵了你的大作呢！就是那首《胡笳歌送颜真卿使赴河陇》，其中'胡笳怨兮将送君，秦山遥望陇山云。边城夜夜多愁梦，向月胡笳谁喜闻'几句最为动人，当时就使几位初来边塞的朝官流下眼泪来了！"

"老兄过奖了！过奖了！"

那人停了一下，又说："我叫宇文明，是高将军幕府中的判官。这次高将军赴京领旨，令我先行一步。"

岑参忙问："高将军现在在哪里呢？"

宇文明答道："他还在西州呢，你恐怕只有等高将军从京城回来以后才能见到他了。"

听了这话，岑参心里有几分遗憾。他微微摇了摇头，又问道："宇文兄，往西域的路好走吗？"

"难呀！"宇文明说，"都说'蜀道难，难于上青天'，其实往西部边塞的道路之难行，绝不亚于蜀道。别的不说，就是那风，就让人受不了。我在沙漠里一连走了二十多天，天天都有大风，真是刮得昏天黑地。有时几十里根本没有土路，路上全是沙子和石头，马在碎石中走过，四只蹄子全磨出了血……"

没想到，岑参听了宇文明的话却笑了："那景致一定很壮观吧！"

宇文明被岑参的乐观情绪所感染，也笑了："反正这景致没去过西域的人见不到，那份苦，没去过西域的人也受不到。"

两个人越聊越觉得意气相投，都觉得又结交了一位新朋友，自然十分高兴，便相携着走回驿站，要了一些酒肉，二人分坐在桌子的两头，一边饮酒，一边继续长谈。这时，月亮在远处的山口慢慢地升起，月光洒在关塞的城楼上，一片洁白。

饮了一口酒，宇文明问道："岑兄，你放着京官不做，却不远万里前来边塞，到底是为了什么呢？"

岑参笑笑："宇文兄，如果不见笑的话，我还是以诗明志吧，如何？"

"那当然好了，早听颜真卿兄说你是当今一位诗才，今日正好可以当面领教，请岑兄尽快赋诗吧！"

"那就献丑了。"岑参略一沉思，然后用平缓的声音吟诵道：

> 一驿过一驿，驿骑如星流。
>
> 平明发咸阳，暮及陇山头。
>
> 陇水不可听，呜咽令人愁。
>
> 沙尘扑马汗，雾露凝貂裘。
>
> 西来谁家子？自道新封侯。
>
> 前月发安西，路上无停留。
>
> 都护犹未到，来时在西州。
>
> 十日过沙碛，终朝风不休。
>
> 马走碎石中，四蹄皆血流。
>
> 万里奉王事，一身无所求。
>
> 也知塞垣苦，岂为妻子谋！
>
> 山口月欲出，光照关城楼。
>
> 溪流与松风，静夜相飕飗。
>
> 别家赖归梦，山塞多离忧。
>
> 与子且携手，不愁前路修。

听罢岑参的诗，宇文明高兴地说："岑兄此诗的确精彩！'十日'以下四句把我的话作了高度概括，太准确了！而'万里'以下四句，正表达了我们这些前来边塞从军的文人们的心声。可惜我们此次不能携手同行，但以后会在同一个幕府共事，真是'不愁前路修'了！"宇文明一把拉住了岑参的手。

岑参说道："宇文兄说得太对了！"

停了好一会儿，宇文明请岑参把诗又朗诵了一遍，宇文明不由得发自内心地赞扬道："好诗，好诗，岑兄果然诗才出众，出语惊人，我等到边地来，当然有种种理由，难道只是为封妻荫子不成！"宇文明又大声吟道："万里奉王事，一身无所求。也知塞垣苦，岂为妻子谋！"稍停，他为岑参斟上一杯酒，说："岑兄，边塞生活虽然艰苦，却另有一番情趣，何况大丈夫志在千里，应该在边塞为国出力，才不枉度一生。我们虽然初次见面，但你公忠报国之心却令我感动，我愿与兄携手并进！"

岑参笑道："我初来边塞，一切还有赖宇文兄指点呀！"

"这就太客气了，我还等着欣赏你的新作呢！"

两个人碰了碰酒杯，都一饮而尽。想一想明天一早二人要各奔东西，不免有些凄然，好在不久宇文明就会从长安返回边塞，因此两人约好，待宇文明回到边塞，两人要开怀畅饮，再续陇头之夜的长谈。唐代诗人前往西北边塞经过陇山时往往有感慨，有豪情，心情十分复杂，比如与岑参同时代的诗人高适几年后在天宝十三载（754）西行途中经过陇山，有感而发，写下了《登陇》一诗，也值得一读，其诗如下：

> 登陇远行客，陇上分流水。
>
> 流水无尽期，行人未云已。
>
> 浅才登一命，孤剑通万里。
>
> 岂不思故乡？从来感知己！

人的情绪常常是很矛盾的，高适一方面"思故乡"，另一方面又"感知己"，因此一方面有感于一路西行，"行人未云已"；另一方面又感念边将的知遇之恩，将去万里之外的边地从军。岑参也是一样：一方面，他表示"万里奉王事""岂为妻子谋"，不远万里奔赴边塞，自有一腔热血和豪情；另一方面，他也有妻子儿女，有一个温暖的家庭，因此他又难免时时有一种思念家人的柔情，而且越往西行，这种思念之情便越强烈。因此，一路上，岑参写下了不少思家怀亲的诗作。如到了渭州（今甘肃陇西县西南）时，他写了《西过渭州见渭水思秦川》诗，诗中写道：

> 渭水东流去，何时到雍州？
> 凭添两行泪，寄向故园流。

诗中的"雍州"，指的是京城长安。古书里说"雍州"为"九州"之一，指关中地区，也称为"八百里秦川"，其治所在长安。"故园"，是故乡的意思。看到那将流向长安的渭水，岑参便自然想到了长安的家人，不由得洒下了两行热泪。明代唐汝询说："思家之切，唯有挥泪，庶此水或可寄耳。"（《唐诗解》）不久，岑参到达了燕支山（在今甘肃省山丹县东南），他的思念之情油然而生。这时已进入河西走廊，眼中风物已显现出西域特色，风卷白草（一说即所谓芨芨草）令人称奇。在西行途中，他突然想起长安，想起长安的老朋友们，此时此刻他特别怀念曾劝他不要前往边塞的好友杜位，过去在长安饮酒赋诗、郊游出访的情景不时浮现在眼前，想到这一切，他情绪激动，随口吟出《过燕支寄杜位》一诗：

> 燕支山西酒泉道，北风吹沙卷白草。
> 长安遥在日光边，忆君不见令人老！

是啊，在燕支山边回望长安，该觉得相距是多么遥远呀！想当年，朋友们在一起终日谈诗论学饮酒欢聚多快乐！几年前，岑参在长安，有一次回颍阳，在路途中想到杜位，曾写过一首《郊行寄杜位》诗："嶕峣空城烟，凄清寒山景。秋风引归梦，昨夜到汝颍。近寺闻钟声，映陂见树影。所思何由见，东北徒引领。"那时虽然彼此思念，但毕竟相隔不太远，所以只是"引领"（伸颈远望）而已，而现在相隔实在太遥远了，难怪"忆君不见令人老"了！说起来，这位杜位也是个人物，他是杜甫的从弟，李林甫的女婿，后在朝廷里当官，同杜甫一起在严武幕府里任过职务。杜甫集中有《寄杜位》诗，知杜位在长安的居处离曲江不远。继续西行，岑参来到了酒泉（治所在今甘肃省酒泉市），抬眼望去，只见黄沙漫漫，好似一片大海，唯一能看见的，是那边塞特有的白草，"真是太荒凉了！"岑参心中叹道。站在县城外的小道上，岑参又想起自己在长安附近南郊的别业（那是岑参在长安为官时置办的），随口吟道：

> 昨夜宿祁连，今朝过酒泉。
>
> 黄沙西际海，白草北连天。
>
> 愁里难消日，归期尚隔年。
>
> 阳关万里梦，知处杜陵田。

诗中的"祁连"，是指祁连山，在今甘肃省张掖市西，绵延于唐代酒泉、张掖二郡之间。"阳关"，古关名，在今甘肃敦煌市西南，和玉门关一样，是唐代通往西域的要道。杜陵，又称乐游原。汉宣帝筑陵于此，在今西安市东南。"黄沙"二句写出瀚海大漠的辽阔和白草连天的壮观景色；"愁里"二句表现出远行之人的孤独和寂寞，耐人品味。

出阳关之前，要先经过敦煌（唐郡名，即沙州，治所在今甘肃敦煌市西），岑参觉得一路奔波，马不停蹄，确实有些累了，便决定在这里停停脚，休息几天，何况敦煌是一个有名的地方，他也想在这里好好转一转，开开眼界。说是休息，其实岑参一天也没有闲着，好在唐代驿站设备齐全，他因为有公家的证明，驿站要免费为他提供每日的三顿饭，他不必为此分心，便在空闲时间到处游览，这个在前辈诗人的作品里屡屡看见的"敦煌"，把岑参深深地迷住了。不知不觉，三天过去了，这天早上起床后，岑参决定哪儿也不去了，就在驿站里好好歇一天，明天继续出发。吃过早饭，他捧起一本书，认真地看了起来。过了一会儿，岑参听到屋外有人在问驿站的小吏："王五，你们这里是不是有一位从长安来的客人？"

"张判官，是你呀。对，我们驿站是来了一位客人，他在这里已经住了三天了……"

"他现在仍在驿站里吗？是不是出门了？"

"没有，"小吏答道，"他吃了早饭就回屋里去了，刚才我去送开水，看他正在读书呢。"

"好，你领我去见这位先生。"

说着话，二人向岑参住的屋里走去，岑参听出是来找自己的，忙站起身迎到门口，为他们打开房门。

小吏指一指岑参说："张判官，这位就是从长安来的先生！"

张判官迎上前来，施了一礼道："小弟是张朋，在敦煌太守府里做事。你就是岑参先生吧？"

"小人正是岑参。"

张朋笑笑说："太守昨天才听说你到了这里，今日特派我前来，一则看看先生还有什么事情需要我们做；二则想请你晚上去太守府参加酒宴，不知先生是不是肯赏光？"

岑参忙说："因为我只是路过此地，怕给太守添麻烦，所以也没去太守府里打扰，现在也没有什么事情要麻烦张大人的；至于酒宴……我本来是准备明日一早就出发的。"

张朋笑着说："那就推迟一天吧，太守是很想见见你的，怎么样？"

岑参想了想说："恭敬不如从命，就这样吧！"

"好，晚上我叫人来接你，如何？"

"那太感谢了！"

两个人又说了一会儿话，张判官才告辞离开了驿站。

晚上，敦煌太守府里，灯火通明，鼓乐齐鸣，客人不少。当岑参被引进郡府后庭，即太守私宅的时候，太守示意大家安静，然后说道："诸位都是熟客，常来常往，我就不一一介绍了，只有这位岑参先生，是第一次到敦煌来的客人，我略作介绍如何？"

岑参笑道："小人岂敢有劳太守大人，还是让我作个自我介绍吧。"他向众人施了一礼，又说道，"本人名叫岑参，此次借道敦煌前往安西投奔高将军，承太守大人的美意，今晚在此与诸位大人相会，真是不胜荣幸！"

众人听说岑参放弃京官不做，不远万里，由长安前往安西投笔从戎，都露出赞赏的神情，人们纷纷走上前来向他敬酒，希望他能习惯边塞的生活，在边塞实现自己建功立业的愿望。岑参心里热乎乎的，对众人的祝愿表示了谢意，心里说："边塞的人，性格就是豪爽，待人实在真诚，这也许是边塞的一个特点吧。"

一阵寒暄之后，太守请大家随意。客人们都很随便，有的几个人在一起玩"藏钩"（将钩藏在手中，让他人猜）的游戏，钩藏好以后，主猜者手持珊瑚鞭作为标志，猜中者可获得半串黄金钱作为奖品，乐趣不少。有的在太守家伎的侍候下饮酒赋诗，声音时高时低，有几分放纵；还有的竟在宽阔的大厅里跳起了胡旋舞，真是热闹非凡。太守的家伎浓妆重抹，头顶两侧高绾的发髻上插着一种嵌金花的首饰，美艳动人。岑参只是坐在那里与人闲聊，有时到太守跟前敬敬酒，太守详细询问了岑参的情况，鼓励道："岑先生，你有胆有识，在边地一定能建功立业，我们这里很欢迎你这样的有志之士！"

"是啊，岑先生你一定会有施展的机会！"旁边也有人附和。

"太守大人，您……"

"唉，我来这里已经五年了，本来应该转任他职了，可是……"太守的话还未说完，旁边有人小声告诉岑参："按规矩应该五年一期，可是太守与当地人士相处得很好，当地德高望重的人士强烈要求他留任，太守只得再留任五年了。"

岑参听别人说过，太守一到任就兴修水利，便问："这里的水利工程是太守修的吗？"

"是呀，引来了山泉，百姓很高兴。"

岑参心中赞叹，不断点头。

一个官员又说："敦煌及其以西地区降雨量很少，农业生产全靠灌溉，因此水利就成了农业的命脉了！"

岑参认真地听着，并没有插话。

等岑参回到驿站时，东方都渐渐地发白了。岑参兴奋得一点也没有睡意，他取出纸笔，一挥而就写下了《敦煌太守后庭歌》，记录下了这个难忘夜晚的情景和自己的感受：

敦煌太守才且贤，郡中无事高枕眠。

太守到来山出泉，黄沙碛里人种田。

敦煌耆旧鬓皓然，愿留太守更五年。

城头月出星满天，曲房置酒张锦筵。

美人红妆色正艳，侧垂高髻插金钿。

醉里藏钩红烛前，不知钩在若个边？

为君手把珊瑚鞭，射得半段黄金钱，

此中乐事亦已偏。

第二天，岑参把这首诗呈送给敦煌太守，太守身边的人读了都很兴奋，有一个书记官叫高齐，平时也喜欢写诗，读了岑参的诗作，不由得赞叹："真是好诗！不仅写出了昨晚宴会的环境、气氛，更写出了岑先生高兴的心情。"

张判官问："最后一句的'偏'，用得很精当，我想应该是'尽''极'之意吧？"岑参轻轻点点头。

旁边有人说："这首诗每一句都押韵，读起来很好听呀！"

高齐说："对，因为句句押韵，所以读起来朗朗上口，有气势！另外，这首诗多用口语，明白易懂，也易于流传……"

"是呀，其中对太守大人的赞美也很得体，太守大人……"

太守点点头，高兴地说："岑先生，谢谢你！我当了五年太守也许没人知道，但你的诗作一定会天下流传，那我就借此扬名了！"

"过奖了！过奖了！"岑参虽然嘴上谦虚，心里却颇有几分得意，不由得也笑了。

因为赴太守家宴，岑参多耽搁了一天，这天早上他决定继续西行。太守亲自赶来相送，官员们一一与岑参相互施礼告别，嘱咐他一路珍重……出了敦煌城，不远处便是阳关。带着一种难以言说的复杂情绪，岑参走出了阳关。在唐朝人看来，过了阳关，便是荒凉偏僻的世界，岑参同辈诗人王维在送别友人赴安西的诗中这样写道："劝君更尽一杯酒，西出阳关无故人！"可见阳关在唐朝人的心中意味着什么。

岑参的目的地是安西，《新疆古今》说："安西都护府和北庭都护府是唐朝统一天山南北后设立的专管西域各地军政事务的两大权力机构。安西都护府始置于唐贞观十四年（640）。初治于交河，主治长官是安西都护。显庆三年（658）西突厥及西域各地皆归属唐朝，遂晋级安西大都护府，府治移至龟兹（今库车）。"因此，过了阳关，还有不短的路程，岑参还须加紧赶路才行。生活在内地的人，何时见过这么一望无际的大沙漠，岑参只感到惊奇，也难免产生一点失落的情绪。一天，他经过长途奔波，终于走过敦煌与伊州（今新疆哈密）之间的一片戈壁大漠——贺言碛，又称作莫贺延碛，这是丝路北道必经之大碛，《大唐慈恩寺三藏法师传》记载了其地理与里程："（玉门）关外又有五烽……五烽之外，即莫贺延碛，伊吾国境。""从此已去，即莫贺延碛，长八百余里，古曰沙河，上无飞鸟，下无走兽，复无水草。"但这里的天空却清澈蔚蓝，蓝天下一望无际的黄沙丘绵延起伏，呈现出不同层次的金黄颜色。他在日落时分来到一个驿站，在等待仆人上饭上菜的当口，切实感受到了自己的孤独。他独自穿越在这片大漠上，大漠无垠，让他感受到一种悲壮，一种苍凉，一种无奈，他想流泪，他想长啸，他想……此时，他有感而发，随口吟道：

　　沙上见日出，沙上见日没。
　　悔向万里来，功名是何物！

连日来在大漠中行走，所看到的景色除了沙漠什么也没有，单调乏味，面对无边的沙漠，深深感到个人的渺小，功名之类身外之物更不值一提了！此情此景，即使是一个充满豪情的人，产生这样的想法也是可以理解的。功名固然可以放弃，但是既然已经到了这里，就必须勇往直前，他的心里当然明白：此时此刻是没有退路的，必须向前！

出了阳关，经过蒲昌海（今罗布泊一带），又向北进发，到了西州（今吐鲁番）。这一路虽然漫长而难行，但是岑参却大开了眼界。在路途上，见到了火焰山，岑参感到十分惊奇，远远地望着火焰山，久久不愿离去。火焰山，又叫火山，为天山山脉之一。山由红砂岩构成，颜色赤红，远远望去，像是火在燃烧，而且周围空气干燥，气温极高，夏季地表温度可达七十度左右，更给人一种满山火焰的感觉。这座火山，由新疆吐鲁番向东一直伸展向鄯善县（唐蒲昌县）以南地区，十分壮观，自古以来就是当地的一大景观，据说后来《西游记》所描写的火焰山即指此地。望着火山，岑参诗兴大发，顺口吟诵道：

火山今始见，突兀蒲昌东。

赤焰烧虏云，炎气蒸塞空。

不知阴阳炭，何独燃此中？

我来严冬时，山下多炎风。

人马尽汗流，孰知造化功！

"今始见"，说明早有耳闻，今日亲见，果然奇异至极，令人无法想象；"突兀"二字更写出火山出现于蒲昌县（即今新疆鄯善县）之东，山高色奇，引人关注。远远望去，火山高耸，像是赤焰燃烧；虽是严冬，却热风习习，人马尽汗，这种景象，对生长在内地的岑参来说，该是多么新奇，难怪他要诗兴大发，感叹大自然（造化）的神奇了。

由蒲昌（县名，在今新疆鄯善县，唐时属西州交河郡）向西南行，又走了约一百二十里，岑参到达了天山西南。休息了几天以后，岑参入山谷又走了二百余里，便来到了银山碛。虽然以马代步，但路途艰难，而且边塞风光奇特壮丽，引发了岑参的兴致，他不时驻足观赏，这样走走停停，所以不到四百里的路程，他走了近半个月。这一个夜晚，在银山碛西的驿馆"吕光馆"里，岑参久久没有入睡。夜已深了，银山谷口寒风呼呼地吹着，抬头望去，银山碛西南的铁门关上的月亮像一段洁白的熟绢悬在半空。此时此刻，岑参压抑住思亲的情绪，他想到汉代的班超：班超家境贫寒，曾经靠给人抄书来维持生活，有一次，他把毛笔丢到地上，感叹道："大丈夫没有其他本事，应该仿效古代出使西域建立功劳的傅介子和张骞，以取封侯，怎么能总生活在笔砚之间呢！"想到班超，他在心里一遍又一遍地对自己说："此次入塞，我一定要有所作为！"想着，他披衣下床，铺开白纸，写下了一首《银山碛西馆》诗，诗中说：

> 银山峡口风似箭，铁门关西月如练。
> 双双愁泪沾马毛，飒飒胡沙迸人面。
> 丈夫三十不富贵，安能终日守笔砚！

银山，在今新疆托克逊县治西南，地处自西州通往焉耆、安西的唯一要道上。史书上说，从西州交河郡向西南行，一百二十里可以到达天山，向西南入谷，经雷石碛，一百二十里到达银山碛。银山峡口即今库米什山口，此处至今仍然风沙狂暴，通过艰难。铁门关在焉耆向西五十里，即今新疆库尔勒市城北天山峡谷中，是唐代从焉耆去往都护府治所龟兹的必经关口，可见这里多么偏远、荒凉。岑参继续前行，到达铁门关时，在城楼的墙壁上题写了一首诗：

铁关天西涯，极目少行客。

关门一小吏，终日对石壁。

桥跨千仞危，路盘两崖窄。

试登西楼望，一望头欲白。

铁门关所处环境的偏远、苍凉，山崖对峙、山路弯曲，守关小吏生活寂寞与孤独，诗人遥望安西方向，深感前途未卜，不知道有多少艰辛和困苦在那里等着自己，"一望头欲白"，真是言简意深，令人感慨。继续向西，岑参感到更加荒凉，对故乡的思念之情随时陪伴着他，他在夜深人静之时提笔写下了《宿铁关西馆》：

马汗踏成泥，朝驰几万蹄。

雪中行地角，火处宿天倪。

塞迥心常怯，乡遥梦亦迷。

那知故园月，也到铁关西。

诗的前半部分叙事，写一天的行程，"地角""天倪"，犹言"天涯海角"；火处，有灯火的地方，即驿馆；五、六两句极写旅人之孤独，故乡遥远，连梦中归去也会迷路。最后二句说月也有情，伴随着自己。"月是故园明"，看来古今一种感受。月随人行，见出月亮的多情，而对明月，行人又岂无动于衷？李白《峨眉山月歌》说："峨眉山月半轮秋，影入平羌江水流。夜发清溪向三峡，思君不见下渝州。"两诗对照着读，应该有新的感悟。李白《渡荆门送别》亦有"仍怜故乡水，万里送行舟"之句，可以参看。

第二天，岑参又踏上了征程。快到中午的时候，见迎面一人骑马走了过来，那人见了岑参先下了马，岑参也忙翻身下马，虽然互不相识，但在这荒凉不毛之地相遇，却使二人平添几分亲切。两人谈了一阵儿，岑参才知道此人是有公务回长安的幕府书记，不便耽误他的行程，只得匆匆告别。临行时，岑参口吟一诗送给这位书记：

> 故园东望路漫漫，双袖龙钟泪不干。
> 马上相逢无纸笔，凭君传语报平安。

岑参把自己长安的家庭住址告诉这位书记，请他把自己一切平安的消息告诉自己的妻子，幕府书记满口应承。他当然牵挂着家人，更能想象出家人对自己的思念，所以不写自己如何思家，只是写报平安这一件事，希望家人不要牵挂自己，岑参对家人感情的真挚和细腻全部表现出来了。诗中用"东望"这一细节表示对长安家园的思念；"路漫漫"是说渐行渐远，回首东望，映入眼帘的，只有漫漫无际的沙漠；龙钟，同洗涷，沾湿的意思。二人挥手告别，各奔东西。诗中说自己东望长安，泪水打湿了衣袖，大约是夸张的描写，但其感情却是真挚的。明代钟惺评论说："人人有此事，从来不曾说出，后人蹈袭不得，所以可久。"（《唐诗归》）

在路途中，岑参忽然想到离开长安已经整整两个月了！两个月，竟然还没有到达目的地，岑参不由得感慨万千，他略一沉思，吟道：

> 走马西来欲到天，辞家见月两回圆。
> 今夜不知何处宿，平沙万里绝人烟！

这首诗意境苍莽雄浑，写出了塞外大沙漠的壮丽景象，又透出几分荒寒与苍凉。两个月以来，他一直向西、向西，真是"马汗踏成泥，朝驰几万蹄"。"西来欲到天"，言西行已远；"见月两回圆"，言离家已久，而"不知何处宿"又给人一种茫然之感，这与结句之"平沙万里"正相呼应，使人遐想，李元洛先生《唐诗三百首新编今读》说："诗人从长安出发赴西部边陲，两个多月还没有到达目的地。征途之遥远，交通之不便，大漠之荒凉，行边之艰苦，报国之豪情，该如何来表现？诗人只抒写了沙漠中的一个月夜，月夜的一个片刻，片刻中的一个疑问，在结构上首呼尾应，千头万绪千言万语便尽在其中。"想想当年，人们在空旷的边塞，那一轮明月也许特别亲切、亲近吧？明月高悬，令人想到家乡和亲人，想到历史的延绵……由岑参此诗，使人想到唐代边塞诗中常常写到明月，如李益《受降城闻笛》："回乐烽前沙似雪，受降城外月如霜。"月色如霜，撩动人的愁思；王昌龄《从军行》："撩乱边愁听不尽，高高秋月照长城。"边城的秋月，更让人产生遐想……

什么时候才能到达目的地呢？他不免有几分着急。好在路途毕竟是有尽头的，经过一程又一程的奔波，安西（今新疆库车）终于在他的脚下了！那一种兴奋和激动，是言语难以表达的。当岑参到达安西的时候，已经是日暮时分，而他要去的营帐却又在安西的西边，当有人告诉他还要再往西走一程的时候，岑参的心里生出无限感慨，不由得吟道：

黄沙碛里客行迷，四望云天直下低。
为言地尽天还尽，行到安西更向西！

陪伴岑参的小官吏听了岑参的诗，也为之动容，对岑参生出几分敬意，他殷勤地为岑参安排住宿和饮食，使岑参感到一丝温暖。聊了几句才得知此人叫杨兵，是本地人，虽读了一些书却没有机会参加科举考试，但对文士却十分敬重，凡是来往的文士他都愿意交结，待他安排岑参用过晚饭以后，有几分怯意地说："岑大人，小人有个请求不知您是否可以答应？"

"什么请求，你讲！"

"就是刚才您吟诵的那首诗……"

岑参一时未明白杨兵的意思，杨兵又说："我想请岑先生留下这首诗的墨宝，我觉得这首诗写得太好了！"

岑参提笔把刚才吟诵的诗写在纸上，并加上了一个诗题：《过碛》……

就这样，岑参在雪海沙浪中艰难地向西进发，一直走了两个多月，晚上便住在驿站里，或者思念长安的亲人，或者向往着、幻想着未来，或者与新结交的朋友海阔天空地聊天，或者独自构思诗篇……对他来说，这种生活是艰苦的，但又相伴着欢乐，是单调的，却又时常激发出他的诗情。

他终于来到了安西……

## 塞上风云

在这一年年末，岑参终于来到了安西，开始了他的幕府生活。等他刚刚熟悉了一下环境，除夕便临近了。在这"欲到天"的边远地方过年，对岑参来说，在新奇中难免有几分惆怅，他很自然地怀念起长安的亲人和朋友。带着醉意，岑参给家人写了一封长信，还给颜真卿等几位朋友写了信，他觉得意犹未尽，又提笔给老朋友、当朝宰相李林甫的女婿元扬写了一首诗，诗是这样写的：

西风传戍鼓，南望见前军。

沙碛人愁月，山城犬吠云。

别家逢逼岁，出塞独离群。

发到阳关白，书今还报君。

西风送来戍卒击打的鼓声，向南一望，遥见远处驻扎着唐朝的军队；沙漠中的月亮显得十分冷清，远游之人见了，难免生出愁苦之思；此城地势颇高，狗似乎在云层中吠叫似的。自己离家正巧赶上过年，"每逢佳节倍思亲"，家人和老朋友们不在身边，自己感到颇为孤独。一过阳关头发便白尽了，虽然是夸张的写法，但诗人的愁苦之状却活生生地写了出来。

过了除夕，岑参就正式开始了自己在幕府里的使命。他任的是一个闲职，平时没什么事情，但有的紧急公务却又非他办不可。忙的时候，岑参走马东来西往，在安西四镇间穿行，犹如风中的飘蓬，而他的心情却颇为寂寞，难免在夜深人静之时思念长安的亲友，他的《安西馆中思长安》是这方面的代表作：

> 家在日出处，朝来喜东风。
>
> 风从帝乡来，不异家信通。
>
> 绝域地欲尽，孤城天遂穷。
>
> 弥年但走马，终日随飘蓬。
>
> 寂寞不得意，辛勤方在公。
>
> 胡尘净古塞，兵气屯边空。
>
> 乡路眇天外，归期如梦中。
>
> 遥凭长房术，为缩天山东。

家在东方极远之地的长安，风来自京城，像远方来的信使一样传递信息；位于绝远之地的安西都护驻地龟兹城像远在天的空尽之处。诗人整年走马奔波各地，犹如飞蓬，虽然寂寞而不得意，但却一心为公事奔走。胡兵没有犯边，战争气氛相对平静，诗人不禁燃起思乡之情，竟然想用仙人费长房的缩地术，把天山缩向东方，使归乡之路不再那么遥远，其思乡之切由此可见一斑！

在边塞，难免经常看到战斗的场面，听到战斗的消息。岑参虽然是个文职官员，但有时他要去前营传达主帅高仙芝的命令，还要监督前方主将执行这些命令；有时他又要去前线战斗部队了解敌我情况，提出作战方案，供高仙芝参考，所以他常常要出入于战火之中。

时光如飞，一晃一年过去了。

岑参一方面对边塞更加熟悉了，另一方面在边塞立功的愿望也有些淡薄了。在边塞的一年，使岑参感到自己以前的想法真是太简单了。是啊，在边塞确实有建功立业的机会，但这种机会并不是像以前想象的那么轻而易得，而且要想得到这种机会，就要善于迎合高仙芝。可是岑参恰恰做不到这一点。有时，他明明知道自己的某些意见与高仙芝的主张不同，但自认为有利于边塞的和平，便毫不犹豫地一次又一次地提出来，虽然高仙芝口头上夸奖他忠于职守的精神，心里却并不特别信任和器重他。这种情况，常常使岑参更加思念长安和长安的亲人、朋友，他写了不少抒发怀乡思亲情绪的诗篇，如《忆长安曲二章寄庞潍》：

东望望长安，正值日初出；
长安不可见，喜见长安日。

长安何处在？只在马蹄下。
明日归长安，为君急走马。

岑参职责所在，不免四处奔波，前往安西之西，便感到离家乡更加遥远。而往东行，则又激发出强烈的思乡之念，夜晚常有思乡之梦，他的《早发焉耆怀终南别业》便写出了他对终南别业，即高冠草堂的怀念之情：

> 晓笛引乡泪，秋冰鸣马蹄。
>
> 一身虏云外，万里胡天西。
>
> 终日见征战，连年闻鼓鼙。
>
> 故山在何处，昨日梦清溪。

　　焉耆是唐代军镇名，为安西都护府所辖四镇之一，位于安西之东，大约是今新疆焉耆县一带地方。由这首诗也可看出岑参在安西四镇间奔波尽责，从结构上看，最后二句与一、二两句遥相呼应，写出对终南别业附近清溪的怀念。

　　这一天，岑参刚从安西四镇之一的龟兹回到安西大本营，感到有些疲乏，便直奔将军府里自己的住房，想先休息一下再去向高仙芝汇报情况。还没进门，他从窗户里看到自己屋里坐着一个人。那人见岑参回来了，忙迎到门口："岑参兄，你回来了！"

　　岑参定睛一看，不由得笑了："哎呀，是宇文兄！"

　　宇文明紧紧拉住岑参的手说："岑兄，陇头一别，已经快两年了，时间过得实在是太快了！"

　　"时间虽快，但岑兄的诗句我还记着呢！"宇文明随口吟诵道，"十日过沙碛，终朝风不休。马走碎石中，四蹄皆血流。万里奉王事，一身无所求。也知塞垣苦，岂为妻子谋！"

　　岑参笑道："那时的感受还太肤浅，经过这两年的边塞生活，我……"

　　宇文明笑着打断岑参的话："岑参兄如今已经是个老边塞了，想来对幕府生活已经完全熟悉了吧？"

　　"熟悉是熟悉，只是……"岑参没有说下去，换了一个话题，"宇文兄随高将军入朝回来，一直没有回过我们安西幕府吧？"

宇文明点点头："是呀，我从长安回来时，正巧河西节度使安思顺将军借调一个判官，高将军便叫我先去河西幕府帮一下忙，谁知这一去就是一年多。"

岑参好像突然想起什么，问道："对了，上个月有一位朋友去河西幕府，我托他带了一首诗给你，不知……"

"收到了！收到了！"宇文明说着轻声吟诵道：

> 西行殊未已，东望何时还？
> 终日风与雪，连天沙复山。
> 二年领公事，两度过阳关。
> 相忆不可见，别来头已斑！

吟诵完，他连声说："岑兄，这真是一首好诗呀，不仅'终日'两句把边塞生活的环境及其艰苦程度写了出来，特别是最后两句点出了你我之友情，每当我吟诵起这两句诗，便忍不住想流泪呢！"

岑参笑笑："宇文兄过奖了，过奖了！"停了一下，岑参又说："西域实在太广阔了，别说安西都护府地域辽阔，你我难得一见，何况你又借调到河西节度使幕中去了，更是'相忆不可见'了！"

"是啊，岑兄，边塞风霜太烈，令人速老，真是'别来头已斑'呀！"

饮了一口茶，宇文明问道："不知岑兄到过哪些地方？依我之见，既然到了边塞，还是多跑几个地方为好，别的不说，单是为了开开眼界、长长见识也是值得的，不然的话，空有一个来过边塞的名，却哪都没有去过，那可就太遗憾了！"

"宇文兄所言极是。"一说到这个话题，岑参就兴奋起来，"这两年以来，安西四镇差不多跑遍了，龟兹、焉耆去得多些，疏勒和于阗去得相对少一些，但也去了有三四次了。安西的西边还去过好几趟呢。不过，最远的地方怕是胡芦河了。"

"胡芦河？"宇文明笑道，"哎呀，那里我还没有机会去呢，只是听说从安西柘厥关出发，要走五百多里，才到小石城，从小石城还要再往西二十多里，才到胡芦河。"

"你说得不错，这一路说起来才六七百里，不算太远，可是几乎根本没有路，要在沙漠里走好几天，实在是太艰苦了！"

"胡芦河边有一座烽火台好像叫苜蓿烽？"

"对，就是在那里！"

"似乎在伊州境内？"

"对，归伊州节度使管理。"

"想来岑兄一定会在胡芦河边留下大作吧？"

岑参笑笑："大作可谈不上，不过倒是写了一首《题苜蓿烽寄家人》的诗。当时正逢立春，我站在胡芦河边，望着苜蓿烽，忽然想到了长安的家人，不怕你取笑，当时我的眼泪都流了下来。离家已经这么长时间，也不知家里情况如何。"

宇文明说："此诗一定感人，不知岑兄是否可念给小弟听听？"

岑参点点头，用平缓沉稳的语调念道：

> 苜蓿烽边逢立春，胡芦河上泪沾巾。
> 闺中只是空相忆，不见沙场愁杀人！

听了岑参的诗，宇文明沉默不语。过了一会儿，他才长叹一声说："是呀，我们安西幕府本来离长安就够远的了，你又向西走了五六百里，那里肯定更加荒凉，难免要生思家之情了，何况又正逢立春时节呢！闺中人的思念，又怎么比得上离家远行的人强烈呢！唉，我有时也常常想起家人，特别是我的女儿，她现在已经五岁了，你就别说她有多聪明伶俐，招人爱怜了！有时我真想一跺脚离开边塞，回家去算了，可是……"

见宇文明也动了感情，岑参忙岔开话题，问道："宇文兄，这次从河西幕府回来就不再去了吧？"

宇文明笑道："不仅我还要回河西，岑兄你也得去呢！"

岑参不禁惊讶。

宇文明解释道："你这些日子一直在龟兹，后头的事还不知道。"

"什么事？"岑参急切地问道。

"皇帝最近下了诏书，任命高将军为河西节度使，代替安思顺将军。"

"噢，是这么回事。"岑参点点头，又问道，"我们幕府人员都要去河西节度使驻地凉州吗？什么时候出发？"

"高将军去了河西，我们这些幕府人员当然也都要去。至于什么时候出发，现在还说不好。"

"为什么呢？"

"因为高将军还要办理一些移交手续，皇上派的新的安西节度使还没有到呢。不过，高将军吩咐我先与几位同事去凉州，提前做些准备工作，不知岑兄是否愿意先行？"

岑参不假思索便答道："我正求之不得呢！什么时候走？"

"你刚从前边回来，怎么也得歇两天。"宇文明想了想，"我们就大后天一早出发如何？"

"行！"

"好，你先休息吧，我再去通知其他几个同事，就这么定了，大后天一早出发！"

就这样，岑参便与判官刘单、副使李莫等人一道先行前往凉州。凉州是唐郡名，天宝元年（742）改为武威郡，治所在今甘肃省武威县。本来宇文明是计划同他们一起来的，可是他被一些紧急的事务拖住了，所以没有同来。在往凉州的途中，他们经过酒泉（今甘肃酒泉市），在这里住了几晚，稍事休整。这么多军中官员经过地方，地方官员自然会设宴款待。到达酒泉的当天晚上，太守韩经福便为他们摆酒洗尘，席间自然要欣赏胡族少年、少女的歌舞，彼此高谈阔论或作诗吟诵，岑参有感而发，当场朗诵了新作《赠酒泉韩太守》：

> 太守有能政，遥闻如古人。
> 俸钱尽供客，家计亦清贫。
> 酒泉西望玉关道，千山万碛皆白草。
> 辞君走马归长安，忆君倏忽令人老。

前四句说韩太守有好的施政名声，又有古人之风，为人豪爽好客，后四句说自己东归，离长安越来越近，想象离开酒泉后会怀念这一晚上的欢聚场面和韩太守。玉关，即玉门关，在今甘肃敦煌市西北，是汉时通往西域的要道，唐代关址东移至晋昌城（今甘肃安西县双塔堡附近）。

离开酒泉，来到凉州正是三月中旬，满眼梨花已经飘飞，小草的嫩芽也已长出，但西域寒冷，人们的冬衣还未脱掉。在凉州客舍，岑参想到此时长安一带早已是暮春时节，而自己却滞留在武威所在的黄河以西的河西地区，难免又生乡思，于是提笔写下《河西春暮忆秦中》：

> 渭北春已老，河西人未归。
> 边城细草出，客馆梨花飞。

别后乡梦数，昨来家信稀。

凉州三月半，犹未脱寒衣。

到达凉州不久，他游览了一处著名的古迹尹台寺，写下了《登凉州尹台寺》，其诗说：

胡地三月半，梨花今始开。

因从老僧饭，更上夫人台。

清唱云不去，弹弦风飒来。

应须一倒载，还似山公回。

诗作先借薛谭学讴于秦青的典故写席上歌声之美妙，再赞弦乐器演奏之高超。自己如今犹如当年的山简一样置酒辄醉，好不畅意。这首诗题下原有注说："是沮渠蒙夫人台"。沮渠蒙应为"沮渠蒙逊"，东晋北凉君王，公元四〇一年自立为张掖公，四一二年占姑臧（今甘肃武威）。尹夫人，东晋西凉君主李暠妻尹氏，公元四一七年李暠死，其子立，尊为太后。其子将攻沮渠蒙逊，尹氏劝他不要如此，但其子不听劝阻，待沮渠蒙逊灭掉西凉以后，尹氏到姑臧觐见，沮渠蒙逊接见并安慰她，不仅没有杀掉她，还把她的女儿招为自己的儿媳妇。后人在她的居处旧址上盖了一个寺庙。

过了不久，岑参听到宇文明西来已到晋昌（瓜州州治所在地，即今甘肃安西县）的消息，颇为高兴，想一想两年前初识宇文明之时，自己对边塞还完全不了解，只是空有一腔边塞立功的热情；随着时光流逝，白发生多了，衣服破旧了，而功业却未建立，想到这些，岑参不由得感慨万千，遂提笔写下《武威春暮闻宇文判官西使还已到晋昌》：

片云过城头，黄鹂上戍楼。

塞花飘客泪，边柳挂乡愁。

白发悲明镜，青春换敝裘。

君从万里使，闻已到瓜州。

　　诗中的"戍楼"，指士兵驻守的城楼，竟有黄鹂飞来，称得上新鲜奇特了；"塞花"二句用"飘""挂"二字写出"客泪""乡愁"，见出遣词用字的精心；"白发"二句感叹青春易逝，岁月空老，颇为生动，诗中的"青春"，指春季。最后二句归结题旨，"万里"二字使人有苍茫之感。

　　本来岑参他们先到凉州，是想为高仙芝来接任做些准备工作，可是即将去职的安思顺和他的部下对岑参他们很冷淡，并不给他们提供方便。实在没有办法，岑参等人只得耐心等待。时间飞快，一晃一个月过去了，却仍然没有高仙芝要来凉州的消息，岑参他们简直是度日如年，一天天过得很无聊。好在离客舍"花门楼"不远处有一座酒楼，卖酒的是一位七十老翁，因为岑参他们常来此饮酒，不久他们就很熟悉了。有时无聊了，岑参他们便到酒楼来一醉方休。这天，岑参、刘单和李莫又来到酒楼，酒楼老翁忙迎上来，叫人给他们斟酒上菜，岑参他们谢过老翁，畅饮起来，边喝边谈，不知不觉中天色黑了下来，岑参掏出银子算账，老翁笑道："先生，老夫有一事相求，不知……"

　　"老人家，怎么这么客气，有什么话请尽管讲！"

　　老翁说道："今日算我请客，不收银子。只是听说先生是当今一位诗才，老朽虽是酒家翁，但对诗文却也很喜欢，不知先生是否可以为老朽留下一诗？"

岑参带着几分醉意说："老人家，你这是以诗代钱，颇有几分雅兴呀！好，我不怕献丑，就凑个趣！"说完，他看着不知谁摘下放在桌子上的榆荚，笑道："这榆荚形状扁圆颇似铜钱，各位可知道汉初即铸有'荚钱'？"众人点头说："这倒听说过，可是……"岑参笑笑，知道众人不明白他为何这时有此一问，稍一思索，随口吟道：

老人七十仍沽酒，千壶百瓮花门口。
道傍榆荚仍似钱，摘来沽酒君肯否？

岑参吟完，众人听罢都笑了，纷纷夸道："有趣！有趣！"刘单也早把此诗记在一张白纸上，递给老翁，老人点头致谢，亲自送岑参他们走出酒楼。

在凉州滞留的时间不短，岑参想尽办法打发光阴，这天晚上岑参与刘单等人应邀来到武威田太守后庭参加宴会，除了一般的饮酒赋诗、藏钩猜谜之外，岑参这次大开眼界：田使君专门请他们来欣赏舞女表演北旋舞，这个节目令岑参震惊、称奇，当他看着穿着鲜艳舞衣旋舞而起的舞女犹如一朵朵莲花一样，他控制不住了，当舞曲刚刚结束，舞女们正放缓脚步准备归队的时候，他叫太守的下属取来笔墨纸砚，略一沉吟，挥笔写下《田使君美人如莲花舞北旋歌》：

美人舞如莲花旋，世人有眼应未见。
高堂满地红氍毹，试舞一曲天下无。
此曲胡人传入汉，诸客见之惊且叹。
曼脸娇娥纤复秾，轻罗金缕花葱茏。
回裾转袖若飞雪，左旋右旋生旋风。

琵琶横笛和未匝，花门山头黄云合。

忽作出塞入塞声，白草胡沙寒飒飒。

翻身入破如有神，前见后见回回新。

始知诸曲不可比，采莲落梅徒聒耳。

世人学舞只是舞，姿态岂能得如此。

诗中写到美人在红地毯上翩翩起舞，她们身材姣好，罗衣上花团锦簇，不停旋转犹如胡旋舞，而来自胡地的音乐和乐器更是令人惊奇，听之使人产生奇妙的感受，这又岂是内地乐曲可以相比的？那些纯技术性的歌舞表演，更不能表达出这种歌舞的精神和品格。《西域探险史》对此诗的解读颇为精当："这首诗细致入微地描绘了整个舞蹈的全貌和精华之所在。从'曼脸娇娥'的面部表情，'回裾转袖'的手臂、手姿律动，到'左旋右旋'的腰部和腿足的全力协调，记录了全身律动的完美组合。这首诗介绍了北旋舞是在红地毡上表演的，因为是从西域传入汉地，所以内地的人们'应未见'。这奇特美妙的舞蹈'天下无'，当然要令'诸客见之惊且叹'。接下来具体描述了舞蹈动作，开始静如莲花，继而动如飞雪。写美人的舞衣，是金线彩绣的纱裙，若云雾轻笼。写舞姿则如飞雪旋风，灵动快捷。同时还写出为舞蹈伴奏的音乐的艺术魅力，舞蹈随音乐的变化而急就回旋，千姿百态。"……在众人一片赞赏声中，有人对岑参耳语了几句，岑参点点头，又提起笔，在诗题下补注道："此曲本出北同城。"有人笑道："北同城即离此地不远的甘州，也许要因此诗而名传千古了！"众人都笑了。

在无聊中等待是最磨人的，岑参他们在凉州待得越来越心焦，他们估计情况也许有了变化，最初的设想也许不能实现了。果然，他们的估计被验证了。这一天，岑参他们刚吃完午饭，便听到有人来找"安西节度幕府里的人"，岑参忙叫店老板把他领进屋子，此人原来是安西幕府中送信的小卒阿五。阿五一见岑参他们，便焦急地说："岑大人、刘大人、李大人，宇文先生叫我前来送信！"

"什么事，你别急，慢慢地说。"

"宇文先生说，情况有了变化，河西节度使安将军不愿意离开河西，便暗中叫人劝说当地胡族首领苦苦挽留他，然后他把这种情况派专人报告给朝廷，皇上知道以后，以为安将军在河西甚得民心，不宜调动，便决定仍由安将军为河西节度使。这样一来，高将军就来不了凉州了。"

"噢，是这么回事！"三个人听了点点头，这才明白安思顺和他手下的人为什么对他们那么冷淡。

岑参问道："宇文先生说没说让我们怎么办？"

阿五说："说了，他请你们几位在凉州再待一段时间，谁也说不准，事情是不是还有变化。"

岑参点点头。经过两年的边塞生活，他对边将之间的明争暗斗已有所了解。河西一带物产丰富，而且比较安定，安思顺自然不愿轻易放弃，而高仙芝又怎能不希望把它夺到手呢？他们之间难免还会有一番相争，还是再继续等一等，看看事情如何发展为好。

高仙芝虽然明里暗里还是与安思顺争了一阵儿，但无奈皇上圣旨已下，他只得仍留在安西四镇。这年五月，西域石国王子发动一些少数民族首领，一起发兵来攻安西四镇，高仙芝将唐朝士兵和少数民族士兵编在一起，共两万多人，前往迎击。安西发生战斗的消息传到凉州，岑参他们都很振奋，刘单说："岑兄、李兄，你二人不妨再待一段时间，我可是要先回安西了，说不定还能上前线打一仗呢！"

当天晚上，朋友们为刘单在军中摆了送别酒，桌上摆着一盘盘煮熟的牛肉和几十个耳杯，烛台上的红烛与窗外月光交相辉映，歌舞女子一个个漂亮美艳……岑参与朋友们喝了不少酒，有了几分醉意，恰在此时有人请岑参即席赋诗，岑参略一沉思，挥笔写下一首长诗《武威送刘单判官赴安西行营便呈高开府》呈送给刘单并请他转呈高仙芝。这首诗虚实结合，反映了岑参边塞生活的部分实际和所思所想：

> 热海亘铁门，火山赫金方。
>
> 白草磨天涯，胡沙莽茫茫。
>
> 夫子佐戎幕，其锋利如霜。
>
> 中岁学兵符，不能守文章。
>
> 功业须及早，立身有行藏。
>
> 男儿感忠义，万里忘越乡。
>
> 孟夏边候迟，胡国草木长。
>
> 马疾过飞鸟，天穷超夕阳。
>
> 都护新出师，五月发军装。
>
> 甲兵二百万，错落黄金光。
>
> 扬旗拂昆仑，伐鼓震蒲昌。
>
> 太白引官军，天威临大荒。
>
> 西望云似蛇，戎夷知丧亡。
>
> 浑驱大宛马，系取楼兰王。
>
> 曾到交河城，风土断人肠。
>
> 塞驿远如点，边烽互相望。
>
> 赤亭多飘风，鼓怒不可当。
>
> 有时无人行，沙石乱飘扬。
>
> 夜静天萧条，鬼哭夹道傍。
>
> 地上多髑髅，皆是古战场。

置酒高馆夕，边城月苍苍。

军中宰肥牛，堂上罗羽觞。

红泪金烛盘，娇歌艳新妆。

望君仰青冥，短翮难可翔。

苍然西郊道，握手何慷慷。

诗作开篇描写西域边地的景色：热海连接着铁门，火山连绵于西方；白草茫茫，与天相连；大漠茫茫，远无边际。金方，西方，古人把五行配于方位之上，西方属金，故称。"夫子"八句写刘单的生平行事。戎幕，指军府；锋利如霜，以兵器比人，赞刘单才能出众；兵符，兵书；行藏，指出仕与隐退；越乡，远离乡土。"孟夏"四句写边地的季节和物候，到孟夏即阴历四月草木才长起来，再写刘单驱马西去的情景，犹如飞鸟般疾去，前往西方极远之地。"都护"以下十二句写此次军事行动。都护，指高仙芝，时为安西都护；伐鼓，击鼓；蒲昌，蒲昌海，即罗布泊；太白，即金星，古人以为兵象，太白星引领唐军前进，是一种好的征兆。天威，指唐朝皇帝的威仪；大荒，指西方极远的地方；云似蛇，一种天象，预示着"大战杀将"；大宛、楼兰，均为汉代西域国名。"曾到"以下十二句写自己在西域的经历和感受。交河，唐代西州属县，在今新疆吐鲁番市西北郊；赤亭，西州军事要地，其地即今新疆鄯善县东北的七克台。"置酒"以下六句写军中宴会。羽觞，一种酒器，因两旁有耳似翼，故名。"望君"四句写送别之意，说有人会直上青云，而自己翅膀短小，能力微弱，不能建立功业。此时，在西郊饯别，握手一别，心中充满豪情。

刘单把这首诗抄在纸上，很仔细地收好，说了声："我一定将它转给高将军！"第二天一早，在晨光中，岑参及其战友送别刘单判官。刘单与大家拱手告别，跃上马出发了。望着刘单远去的身影，岑参激动起来，朗声吟诵道：

火山五月人行少，看君马去疾如鸟。

都护行营太白西，角声一动胡天晓。

诗中写出刘单驱马疾去的形象，十分生动；后半是料想之词，又有祝愿的意思，整个风格颇为豪迈雄壮，所以听了岑参的诗，安西节度副使李莫赞叹道："岑兄，刘兄本是豪爽之人，你这首诗也充满了豪气，以后刘兄读了此诗，一定会很喜欢的！"停了一下，又说："岑兄诗中的'胡天晓'是否有双关之义？"

岑参笑笑："李兄果然也是诗坛一杰呀！是的，我是借军中画角声里'胡天'大亮来写唐军一到，边地叛乱便会平息，边地安宁，百姓没有战乱之苦，我们不是也能有更多的时间饮酒赋诗嘛！"众人听了都笑了起来。

一个月后，李莫也决定回安西，岑参没有办法，只得独自留下来。在就要与李莫分手的时候，岑参说："李兄莫见笑，我已为兄写下一首送别之诗。"说着展开一卷白纸，李莫笑道："正合我意，多谢岑兄了！"接着轻声念道：

火山六月应更热，赤亭道口行人绝。

知君惯度祁连城，岂能愁见轮台月？

脱鞍暂入酒家垆，送君万里西击胡。

功名只应马上取，真是英雄一丈夫！

读完，李莫赞道："真是好诗呀！知我者，岑兄也！我此去安西必定会经过火山和赤亭，岑兄由此落笔非常恰当，而'知君'两句，更是不了解我的人写不出来的，这些年来，我在边塞来来往往，祁连城（在今甘肃张掖县西南）经过了好几回，当然不会因轮台（今新疆轮台县南）的月亮而动乡思了！还有最后两句，真说到我的心坎里去了，虽然过奖了，但做马上英雄确实是我的愿望！由这两句诗，我想到李顾兄的两句诗，"他停了一下，朗声读道，"忽然遣跃紫骝马，还是昂藏一丈夫！"岑参笑道："没想到我这两句与李兄的佳句还真是很像呢，我可不是偷来的句子呀！"众人又笑了起来。

送走了两位朋友，岑参实在待不下去了，他也想离开凉州前往安西，"功名只应马上取"，做一个马上英雄该是多么令人兴奋的事啊！可是还不等他动身，阿五又来到凉州，叫他再等两天，宇文先生有话对他说。两天后，宇文明来到凉州，他和岑参谈了一夜边塞的情况，并交给他一封长信，说道："高将军令你近日出发，速回长安，向朝廷报告边塞的战斗情况，并把这封信亲自交给当朝宰相。"

接过宇文明递来的书信，岑参感到沉甸甸的，而不久就会回到长安，他又十分兴奋。这天侍御史韦君泰办完朝廷交办的事务，要离开凉州回长安，岑参为其送行，写下了《送韦侍御先归京》诗：

闻欲朝龙阙，应须拂豸冠。

风霜随马去，炎暑为君寒。

客泪题书落，乡愁对酒宽。

先凭报亲友，后月到长安。

首联说韦侍御就要回长安了。龙阙，指皇宫；豸冠，即獬豸冠，御史戴的一种帽子。因为侍御史掌分察百官之责，故古人常用"风霜"来比喻其峻厉严肃。"客泪"二句写自己思乡之情。看最后两句，先请韦侍御带个消息，不久自己也要回长安了，岑参的心情多么高兴和愉快啊！很快就要回长安了，这固然使岑参兴奋，但是韦君泰在闲谈中说到的朝廷的一些事情却让岑参颇为忧虑，特别是有关安禄山的一些传闻，更让岑参感到不安，所以在众人饮酒赋诗的间隙，岑参悄悄问韦君泰说："韦兄，你刚才说到今年正月初三贵妃给安禄山'洗三'之事是真的吗？"

韦君泰看看左右，压低声音说："这是我听一位宫中的兄弟说的。你知道，这安禄山虽是个胡人，又做了范阳节度使，但是为人十分狡诈，想尽一切办法讨当今圣上的欢心。据说，不久前圣上一高兴，便呼安禄山为儿，可是他却先拜贵妃娘娘，然后才拜圣上，圣上好奇地问他为什么这样，他说：'胡人只知其母，不知其父'，圣上不仅不怪罪，反而哈哈大笑，安禄山顺势请求当贵妃的干儿子，可是，他比贵妃娘娘还大十八岁呢！"

"啊，这太荒唐了！"

"是啊，正月初三是安禄山的生日，贵妃娘娘还真的在宫里搞了一个'洗三'的仪式呢！"

"现在民间还有这个'洗三'的习俗呢，可是都是在婴儿出生三日后办的呀，可安禄山……"

"这不是宫中的荒唐游戏嘛！在民间'洗三'的日子，亲友咸集，煎香汤于盆中，下果子、彩钱、葱蒜于盆中，以彩帛数丈绕盆，叫'围盆'；以钗搅水，叫'搅盆'；亲友撒钱于水中叫'添盆'。"

"那……"

"正月初三这天，宫中为安禄山'洗三'，据说，用锦绣缎料特制的大襁褓，包裹住安禄山，让内侍和宫女把他放在一个彩轿上抬着，在后宫花园里转来转去，贵妃娘娘还叫着'禄儿，禄儿'，宫中太监和宫女笑声一片……"

"真没规矩！那圣上……"

"据说圣上听说这回事，不仅不生气，反而也来看热闹……"

"唉！"岑参听到宫中这些传闻，感到胸中堵得慌，只能无奈地长叹一声。韦君泰还讲了一些安禄山扩充实力招兵买马的事情，更使岑参感到心情压抑，不由得连饮数杯，岂不知借酒浇愁愁更愁啊……

在凉州又待了几天，稍作安排，岑参放弃重回安西的打算，带着高仙芝的重托，离开凉州，经过临洮（唐郡名，治所在今甘肃临潭西南），向长安进发。在临洮，岑参停留了几天，他抽空到龙兴寺游览了一番，见到一丛木香，很感兴趣。木香，是菊科草本药用植物，叶形如羊蹄，花似菊花，结黄黑色果实。岑参对新奇的事物常常发生兴趣，于是专门为此写了一首《临洮龙兴寺玄上人院，同咏青木香丛》诗：

> 移根自远方，种得在僧房。
>
> 六月花新吐，三春叶已长。
>
> 抽茎高锡杖，引影到绳床。
>
> 只为能除病，倾心向药王。

诗里说青木香由远方移栽过来，已经开花长叶，十分茁壮；花茎很高，已经高过禅杖；花叶摇曳，在绳床（一种交椅）旁映出影子；正因为它是药用植物，所以人们才特别喜欢它。药王，药王树，传说中月亮里有药王树，食之可为玉仙，身体透明如水晶琉璃一般，这里以此代指青木香。

在这次游览的朋友中，有一位叫祁乐的书记官，在离开临洮时，岑参专门为他写了《临洮客舍留别祁四》诗：

> 无事向边外，至今仍不归。
> 三年绝乡信，六月未春衣。
> 客舍洮水聒，孤城胡雁飞。
> 心知别君后，开口笑应稀。

首联起笔突兀，"无事"二字令人称奇，谭元春说："'无事'妙妙，写出高兴。""二语说得行径奇怪"（《唐诗解》卷十三）；二、三两联写从军之孤独和边地之偏远。洮水，即今洮河，源出甘肃青海两省边境的西倾山。聒，声音嘈杂吵闹。尾联言浅意深，见出一片真情。祁乐捧读着这一首诗，眼眶都湿润了……

这一年初秋时节，岑参回到了长安。

# 长安交游

回到长安以后，岑参按照高仙芝的指示，向朝廷报告了边塞的情况，并把那封长信转呈给了当朝宰相。此次岑参回京，带有探亲的性质。虽然有一点任务，也是比较好办的事情，所以他差不多天天在家陪伴妻子和小女儿，或者与朋友们饮酒赋诗。人在边塞，天天想着回到长安，而回到长安，又难免挂念着边塞的事务和军中友人。所谓"官身不由己"，不管岑参心里怎么想，反正他的公务很快处理完，再过几天就应该踏上再回边塞的道路了。

这一天，岑参正在书房读书，仆人来报有客来访。

岑参忙放下书，转身相迎，一看是老朋友周宜义，笑道："老兄，我正看你的诗集呢，正巧了！"

"是吗？多多指教呀！"

"哪里，哪里。"岑参叫仆人上茶，"周兄请坐。"

周宜义坐下，抿了一口茶，问道："岑兄，你准备什么时候动身呢？

听说你在长安待不了几天了，是吗？"

"是呀，我回来已经有一段时间了，边地事务太多，实在不能久留呀。"

周宜义停了一下，说道："岑兄也许有所不知，边地近来有很大变化。"

"什么变化？"

"我听兵部的朋友说，高仙芝将军不久前率兵三万余人，深入敌方战区七百多里，结果在恒罗斯城与大食军相遇，被团团围住，打了一个大败仗，只有数千士兵逃了回来！"

"怎么会这样呢！"

"是呀，谁也没有料到朝廷知道了这个消息，十分震惊，皇上大怒，下诏叫高仙芝速回长安。"

"速回长安？"

"对，叫他任右羽林大将军，实际上夺了他的兵权。"

这消息使岑参十分吃惊，急急问道："那高将军……"

"高将军岂敢违背君命，已带着身边的人往回赶了！"

岑参一时无语。在这种情况下，岑参觉得急急忙忙再赴边塞不是很合适，便留了下来。虽然只在边塞待了两年，但这一次重新生活在长安，岑参却有了全新的感受。是啊，长安，这曾在岑参梦中屡屡出现的大唐首都，没有漫天的风沙，没有彻夜的鼙鼓，也没有直冲云天的烽火，有的只是中外商人的喧哗、歌儿舞女的表演以及一片和平、安宁的气氛。边塞，对长安人来说，那是相当遥远，甚至连梦中都不会去的地方。

在长安，岑参的生活是平静的也是愉快的，他免不了要与老朋友们重新欢聚，共叙离情；同时，他又结识了许多新朋友。在这些新朋友中，他最敬佩并一见如故的有两个人，一个是高适，另一个是杜甫。

岑参与高适是在时任京兆府士曹参军的李嶷家认识的，当时他们一见面便互相感到很亲切。因为他们不仅脾气相投，而且有共同的经历。高适同岑参一样也去过边塞，只是他们去的地方不同，岑参去的是安西节度使幕府，而高适去的是蓟北，即今河北省北部一带，后来又到过陇右、河西节度使哥舒翰幕府，这正好为他们的交谈提供了好材料。岑参向高适介绍了安西的火山、大漠以及那里的风土人情；而高适不停地叙述他在卢龙塞（今河北省卢龙县西北）和陇右的所见所闻，两个人谈得热烈，几乎忘记了坐在一边儿的主人李嶷。李嶷笑道："你们二人可真是一见如故，把我这个老朋友抛在一边，太不够意思了！"

岑参和高适哈哈大笑起来。

李嶷问高适："高兄，你出塞不是写了不少诗吗？是不是可以给我们朗读一两首？"

岑参笑道："小弟也愿洗耳恭听！"

高适沉吟片刻说："真是入塞方知边塞苦呀，那里有些情况确实发人深思，我也的确写了一些诗，只是……"

李嶷说："你那首《燕歌行》很受长安的朋友们赞赏，我是读过的，你不妨把这首大作读给我们欣赏一番。"

"好吧！"高适脸上露出一丝苦笑，"那我就朗读一遍这首诗吧，不过，我补充一句，这首诗虽然得到了朋友们的赞赏，却也得到朝内一些高官的指责。赞赏也罢，指责也罢，随他去吧，反正我写的是我的所见所闻，是我的感受和忧虑！"接着他朗诵道：

> 汉家烟尘在东北，汉将辞家破残贼。
> 男儿本自重横行，天子非常赐颜色。

拟金伐鼓下榆关，旌旆逶迤碣石间。

校尉羽书飞瀚海，单于猎火照狼山。

山川萧条极边土，胡骑凭陵杂风雨。

战士军前半死生，美人帐下犹歌舞！

大漠穷秋塞草腓，孤城落日斗兵稀。

身当恩遇恒轻敌，力尽关山未解围。

铁衣远戍辛勤久，玉箸应啼别离后。

少妇城南欲断肠，征人蓟北空回首。

边庭飘飖那可度，绝域苍茫更何有！

杀气三时作阵云，寒声一夜传刁斗。

相看白刃血纷纷，死节从来岂顾勋？

君不见沙场征战苦，至今犹忆李将军！

诗中的汉朝，实指唐朝；烟尘，即烽火，指敌情；横行，深入敌境，无所阻挡；赐颜色，指器重；拟金伐鼓，指敲击军乐响器，以壮行色；榆关，即山海关，在今河北省秦皇岛市东北；旌旆，指军中的旗帜；逶迤，连绵不断的样子；碣石，山名，在今河北省昌黎县西北；羽书，紧急文书；瀚海，大沙漠；单于，泛指北方少数民族首领；狼山，在今内蒙古自治区克什克腾旗西北；胡骑，敌人骑兵；凭陵，仗势入侵；杂风雨，来势凶猛；帐下，将领们的营帐里；恩遇，皇上的信任；关山，指边塞作战之地；铁衣，铁甲，代指士兵；玉箸，玉制的筷子，喻思妇的眼泪；三时，时间长久；刁斗，古代军中铜器，晚上敲之报更；死节，为国捐躯；岂顾勋，难道是为了个人的功勋；李将军，指汉将李广，他能身先士卒，颇为士兵所拥戴。

听罢此诗，岑参由衷地赞叹道："真是一篇佳作，气势不凡，含意深刻，足见高兄平日思虑之深，尤其是'战士军前半死生，美人帐下犹歌舞'两句，实在是妙极了！"

李翥说："我看'相看白刃血纷纷，死节从来岂顾勋'两句也可称得上是难得的佳句。"

岑参因为关心边塞风云，所以对同时代诗人对边塞的诗作颇为留意，由高适的《燕歌行》他又想到了高适的《塞上》，不由得轻声背诵了出来：

> 东出卢龙塞，浩然客思孤。
>
> 亭堠列万里，汉兵犹备胡。
>
> 边尘满北溟，虏骑正南驱。
>
> 转斗岂长策，和亲非远图。
>
> 惟昔李将军，按节临此都。
>
> 总戎扫大漠，一战擒单于。
>
> 常怀感激心，愿效纵横谟。
>
> 倚剑欲谁语，关河空郁纡。

李翥听罢，点着头说："高兄对转斗、和亲的战略很不满呀，很有见地！"

岑参接着说："高兄对战国名将李牧的赞扬也十分恰当。当年李将军戍边之时，不轻易出战，敌人认为可欺，结果他一战杀敌十余万人，单于奔逃，十多年不敢近赵边城，真是大将风度。高兄用'按节临此都'一句写活了他的风采！"

李翥说："其实那首《蓟门》诗也写得好。"他略一停顿便背诵起来：

黯黯长城外，日没更烟尘。

胡骑虽凭陵，汉兵不顾身。

古树满空塞，黄云愁杀人！

岑参由衷地赞叹："真是好诗！'胡骑'二句写出了我大唐将士的英姿，也表现出高兄大作雄健劲拔和厚重沉着的风格！"

李颀也点头表示赞同："的确！的确！"

高适笑道："二位过奖了！"停了一会儿，他对岑参说："岑兄出塞两年，一定会有许多佳作吧？不知能否让小弟欣赏欣赏？"

岑参一笑："我的诗哪能与兄之《燕歌行》相比，还是……"

李颀笑着插话道："岑兄，你也不必太谦虚了，你的《题苜蓿烽寄家人》《银山碛西馆》《敦煌太守后庭歌》等许多佳作，早有人传到长安来了！"

听了李颀的话，高适一拍头说："噢，这些诗原来都是岑兄所作呀，我早就读过了，确实是很好的作品，只可惜不知道作者是谁，真可谓'有眼不识泰山'呀！"

三个人又说了一会儿边塞的事，李颀突然想起了什么，说："对了，我还有一件事有求于二位呢。"

"什么事，李兄尽管说。"

"二位请跟我来。"李颀做了个手势，将二人从客厅引入书房。岑参和高适刚进书房的门，便被正面一面墙上的壁画吸引住了，俩人走近仔细端详，只见整整一面墙上，画着挺拔的苍松古木，树木上半大部分篇幅画满了黑色浓密的乱云，给人一种风雨欲来的真切感受。

"这是我乱画的，不知二位有何评价？"

高适与岑参连连点头称好。李颀说："古人云：'有画无诗画不全'，我想请二位各题一诗，为拙作添色，不知二位以为如何？"

"此等雅事，岂能令李兄扫兴？"高适说着，略一思索，在画的左下空白处题了一首《同李九士曹观壁画云歌》：

> 始知帝乡客，能画苍梧云。
> 秋天万里一片色，只疑飞尽犹氤氲。

岑参也不推辞，接过高适的笔，在壁画的右下空白处也题了一首《题李士曹厅壁画度云雨歌》：

> 似出栋梁里，如和风雨飞。
> 缘曹有时不敢归，谓言雨过湿人衣！

"太好了！"李翥兴奋地说，"有了二位的大作，小弟的壁画真是大增光彩，多谢多谢！走，我已叫人备好了酒菜，今天我们来个一醉方休如何？"

真是酒逢知己千杯少呀，几个朋友围坐在桌边频频举杯，好不惬意。李翥有几分遗憾地说："可惜我的一位朋友不在，他可是海量呀！"

"你说的是……"

"就是诗名正盛的李白，李太白！"

高适笑道："我和李白早年曾同游梁宋，是老朋友了！听说他近期前往幽燕寻访去了……"

岑参似有不解地望着高适。

高适低声说："朝廷里最近有些情况值得关注。自从不久前李林甫李大人去世后，贵妃的哥哥杨国忠继承了相位，事情就越来越复杂了。"

"为什么？"

高适说："李大人在世的时候，边将安禄山最怕他，总是叫人探听李大人对自己的看法，听说李大人有不满之处，有时会拍着床叫道：'完了，我要死了！'李大人对他也软硬兼施，所以他还不敢有所动作。现在杨相国当政，安禄山就没什么害怕的了，据说在边塞扩充兵力，有所企图，朝廷里的人们都很担心。李白兄就是亲自前往幽燕一带去了解真实情况去了……"

听了高适的话，众人饮酒的兴致减了一大半……

朋友相聚，最怕的是离别。但人生无常，又岂能总遂人愿呢？这一年秋末，李羲要去长江以南一带去游历，岑参便写了一首送别诗《送李羲游江外》，诗是这样写的：

相识应十载，见君只一官。

家贫禄尚薄，霜降衣仍单。

惆怅秋草死，萧条芳岁阑。

且寻沧洲路，遥指吴云端。

匹马关塞远，孤舟江海宽。

夜眠楚烟湿，晓饭湖山寒。

砧净红鲙落，袖香朱橘团。

帆前见禹庙，枕底闻严滩。

便获赏心趣，岂歌行路难。

青门须醉别，少为解征鞍。


只一官，言其官职不高，未尝升迁；沧洲，隐者所居；禹庙，相传大禹东巡，至会稽山（今浙江绍兴东南）而亡，会稽山有禹的陵墓和禹庙。严滩，东汉隐士严光垂钓的地方，在今浙江桐庐县富春江畔。此诗前四句写李翥官小家贫；中间十二句写他将去江南游历；最后四句写离情别绪。

高适也提笔写了《秦中送李九赴越》，诗是这样写的：

携手望千里，于今将十年。
如何每离别，心事复迍邅。
适越虽有以，出关终邑然。
愁霖不可向，长路或难前。
吴会独行客，山阴秋夜船。
谢家征故事，禹穴访遗编。
镜水君所忆，莼羹余旧便。
归来莫忘此，兼示济江篇。

"谢谢两位兄长！"读着岑参和高适的送别之作，李翥深情地说。

酒后，李翥告别众位朋友，在一个仆人的陪伴下坐上马车，向远方出发……

这天，岑参正在书房看书，仆人进来报告："高适先生来了，正在客厅里等先生呢。"

岑参放下书，忙迎了出来。一见岑参，高适笑道："又不准备参加科举，何必那么用功呢？"

岑参坐下后说："我正读一位朋友转抄的一部诗稿呢，这些诗写得真是好极了！"

高适一听也来了兴趣："作者是谁呀？"

"是一个叫杜甫的读书人，听说他正住在长安，只是无缘相见啊！"

高适哈哈笑道："那我今天来可是及时雨了！"

"怎么？"

高适告诉岑参："我约了几个朋友，明天去登慈恩寺塔，其中便有杜甫，不知你有没有兴趣一起去？"

"那还用说，当然去！"

两个人又说了一会儿闲话，高适便告辞了。

第二天，岑参早早地就来到了慈恩寺。慈恩寺在长安城东南八里，建于贞观二十一年（647），是唐高宗做太子时为纪念他母亲专门捐建的，所以称"慈恩"。慈恩寺西院有一座塔，叫慈恩寺塔，又叫大雁塔，共七级，高有三百尺，是唐僧玄奘建造来收藏他从印度带回的佛经，以免使其遭受火劫的。玄奘在慈恩寺里住了八年，共译经三十三部，一百九十一卷。因此，这里成了唐朝文人雅集的重要场所。过了一会儿，高适和几位朋友也来了，岑参迎上前去与他们相见。高适一一作了介绍，大家互相都读过对方的诗作，神交已久，所以虽是初次见面却毫无陌生之感。他们一边闲谈，一边往塔上攀登，在闲谈中，岑参对这个塔又有了新的了解，原来当年玄奘建议修的石塔比现在高一倍，但高宗认为这个计划太宏伟了，还是应该简朴一些，不仅将塔的高度降了一半，还命令用较便宜的砖来砌，并通过变卖宫中七个亡人衣物来筹集经费。岑参不由得感叹高宗的简朴，心中暗暗叹惜当今圣上唐玄宗的奢侈铺张。是啊，几年以前当今圣上还节俭有度，反复强调要"戒奢去欲"，曾多次下令把宫廷里用的服饰车马、金银器玩收集在一起，交人变卖，以供军国之用，严令宫人不得佩戴珠玉锦绣；还对百官按级别作了规定，三品以上官员所服带及酒器、马衔、镫，可以饰玉，四品可以饰金，五品可以饰银，不得违反。这样的法令，反复重申，反映了皇上励精图治的心态。可是自开元以来，圣上似乎认为天下太平了，竟带头奢侈起来。如他经常命令百官举行游宴，住宿饮食费用全由公家提供，还大量赐钱，真是挥霍无度。特别是近些时候，听说圣上常带百官参观国库，见货币如山一般堆积十分高兴，这时长安和洛阳两地的宫女已经多达四万余人，不仅杨贵妃宠遇极甚，她的三个姐姐也特别受宠，每人每年赐钱千贯作为胭脂粉钱，杨氏一门甲第洞开，车马华丽，势倾天下。因为费用太大，那些财政官员必然加紧对百姓的盘剥……想到这些，岑参不由得心生感慨。走走停停，停停走走，没用半个时辰便上到了塔顶。极目远望，长安城尽收眼底，众人不由得感慨万千。高适说："古人云：'大夫登高必赋'，我们今天一道登上慈恩寺塔，不能不留下一点纪念，依我之见，我们每人作一首诗，诸位意下如何？"

唐朝盛行登高赋诗，况且这几位全是当时诗坛上的才子，所以谁也不推辞，便以年龄为序，年长的先赋，高适第一个赋诗，他之后是众人相和。高适诗作如下：

香界泯群有，浮图岂诸相？

登临骇孤高，披拂忻大壮。

言是羽翼生，迥出虚空上。

顿疑身世别，乃觉形神王。

宫阙皆户前，山河尽檐向。

秋风昨夜至，秦塞多清旷。

千里何苍苍，五陵郁相望。

盛时惭阮步，末宦知周防。

输效独无因，斯焉可游放。

高适刚朗诵完自己的诗，杜甫兴奋地说道："高兄此作诗境沉雄，尤其是'秋风'四句最为大气！'"岑参说："看结尾几句，见出高兄胸中大有怀才不遇之情，令人感慨万千啊！"众人都点点头。

薛据紧接着和了一首，众人自然也认真品评了一番（可惜其诗未流传下来）。杜甫提笔写下《同诸公登慈恩寺塔》，并在题下写下一行小字："时高适、薛据先有作"，接着写道：

> 高标跨苍穹，烈风无时休。
> 自非旷士怀，登兹翻百忧。
> 方知象教力，足可追冥搜。
> 仰穿龙蛇窟，始出枝撑幽。
> 七星在北户，河汉声西流。
> 羲和鞭白日，少昊行清秋。
> 秦山忽破碎，泾渭不可求。
> 俯视但一气，焉能辨皇州？
> 回首叫虞舜，苍梧云正愁。
> 惜哉瑶池饮，日宴昆仑丘。
> 黄鹄去不息，哀鸣何所投。
> 君看随阳雁，各有稻粱谋。

杜甫的诗含意最为丰富，众人纷纷品议起来。

薛据说："杜兄诗中'秦山忽破碎，泾渭不可求。俯视但一气，焉能辨皇州'与高兄'秋风'几句一样气势阔大，犹如大将出阵，旗鼓相当！"

岑参说："杜兄诗中当有深意，不是一般地写景状物吧？'登兹翻百忧'，我等也有同感！"

杜甫笑笑："岑兄所言极是，我是心中有所忧虑，不能明言呀！"

高适插言："不知各位是否有所耳闻，圣上近来颇为信任杨相国，国政与以前大有不同，杜兄之'惜哉'二句耐人品读呀！"

大家都由诗的"虞舜"想到了唐玄宗的游幸，由"瑶池"想到了杨贵妃的豪宴，但谁也没有说出口。

储光羲刚才到塔的另一面去观景，没有听到他们的对话，这时走过来说："我也有了诗作了！"紧接着朗声诵道：

金祠起真宇，直上青云垂。
地静我亦闲，登之清秋时。
苍芜宜春苑，片碧昆明池。
谁道天汉高，逍遥方在兹。
虚形宾太极，携手行翠微。
雷雨傍杳冥，鬼神中蹙跜。
灵变在倏忽，莫能穷天涯。
冠上闻阊阖开，履下鸿雁飞。
宫室低逦迤，群山小参差。
俯仰宇宙空，庶随了义归。
崱屴非大厦，久居亦以危。

储光羲语言刚落，众人也是一片叫好之声。

众人都赋了诗，只剩下岑参一个人了。

高适说："岑兄，该你了，你可要后来居上呀！"

岑参笑了笑："好句子全让你们抢走了！"众人听了都笑了起来。

沉吟了片刻，岑参吟道：

塔势如涌出，孤高耸天宫。

登临出世界，磴道盘虚空。

突兀压神州，峥嵘如鬼工。

四角碍白日，七层摩苍穹。

下窥指高鸟，俯听闻惊风。

连山若波涛，奔凑似朝东。

青槐夹驰道，宫馆何玲珑。

秋色从西来，苍然满关中。

五陵北原上，万古青濛濛。

净理了可悟，胜因夙所宗。

誓将挂冠去，觉道资无穷。

这首诗先写塔的高峻，恰似拔地而起，直向天宫，沿螺旋形塔梯攀上，又如置身人世之外，真有神工鬼斧之妙。塔的四角遮住了白日，而七层的塔身又与苍天相接。诗人在塔上眺望：鸟儿高飞也不能超过塔顶，秋风还须俯身去听，远处群山起伏，有如波涛向东奔涌，大道旁的青槐是那样茂盛，而从塔上看下去，本来十分雄壮的宫室显得那么小巧玲珑。远远望去，一片秋色尽入眼来。北部平原上散布着汉代帝王的五座陵墓，给人一种苍茫之感。"下窥""俯听"见出塔之高。"连山""奔凑"写出群山之势。此时此刻，岑参对佛家清净妙理顿有所悟，产生了辞官而去归向佛理的念头。净理，佛家清净妙理。了，明白。胜因，善因。夙所宗，素来信仰。觉道，明白佛理。

"好诗！特别是'突兀'以下四句，写出了塔的高峻和岑兄登临的感觉，真是千古名句！"高适待岑参话音一落，便高声赞道，杜甫也连连点头，表示赞赏。

储光羲说："要我看，我等几人的诗作，最有气势的当推杜兄之'秦山忽破碎，泾渭不可求。俯视但一气，焉能辨皇州'、高兄之'秋风昨夜至，秦塞多清旷。千里何苍苍，五陵郁相望'、岑兄之'秋色从西来，苍然满关中。五陵北原上，万古青濛濛'，这些佳句，我看会传之千古呢！"

薛据却有些不满："岑兄结句想退隐宗佛，似乎消极了一些，你与我们不同，我今年已经五十二岁，你可是才三十八岁呀，正是盛年，当大有作为！"

众人笑道："此言有理，岑兄当奋发有为呀！"

岑参只是听着，没有说话。

众人在塔上，将这几首诗认真地品评了一番，有人认为岑参和储光羲的作品风秀熨帖，特色突出；也有人认为高适之作出之简净，品格亦自清坚；薛据所作亦灵动旷远，耐人品味。而大家公推杜甫的诗最好。用岑参的话概括之，即认为杜甫之作，"格法严整，气象峥嵘，音节悲壮，而俯仰高深之景，盱衡今古之识，感慨身世之怀，莫不曲尽篇中。尤其是结尾处另开眼界，独辟思议，真是力量百倍于人！"听了大家的评语，杜甫难免谦虚一番……大家又谈了一会儿闲话，看看已近中午，这才慢悠悠走下塔来。后人的评论与当时在场的几位诗人相同，杜甫的诗当之无愧拔得头筹，李元洛先生《唐诗之旅》中的一段话很有代表性，不妨抄在这里："杜甫他们登临咏唱之时，到处莺歌燕舞的大唐帝国已经危机四伏：奸相李林甫和杨国忠把揽大权，斥贤害能，朝政日非，昔日励精图治的唐玄宗，也已经蜕化成为贪图享受终日醇酒美人的腐败分子，安禄山秋高马肥，反叛的旗帜即将在朔风中呐喊。前来登临大雁塔的几位诗人，他们的写景都各有千秋，不乏佳句甚至壮语，但在眼光的锐利、胸襟的阔大和忧国忧民的情怀方面，杜甫之作不但高出他们不少，同时也是唐代诗人写大雁塔的近百首作品之冠。时代的深忧隐患，社会的动荡不安，个人的忧心如捣，这一切都交织在'登兹翻百忧'的主旋律之中，全诗就是这一主旋律的变奏。仰观于天，俯察于地，'惜哉瑶池饮，日宴昆仑丘'，他讽刺唐玄宗贪于声色而荒于国事，他预见到时代的动乱如山雨欲来，因而发出了'秦山忽破碎，泾渭不可求'的警告和预言。"

对这次登塔赋诗，后代的文人看作是一件盛事。清代有个大文学家叫王士禛，他曾对人说："每当想起当年高适、杜甫、岑参等人相邀同登慈恩寺塔，一起赋诗品评，便恨自己晚生了一千多年，若是能在旁边听听也是大幸事呀！"这些感慨，唐朝的杜甫、高适、岑参等人当然不知道，他们只觉得今天朋友相见，共登寺塔，又一道赋诗，实在是一件使人兴奋的事。因此，从寺塔上下来，他们谁也没有离去，而是一起来到长安西市的酒楼上，开怀对饮起来……

待回到家的时候，天早已经黑了，岑参刚坐下，夫人便说："刚才颜真卿先生前来辞行，等了您好一会儿，您也没回来。"

"辞行？"岑参一愣，"颜先生要去哪？"

夫人说："他说要去平原郡（治所在今山东平原县北）当太守，明天就要出发。"

岑参急忙起身，向颜真卿家走去。当岑参赶到颜真卿家的时候，颜真卿却正为一位朋友举行送别酒宴。见了岑参，颜真卿佯装不悦，说道："岑兄，你跑哪儿去了，害我等了你半天！"

"抱歉！抱歉！"岑参知道颜真卿是在开玩笑，便也夸张地行了个大礼，众人见了都笑起来。

岑参问道："听说颜兄要去平原郡，明天就走，怎么这么急呢？"

不待颜真卿回答，他又悄声问道："颜兄，你在兵部任员外郎不是好好的吗，怎么突然又被外放任职呢？"

颜真卿把岑参拉到一边，悄声说："当朝杨相国认为我不太听话，平时就多有不满，这回皇上叫十几个在尚书省供职的官员，到地方去做郡守，本来说没有我，但杨相国专门见了皇上，皇上就下旨让我去平原郡做太守。下午在皇宫里蓬莱阁前殿，皇上亲自举办宴会，还为我们赋诗送行呢！"

"不管怎么说，这也是殊荣呀！"

"是啊，不管杨相国出于什么动机，对我来说倒是一件好事，到地方我一定好好干，无论如何也不能辜负皇上的一片苦心。"

说到这，颜真卿像是想起了什么，指指酒席上那位约摸三十多岁的人说："岑参兄，这位是吴君先生，他明天就要出发去安西了。"

"安西？"一听这两个字，岑参眼睛一亮，忙问道，"吴先生是去出使吗？"

"不，我是去投军的。多亏颜先生从中帮助，才实现了我前往西域的愿望。"

颜真卿说："对有志于去边塞的人，我历来是钦佩的，只是我没有这个勇气。"他指指岑参，对吴君说："这位岑先生，前不久刚从安西回来，吴先生，你倒是可以和岑先生多聊聊，对你定有好处！"

听说岑参是从安西回来的，吴君感到很亲切，便与岑参攀谈起来。岑参讲起了边塞的大漠、火山以及边塞生活的兴奋和苦闷，也讲了许多战斗场面，讲到高兴时，不免手舞足蹈，逗得众人大笑起来，讲到感伤苦闷处，不免语句缓慢，又使众人感到有几分凄然。

不知不觉，月已西斜，夜已很深了。

吴君当然知道岑参的诗名，有些不好意思地请求道："岑先生，您的诗名我早有耳闻，特别是那些写于边地的大作我早就拜读过，没想到今天有幸在颜先生宅里与您相遇，不知岑先生能否为我写一首送别之作？如果……"

"好，没问题！"岑参爽快地打断吴君的话头，略一沉吟，朗声诵道：

> 上马带吴钩，翩翩度陇头。
> 小来思报国，不是爱封侯。
> 万里乡为梦，三边月作愁。
> 早须清黠虏，无事莫经秋。

早有人在一边做了记录，忙把记录稿递给岑参，岑参提笔写下了诗题：《送人赴安西》。众人见了，都拍手叫好。岑参也很兴奋，举杯一饮而尽。

吴君激动地说："岑先生，太谢谢您了！这篇大作我将永远珍藏在身边，作为永久的纪念！"

颜真卿笑道："岑兄，'上马带吴钩，翩翩度陇头'，写出从军之人身带武器、走马轻疾如飞的样子，真有飘逸豪迈之气，怕是没到过边地的人写不出来呀，特别是'小来思报国，不是爱封侯'，写出壮士一腔报国热忱，真可谓千古名句了。这两句诗使我想到你以前写的'万里奉王事，一身无所求'来了，我看你还是念念不忘边塞，是不是还打算再次入塞呢？"

岑参点点头："只要有机会，我还是会再去边塞的！"他的眼睛盯着燃得正旺的烛火，一字一句地说道。

颜真卿充分理解岑参的心情，此时只能劝解道："岑兄，不必着急，我想机会总是有的！"停了一下，又说："你这'万里'二句写得细致，非有亲身经历者不能道出。"他转头对吴君说："岑参先生希望你尽快建功立业，早些回来，'莫经秋'三字，用得好呀！"

吴君激动地说："谢谢岑先生！"

大家又举杯同饮。放下酒杯，颜真卿笑道："岑兄，我马上就要离京赴任，不知能否即席赋诗相送呢？不知小弟能否有这份荣幸呀！"

岑参笑道："颜兄开玩笑了！我当然要献丑了，待我想想再说如何？"

众人又笑了起来，开怀畅饮，不觉已经夜深……

过了一个时辰，岑参放下酒杯，走到书桌前，提笔写下《送颜平原》四个字，略一停顿，继续写道：

> 十二年春，有诏补尚书十数公为郡守，上亲赋诗，饯群公，宴于蓬莱前殿，仍锡以缯帛，宠饯加等。参美颜公是行，为宠别章句。

这段序文，交代了送别的时间——天宝十二载（753）、原因（尚书省数十人因地方长官官位有缺，选员补充）和心情（美颜公是行），可谓言简意赅。写罢序文，岑参略一停顿，继而伏案书写起来——

> 天子念黎庶，诏书换诸侯。
>
> 仙郎授剖符，华省辍分忧。
>
> 置酒会前殿，赐钱若山丘。
>
> 天章降三光，圣泽该九州。
>
> 吾兄镇河朔，拜命宣皇猷。
>
> 驷马辞国门，一星东北流。

夏云照银印，暑雨随行轺。

赤笔仍存箧，炉香惹衣裘。

此地邻东溟，孤城带沧洲。

海风掣金戟，导吏呼鸣驺。

郊原北连燕，剽劫风未休。

鱼盐隘里巷，桑柘盈田畴。

为郡岂淹旬，政成应未秋。

易俗去猛虎，化人似驯鸥。

苍生已望君，黄霸宁久留！

　　皇帝为百姓着想，决定下诏书调换郡守。颜真卿由尚书郎出任郡守，前往地方为皇帝分忧。汉时郡与诸侯王国的地位差不多，因此郡守也有诸侯一说。仙郎，唐时称尚书省曹郎官为仙郎。剖符，指任命。符是古代一种用竹、木、玉、铜等做成的凭证，用时分为两半，一半在朝廷，另一半由官员保存。华省，指尚书省。颜真卿前往平原任职，岑参寄以厚望，希望他移风易俗，减去苛政，教化百姓，像古代的好官黄霸一样把地方治理好就快些回来！

　　自从与高适、杜甫等人同登慈恩寺塔后，这些朋友就常常相聚，当然，其间也有朋友离京远游，所以岑参很珍惜与朋友相会的时间，有时间他会尽量参加朋友的聚会和游玩，比如与杜甫就频繁往来，也一同出外游玩。有一天，杜甫来约岑参同游渼陂（因陂在鄠县西五里，故又称"西陂"），同去的还有一群鄠县的官员，岑参欣然前往。渼陂，池名，是当时的一处游览胜地。杜甫很高兴，在游览中，先写了一首《城西陂泛舟》：

青蛾皓齿在楼船，横笛短箫悲远天。

春风自信牙樯动，迟日徐看锦缆牵。

鱼吹细浪摇歌扇，燕蹴飞花落舞筵。

不有小舟能荡桨，百壶那送酒如泉。

诗写楼船歌吹的乐趣。青蛾皓齿，代指歌妓。岑参听了杜甫的吟诵，不由得赞叹道："杜兄此作极力写出泛舟兴致，艳而不淫，丽而有则，真非他人游赏诗可及也！佩服，佩服！"

杜甫笑笑："岑兄过奖了！过奖了！"但他似乎意犹未尽，又写下了名篇《渼陂行》：

岑参兄弟皆好奇，携我远来游渼陂。

天地黯惨忽异色，波涛万顷堆琉璃。

琉璃汗漫泛舟人，事殊兴极忧思集。

鼍作鲸吞不复知，恶风白浪何嗟及。

主人锦帆相为开，舟子喜甚无氛埃。

凫鹥散乱棹讴发，丝管啁啾空翠来。

沉竿续缦深莫测，菱叶荷花净如拭。

宛在中流渤澥清，下归无极终南黑。

半陂以南纯浸山，动影袅窕冲融间。

船舷暝戛云际寺，水面月出蓝田关。

此时骊龙亦吐珠，冯夷击鼓群龙趋。

湘妃汉女出歌舞，金支翠旗光有余。

咫尺但愁雷雨至，苍茫不晓神灵意。

少壮几时奈老何，向来哀乐何其多！

读罢此诗，岑参的兄长先发表评论说："杜兄此诗谋篇布局颇有特色，始则天地黰惨，白浪恶风，既则氛埃忽无，水影冲融，末复暝色苍茫，觉雷雨将至，终以一语哀乐何多收煞，开阖体变，真可以作为写长诗的榜样了！"

岑参说："我最喜欢'此时'以下四句，设想实在太奇妙了，难得！难得！"

杜甫作诗在前，岑参也不甘落后，写下了《与鄠县群官泛渼陂》：

> 万顷浸天色，千寻穷地根。
>
> 舟移城入树，岸阔水浮村。
>
> 闲鹭惊箫管，潜虬傍酒樽。
>
> 暝来呼小吏，列火俨归轩。

鄠县，唐县名，属京兆府，在今陕西户县。前二句写渼陂水池的宽和深，"天""地"二字用得巧妙；"万顷"句与杜诗"天地黰惨忽异色，波涛万顷堆琉璃"诗意相近，可以参看。"舟移"四句写泛舟游览时所见景色及置酒张乐的情景，水鸟惊飞，潜龙傍船，描写颇为细致。"闲鹭"句与杜诗"凫鹥散乱棹讴发，丝管啁啾空翠来"相映成趣，耐人品味。虬，传说中的一种龙。最后二句写兴尽归去，与杜诗"船舷暝戛云际寺，水面月出蓝田关"对读颇为有趣。"俨归轩"三字亦耐人品读。俨，整齐。

渼陂在户县西南，风景极美，岑参十分喜欢这个地方，所以与群官游过以后，又约杜甫与鄠县源少府来了一次，杜甫先写了《与鄠县源少府宴渼陂》：

应为西陂好，金钱罄一餐。

饭抄云子白，瓜嚼水精寒。

无计回船下，空愁避酒难。

主人情烂熳，持答翠琅玕。

　　前二句写主人酒宴之精美。罄，尽。饭抄，饭匙。后二句再写主人之盛情。烂熳，缱绻。翠琅玕，美玉，此指诗作。

　　岑参写下了《与鄠县源少府泛渼陂》：

载酒入天色，水凉难醉人。

清摇县郭动，碧洗云山新。

吹笛惊白鹭，垂竿跳紫鳞。

怜君公事后，陂上日娱宾。

　　入天色，言载酒入陂，水天一色；难醉人，言陂中清凉，不易醉酒。紫鳞，指鱼。这首诗用语十分清新，写景如画，"吹笛"二句最为生动，历来受到人们的赞誉。在交往中，岑参与杜甫建立了深厚的友谊，二人感到气味相投，品性相近，有空就想在一起游玩、饮酒、赋诗，一段时间没见面便会彼此思念，杜甫诗集中有一首作于天宝十三载（754）九月九日重阳节的《九日寄岑参》便是一个明证：

出门复入门，雨脚但仍旧。

所向泥活活，思君令人瘦。

沉吟坐西轩，饭食错昏昼。

寸步曲江头，难为一相就。

吁嗟乎苍生，稼穑不可救。

安得诛云师，畴能补天漏？

大明韬日月，旷野号禽兽。

君子强逶迤，小人困驰骤。

维南有崇山，恐与川浸溜。

是节东篱菊，纷披为谁秀。

岑生多新语，性亦嗜醇酎。

采采黄金花，何由满衣袖。

　　此诗充分表达了杜甫对岑参的思念之情，雨中思念而不得相见，竟然"令人瘦""错昏昼"，可见思念之切。思念之情之外，又有对国家安危的忧虑，想来杜甫平时与岑参一定讨论过此类问题。据史书记载，这一年关中收成不好，人们都担心雨水太多，但宰相杨国忠让人取"禾之善者"献给唐玄宗，说雨水虽多，但对庄稼没有影响，有人反映真实情况就会受到打击迫害，玄宗对身边的高力士说："你可以反映真实情况。"高力士说："您信任权臣，谁还敢说真话呢？"玄宗沉默不语。诗中"吁嗟"几句就是有感而发的，由此可以看出杜甫、岑参之间的友谊是有深厚的思想基础的，绝非酒肉之交。因不能与岑参相见，诗人无心于采菊赏菊。"岑生多新语"与以前之"岑参兄弟皆好奇"样，都是岑参特别喜欢的诗句。

　　在长安，岑参经常送别友人，写下不少送别之作，其中最让他动心的，还是前往边塞的朋友。有一天，他的一位老友韩樽要前往北庭出差，在送别宴会上，岑参写了一首小诗：

夫子素多疾，别来未得书。

北庭苦寒地，体内今何如？

诙谐中透出几分关心。更有一些送行体的作品颇有气势，如《送魏升卿擢第归东都，因怀魏校书、陆浑乔潭》：

井上桐叶雨，灞亭卷秋风。

故人适战胜，匹马归山东。

问君今年三十几，能使香名满人耳？

君不见三峰直上五千仞，见君文章亦如此。

如君兄弟天下稀，雄辞健笔皆若飞。

将军金印斡紫绶，御史铁冠重绣衣。

乔生作尉别来久，因君为问平安否。

魏侯校理复何如，前日人来不得书。

陆浑山下佳可赏，蓬阁闲时日应往。

自料青云未有期，谁知白发偏能长。

垆头青丝白玉瓶，别时相顾酒如倾。

摇鞭举袂忽不见，千树万树空蝉鸣。

这首诗是因为魏升擢第（战胜）后回洛阳，岑参写诗送行，一方面表达送别之意，另一方面又对秘书省校书郎魏某和陆浑县尉乔潭表达了怀念之情。三峰，指华岳之莲花、落雁、玉女三峰，因华山为魏升卿归洛阳必经之地，故以之为喻。将军、御史，分别指魏升卿的兄长魏孟驯（为右武将军）和魏仲犀（为殿中侍御史）。斡，下垂的样子。陆浑山，在嵩县东四十里。蓬阁，此指秘书省。"摇鞭举袂忽不见，千树万树空蝉鸣"，二句以具象化的诗句传神地表达失落惆怅之情，耐人品味。

《梁园歌送河南王说判官》也值得一读：

> 君不见梁孝王修竹园，颓墙隐辚势仍存。
>
> 娇娥曼脸成草蔓，罗帷珠帘空竹根。
>
> 大梁一旦人代改，秋月春风不相待。
>
> 池中几度雁新来，洲上千年鹤应在。
>
> 梁园二月梨花飞，却似梁王雪下时。
>
> 当时置酒延枚叟，肯料平台狐兔走？
>
> 万事翻覆如浮云，昔人空在今人口。
>
> 单父古来称宓生，只今为政有吾兄。
>
> 辔轩若过梁园道，应傍琴台闻政声。

梁园，又名兔园，汉梁孝王（汉文帝第二子）所建，园内有楼台山水之胜，但唐代已成废墟。故址在今河南商丘市东南。此诗在送别友人时发思古之情，感叹梁园旧址虽在，但断壁残垣高低不平，昔日美女早已化成飞烟，人世变迁，时光如飞，当年梁孝王宴请座上宾辞赋家枚乘的平台早已有狐兔来来往往，成为一片废墟，平台，故址在今河南商丘市东北，为春秋时宋平公所筑，后梁孝王大建宫室，为复道，自宫连属平台。最后几句说的是岑参的兄长岑况在单父任职，他应像古代宓子贱那样有好的声誉。单父，春秋鲁邑，即今山东单县南。琴台，又称琴堂，相传是宓子贱弹琴理政的地方。辔轩，轻车，古天子使臣所乘。此指王说的车驾，时王说任河南道采访处置使的判官，有可能到单父一带去考察州县官吏。其中"梁园二月"两句，表现出岑参对梨花的喜爱，也是用雪来比喻梨花，十分生动。因为是一处著名的古迹，所以提到梁园，诗人们往往会生思古之幽情，李白的《梁园吟》也是千古传唱的名篇：

> 我浮黄河去京阙，挂席欲进波连山。
>
> 天长水阔厌远涉，访古始及平台间。
>
> 平台为客忧思多，对酒遂作梁园歌。
>
> 却忆蓬池阮公咏，因吟"渌水扬洪波"。
>
> 洪波浩荡迷旧国，路远西归安可得！
>
> 人生达命岂暇愁，且饮美酒登高楼。
>
> 平头奴子摇大扇，五月不热疑清秋。
>
> 玉盘杨梅为君设，吴盐如花皎白雪。
>
> 持盐把酒但饮之，莫学夷齐事高洁。
>
> 昔人豪贵信陵君，今人耕种信陵坟。
>
> 荒城虚照碧山月，古木尽入苍梧云。
>
> 梁王宫阙今安在？枚马先归不相待。
>
> 舞影歌声散绿池，空余汴水东流海。
>
> 沉吟此事泪满衣，黄金买醉未能归。
>
> 连呼五白行六博，分曹赌酒酣驰晖。
>
> 歌且谣，意方远，
>
> 东山高卧时起来，欲济苍生未应晚。

　　李白这首诗抒发了他怀才不遇、功业无成的苦闷，在怀古中表达了功名富贵无常的感慨。情绪颇为消沉；但从结尾四句看来，诗人对未来并没有失去信心，因而这首诗有一种特别打动人的力量。浮，浮舟水上去，离开。阮公咏，三国魏诗人阮籍诗中有"徘徊蓬池上，还顾望大梁。渌水扬洪波，旷野莽茫茫"之句。蓬池，传说在今开封市西南的尉氏县。信陵君，战国魏公子，门下有食客三千人。苍梧，山名，即九嶷山，在今湘南宁远县，古代有"白云出苍梧，入于大梁"之说。枚马，枚乘和司马相如，二人都做过梁孝王的门客。五白、六博，古代博戏名。分曹，分为两方。东山高卧，谢安曾隐居于东山，后出山为将，屡建奇功。

岑参在梁园友人山间别业住了几天，写下了《山房春事》二首，前一首写山房春景，犹如一幅速写图画；后一首写日暮时萧条景象，含有怀古之情思：

> 风恬日暖荡春光，戏蝶游蜂乱入房。
> 数枝门柳低衣桁，一片山花落笔床。

> 梁园日暮乱飞鸦，极目萧条三两家。
> 庭树不知人去尽，春来还发旧时花。

衣桁，衣架。笔床，笔架。

友人落第，他总是赋诗送别，《送魏四落第还乡》即是此类作品：

> 东归不称意，客舍戴胜鸣。
> 腊酒饮未尽，春衫缝已成。
> 长安柳枝春欲来，洛阳梨花在前开。
> 魏侯池馆今尚在，犹有太师歌舞台。
> 君家盛德岂徒然，时人注意在吾贤。
> 莫令别后无佳句，只向垆头空醉眠。

魏侯、人师是说魏四是魏征的后代子孙，魏征在太宗时曾任太子太师，洛阳劝善坊东北角有其豪宅，宅里有山有池，有歌舞台。诗人劝友人离别后多写诗寄来，不要只是纵酒狂欢，空度光阴。另一首《送严维下第还江东》亦有"江皋如有信，莫不寄新诗"的句子，通过对友人的嘱托，表达了对友人的关心与期望。这个严维后来终于进士及第，又中辞藻宏丽科，授诸暨尉，历秘书郎，终右补阙，他的诗多送别酬唱之作，时有佳句，如"柳塘春水漫，花坞夕阳迟"便是历来为人们传诵的名句。

《青门歌送东台张判官》也是作于长安的一首歌行体长诗，不妨一读：

> 青门金锁平旦开，城头日出使车回。
>
> 青门柳枝正堪折，路傍一日几人别。
>
> 东出青门路不穷，驿楼官树灞陵东。
>
> 花扑征衣看似绣，云随去马色疑骢。
>
> 胡姬酒垆日未午，丝绳玉缸酒如乳。
>
> 灞头落花没马蹄，昨夜微雨花成泥。
>
> 黄鹂翅湿飞转低，关东尺书醉懒题。
>
> 须臾望君不可见，扬鞭飞鞚疾如箭。
>
> 借问使乎何时来？莫作东飞伯劳西飞燕！

青门，即长安东门，古代常于此送别亲友。东台，即东都留台，官署名，设在东都洛阳。平旦，平明。使车回，指张判官出差长安后东返洛阳。骢，浅青色的马。关东，指潼关以东。此指洛阳。飞鞚，飞马。

鞯，马笼头。伯劳，一种鸟名，喜单栖。古人用伯劳东去燕西飞来比喻离别。古乐府辞《东飞伯劳歌》："东飞伯劳西飞燕，黄姑织女时相见。"这首诗语言平易流畅，感情却很深沉。岑参送别王釜也是在东门，故诗中有"暂得青门醉，斜光速去程"之句。

《送祁乐归河东》不是歌行而是五古，但也很有气势，耐人品读：

> 祁乐后来秀，挺身出河东。
>
> 往年诣骊山，献赋温泉宫。
>
> 天子不召见，挥鞭去从戎。
>
> 前月还长安，囊中金已空。
>
> 有时忽乘兴，画出江上峰。
>
> 床头苍梧云，帘下天台松。
>
> 忽如高堂上，飒飒生清风。
>
> 五月火云屯，气烧天地红。
>
> 鸟且不敢飞，子行如转蓬。
>
> 少华与首阳，隔河势争雄。
>
> 新月河上出，清光满关中。
>
> 置酒灞亭别，高歌披心胸。
>
> 君到故山时，为谢五老翁。

岑参与祁乐（即祁岳）是老朋友，过去在临洮曾作《留别祁四》诗。祁岳是位画家，杜甫《奉先刘少府新画山水障歌》有句云："岂但祁岳与郑虔，笔迹远过杨契丹。"后人记载他"工山水"，但可惜未见其作流传下来。此诗在送别之时，"伤祁乐之不遇也"（唐汝询《唐诗解》）。河东，《新唐书·地理志》："河中府河东郡治河东"，即今山西永济市。

祁乐为后起之秀，从家乡河东来到长安，在骊山温泉宫向朝廷献赋求仕，但却没有如愿，于是前往安西一带从军，回到长安时，"囊中金已空"了。因为祁乐所画多为山水，所以"飒飒生清风"。祁乐将冒着酷暑回到河东去，而此时在灞陵亭摆酒为他送行，希望祁乐到家乡后代为向五老翁致意。据传说，河东郡有五老山，有五位老人在这里升天而去，故名。

岑参生活在长安，难免与达官贵人交往，其《裴将军宅芦管歌》便是一次豪门宴饮后的作品：

> 辽东九月芦叶断，辽东小儿采芦管。
>
> 可怜新管清且悲，一曲风飘海头满。
>
> 海树萧索天雨霜，管声寥亮月苍苍。
>
> 白狼河北堪愁恨，玄兔城南皆断肠。
>
> 辽东将军长安宅，美人芦管会佳客。
>
> 弄调啾飕胜洞箫，发声窈窕欺横笛。
>
> 夜半高堂客未回，只将芦管送君杯。
>
> 巧能陌上惊杨柳，复向园中误落梅。
>
> 诸客爱之听未足，高卷珠帘列红烛。
>
> 将军醉舞不肯休，更使美人吹一曲。

芦管是用芦苇做的笛子一类乐器，由北方少数民族地区传入中原。因为秋夜芦管"清且悲"，所以边地戍卒闻之生思归之恨，即所谓"堪愁恨""皆断肠"。"辽东将军"以下写豪宅里大宴宾客，芦管所奏之曲美妙动听，令人流连忘返。啾飕，形容芦管发出的声音。杨柳、落梅，指古曲《折杨柳》《梅花落》。这首诗充分表现出歌行体回环往复的特点，写出芦管乐声清切远闻的长处，可谓荡漾摇曳，韵味悠长。

岑参也常到终南山游玩和隐居，实际过的是一种亦官亦隐的生活，他的《终南双峰草堂作》值得一读：

敛迹归山田，息心谢时辈。

昼还草堂卧，但与双峰对。

兴来恣佳游，事惬符胜概。

著书高窗下，日夕见城内。

曩为世人误，遂负平生爱。

久与林壑辞，及来松杉大。

偶兹精庐近，屡预名僧会。

有时逐樵渔，尽日不冠带。

崖口上新月，石门破苍霭。

色向群木深，光摇一潭碎。

缅怀郑生谷，颇忆严子濑。

胜事犹可追，斯人邈千载！

诗说自己收敛形迹回到山田之中，排除杂念告别友人，白天在草堂高卧，遥望终南山双峰相对而立。兴致来了，尽情游赏；面对佳境，心情愉快；有时在南窗下看书作诗，有时又到城里周游；感叹自己以往受世俗影响，误入歧途，以致忽略了山林之好，待再回来，松杉已经长大了；幸亏这里有一座古寺，我可与名僧往来。有时与砍柴捕鱼的人交往，终日不用戴帽束带。谷口上升起明月，苍霭里呈露出石门，在月光下，树林深处，潭水泛波，使人怀念古人郑生和严子。郑生，郑朴，西汉人，字子真，谷口（今属陕西）人，高官礼聘而不就，名震京师。严子，东汉隐士严光，少与刘秀同游学，后刘秀即帝位，他改名隐居，垂钓于富春江畔，有"严陵濑"之称。

《太一石鳖崖口潭旧庐招王学士》也是一首很好的诗：

> 骤雨鸣淅沥，飕飗溪谷寒。
>
> 碧潭千余尺，下见蛟龙蟠。
>
> 石门吞众流，绝岸呀层峦。
>
> 幽趣倏万变，奇观非一端。
>
> 偶逐干禄徒，十年皆小官。
>
> 抱板寻旧圃，弊庐临迅湍。
>
> 君子满清朝，小人思挂冠。
>
> 酿酒漉松子，引泉通竹竿。
>
> 何必濯沧浪，不能钓严滩。
>
> 此地可遗老，劝君来考槃。

全诗以眼前景致写起，颇为生动。借景抒发自己归隐之思。继而阐明自己所理解的隐居生活，说只要心境平和，到处可以隐居，不必一定前往沧浪江和严陵滩。考槃，这里是隐居的意思。

岑参还去长安县南的华严寺游览。华严寺，在樊川，有华严塔，有东阁，其经行之处为长安的山水胜地，作有《题华严寺环公禅房》诗，如下：

> 寺南几十峰，峰翠晴可掬。
>
> 朝从老僧饭，昨日崖口宿。
>
> 锡杖倚枯松，绳床映深竹。

东溪草堂路，来往行自熟。

生事在云山，谁能复羁束？

以"可掬"一词，言晴明时山峰翠色似可用双手捧取，生动可爱。结句一问，颇有深意。生事，谋生之事。"羁束"，指的即是"为官"之意，人在山水之间容易产生归隐之思，岑参也是如此。

另有《终南东溪口作》也值得一读：

溪水碧于草，潺潺花底流。

沙平堪濯足，石浅不胜舟。

洗药朝与暮，钓鱼春复秋。

兴来从所适，还欲向沧洲。

此诗前四句犹如一幅山水小品，历来受到人们的称赞。由这些诗可以看出，此时岑参半官半隐，亦官亦隐，心情有时十分复杂，其《春梦》大约也作于这个时候，因而被收入此时之前编定的《河岳英灵集》里，其诗云：

洞房昨夜春风起，遥忆美人湘江水。

枕上片时春梦中，行尽江南数千里。

诗中的"洞房"，指深邃的居室；美人，特指友人。片时行尽千里，诗人的想象力实在丰富！宋代晏几道《蝶恋花》词有"梦入江南烟水路，行尽江南，不与离人遇"之句，即由此诗化出。

另一首《蜀葵花歌》也作于同时：

昨日一花开，今日一花开。

今日花正好，昨日花已老。

始知人老不如花，可惜落花君莫扫。

人生不得恒少年，莫惜床头沽酒钱。

请君有钱向酒家，君不见，蜀葵花。

蜀葵，又名戎葵、胡葵，多年生草本植物，茎直立，叶子心脏形，有长柄，表面有皱纹，花冠有红、紫、黄、白等颜色。诗中表现了及时行乐的情绪，反映出岑参当时的精神状态。读这首诗，常会使人想到唐代"无名氏"作品《杂诗四首》中的一首：

劝君莫惜金缕衣，劝君须惜少年时。

有花堪折直须折，莫待无花空折枝。

这首诗也是劝人不要过分看重财富，而是要爱惜青春年华，有劝人及时行乐的意思。这两首诗对照阅读，颇为有趣。

岑参在长安与终南山间来往流连，心情有时不安，有时又很平静，但他对未来，却一直没有放弃希望……

# 二赴边塞

时间过得真快，岑参回到长安一晃快三年了，在长安他虽然与家人团聚，尽享天伦之乐，与朋友相会，共游周边美景，也时常到终南山隐居之地去游玩，亦官亦隐，看似无忧无虑，其实他的内心一刻也没有平静。长安的生活自然安逸、平静，如果是一个胸无大志的人也许会满足了，但是，作为出生在世宦之家的岑参，多么希望能在长安寻找到大显身手的机会呀，可是人生充满坎坷，仕途并不光明，杨国忠当朝为相，有识之士难有用武之地。岑参心中有许多感慨，有时借诗作抒发，有时又以吟诵时贤的句篇来表达自己的心情，他尤其喜欢李白的一首《行路难》，他从李白这首诗中找到了知音：

金樽清酒斗十千，玉盘珍馐直万钱。

停杯投箸不能食，拔剑四顾心茫然。

欲渡黄河冰塞川，将登太行雪满山。

闲来垂钓碧溪上，忽复乘舟梦日边。

行路难，行路难！

多歧路，今安在？

长风破浪会有时，直挂云帆济沧海！

是啊，出路在哪里呢？对岑参来说，内心深处有那么一个去处，那就是令他想起就激动万分的边塞！是啊，那遥远、荒凉的边塞，常常出现在他的梦中，虽然去了一次边塞，但并没有实现自己立功马上的愿望，他的一颗火热的报国之心，怎么会骤然冷下去呢！

他希望能再次前往边塞。

他等待着。

机会终于来了，这一天一位从安西来的信使送来一封信，岑参急切打开信读了起来，信是曾同岑参一道在高将军幕府做事的封常清写来的，大意是说封常清蒙皇上的信任，近来被提拔为安西、北庭节度使，幕府中急需人才，因曾与岑参共过事，知道岑参之为人，所以特邀岑参再回边塞，共建奇功。

读罢此信，岑参开心极了，将此事告知夫人。

夫人关切地问此行任何职务。

岑参轻声答此次被任命为节度判官，还是做文字工作。

夫人无语，只是沉思。

岑参又补充说："我大唐节度使属下有副使一人，行军司马一人，判官二人，掌书记一人。上次我去边地担任的是掌书记，这次升了一级，责任更重了！"

夫人点点头，又追问："你说的这位老朋友是哪一位呀？"

岑参笑道："他叫封常清，可是一位奇人！"接着便饶有兴致地把封常清的奇闻逸事告诉夫人：说起这个封常清可有一个传奇故事，他不仅长得难看，还是一个瘸子，是山西人，祖上犯罪流放到了西域。他小的时候到处流浪，有时也陪着爷爷守城门。在他三十多岁的一天，见到安西兵马使高仙芝带着一队人马过来了，便凑上去自报家门，请求做高仙芝的部属。高仙芝一看此人长相，又是残疾，自然不以为意。谁知封常清十分执著，又不断写信，高仙芝都以名额已满为借口回绝了。最后一次，封常清发脾气了，在信里说："将军以貌取人，会失去人才的！"高仙芝无奈，勉强接纳封常清入了幕府。一次，高仙芝率兵出征，打了个大胜仗，回到驻地，封常清已经把捷报写好了，很合高仙芝的意思，稍作改动便呈报给了朝廷。高仙芝问身边的人这个报告是谁写的，知道是封常清所写，很有好感。后来封常清的才能不断显现，逐渐得到高仙芝的信任，一路被提拔起来，成了高仙芝的左右手，有时高仙芝率军出征，封常清奉命留守。封常清这么受重用，有些人自然不服气，为首的是高仙芝奶妈的儿子郑德全。有一次，封常清留守大营，郑德全故意骑马冲撞唐朝队伍，想通过引发骚乱，破坏封常清的威信。封常清回到大营，叫人把郑德全请来，严肃地说："我出身低微，谈不上什么威信，高将军出征命我留守，你冒犯我就是冒犯高将军，绝不允许！"结果叫人打了郑德全六十军棍，竟给打死了。奶妈向高仙芝夫人告状，封常清置之不理。因为治军严明，封常清带出了一支纪律很严的部队。

　　岑参的心早已飞向边塞了，他叫夫人收拾了一些东西，也参加了几场送别的宴会，几天以后便告别了长安的朋友，踏上了遥远的征程。此时正是秋末冬初时节，大地一片萧瑟，而岑参的心里却是火热的。

　　岑参这次的目的地是北庭，"北庭都护府建于武周长安二年（702）十二月，可见其建立时间比安西都护府晚。初府治设在庭州（今吉木萨尔）。唐中宗景龙三年（709）晋级北庭大都府。"（《新疆古今》）北庭节度使驻地庭州金满县（在今新疆维吾尔自治区吉木萨尔北破城子）。陇头是必经之地。经过这里，岑参的思乡之情油然而生，提笔写下了《赴北庭度陇思家》：

> 西向轮台万里余，也知乡信日应疏。
>
> 陇山鹦鹉能言语，为报家人数寄书。

诗人理智上明白因交通不便，必然"乡信日应疏"，感情上又希望"家人数寄书"，在这种矛盾和无奈中，只得托"能言"的鹦鹉给家人捎话（古代有"陇山多鹦鹉"的说法），其实鹦鹉哪里靠得住呢？所以清代沈德潜理解诗人之心："欲鹦鹉报家人寄书，思曲而苦。"近代俞陛云也说："西去轮台，距家万里；明知音书不达，欲催促而无从，适见陇山鹦鹉，姑设想能言之鸟传语家人，沈归愚谓其心曲而苦，盖极写无聊之思。"（《诗境浅说续编》）他过了陇头，继续西行，不久便到了临洮（唐郡名，在今甘肃临潭县西），在这里他与一位朋友相逢又离别，写下了《发临洮将赴北庭留别》诗：

> 闻说轮台路，连年见雪飞。
>
> 春风不曾到，汉使亦应稀。
>
> 白草通疏勒，青山过武威。
>
> 勤王敢道远，私向梦中归。

诗中的"轮台"，指唐庭州轮台县，治所在新疆米泉市西，与庭州相距约有四百里。疏勒是唐安西四镇之一，其地即今新疆喀什。武威，郡名，即凉州，治所姑臧县（今甘肃武威）。最后两句说自己尽心王事，岂敢言远？思乡之情，只能在梦中得以慰藉。远行之人的矛盾心情，只能靠"私向梦中归"来解决了。全诗不长，内容却很丰富。

在临洮，岑参遇到一位从北庭节度使幕去职的老友赵仙舟。赵仙舟在北庭任职多年，但未建立功业，此次归京，心中并不愉快，可毕竟又是走在回家的路上，这也令离开家乡的人羡慕不已。岑参写下了《临洮泛舟，赵仙舟自北庭罢使还京》：

> 白发轮台使，边功竟不成。
> 云沙万里地，孤负一书生。
> 池上风回舫，桥西雨过城。
> 醉眠乡梦罢，东望羡归程。

罢使，指去职。回舫，指船被吹得旋转起来。最后二句是诗人内心的独白，对赵之将归充满羡慕之情。

离开临洮，继续向前，到达金城（今兰州市），岑参参观了黄河岸边的驿楼，写下了《题金城临河驿楼》：

> 古戍依重险，高楼见五凉。
> 山根盘驿道，河水浸城墙。
> 庭树巢鹦鹉，园花隐麝香。
> 忽如江浦上，忆作捕鱼郎。

军队设防的关塞依山而建，从楼上望去，五凉之地尽收眼底（五凉，指前凉、后凉、南凉、北凉、西凉，是古代北方建立的地方政权，辖区在今甘肃一带，后称这一带为"五凉"）。望中所见，山、水历历在目。庭树、鹦鹉、园花、麝香，使诗人忽然想到早年的隐居生活而生出归隐于此的念想，从侧面写出这里风景之美、环境之幽。不知岑参游览的"金城临河驿楼"是不是高适后来游览的"金城北楼"，岑参登楼写作了此诗，高适登楼后也写作了《金城北楼》诗：

> 北楼西望满晴空，积水连山胜画中。
>
> 湍上急流声若箭，城头残月势如弓。
>
> 垂竿已羡磻溪老，体道犹思塞上翁。
>
> 为向边庭更何事，至今羌笛怨无穷。

诗中写出了眼前美景，也写出了对未来的期望。与岑参的诗对照阅读，其感情自有相通之处。

岑参继续前行，到达了凉州。凉州，即武威郡，治所在姑臧县，河西节度使驻此。据史书记载，从西汉开始，河西的政治中心城市从敦煌、酒泉逐渐东移到武威来了，唐时，在陇右三十三州中，凉州城最大，从京城长安到凉州一带，道路畅通无阻，酒肆店铺和驿馆处处可见。三年前，岑参曾来过凉州，与河西节度使幕府的一些官员相识，所以他一到凉州，便应邀出席了各种各样的宴会。对岑参来说，在这偏远的地方，与友人们重聚，自然百感交集，也充满了欢乐。何况凉州当时与扬州、洛阳、益州并列为全国第一流的城市，市容繁华，人口众多，多民族人民共同生活在一片和平安定的气氛中，更令他兴奋，在一次设在凉州客舍的酒宴上，他应邀即席赋了一首《凉州馆中与诸判官夜集》诗：

> 弯弯月出挂城头，城头月出照凉州。

凉州七里十万家，胡人半解弹琵琶。

琵琶一曲肠堪断，风萧萧兮夜漫漫。

河西幕中多故人，故人别来三五春。

花门楼前见秋草，岂能贫贱相看老。

一生大笑有几回，斗酒相逢须醉倒！

朋友们为岑参诗中的生动描写所打动，为其豪情所感染，更痛快地畅饮起来。花门楼，似是凉州客舍之名。

从凉州出发，经过玉门关（唐时关址在今甘肃安西县双塔堡附近），岑参来到伊州（今新疆哈密）东南的贺延碛。贺延碛，即莫贺延沙碛，又名莫贺碛。岑参这是第二次来了，他望着一眼看不到边的大沙漠，想起几年前写下的《日没贺延碛作》：

沙上见日出，河上见日没。

悔向万里来，功名是何物！

写诗的情绪颇为激愤，至今读来仍令他感叹不已。当然那是一时的感慨，否则他就不会有这第二次的出塞了。在伊州、西州（今吐鲁番东南）一带沙漠地区他与老友李栖筠相遇，而老友又要回京，他有感而发，写下了《碛西头送李判官入京》：

一身从远使，万里向安西。

汉月垂乡泪，胡沙费马蹄。

寻河愁地尽，过碛觉天低。

送子军中饮，家书醉里题。

诗题中的李判官，即李栖筠，字贞一，是中唐宰相李德裕的祖父，当时受辟为封常清安西节度使府判官，此时奉命回京述职。首联点出李栖筠在安西的任职经历，"从远使"，追随远方的节度使；"汉月"四句写边地生活和思乡之情。寻河，汉代张骞通西域有穷河源的说法，即"汉使穷河源，河源穷于阗，其山多玉石，采来，天子案古图书，名河所出山曰昆仑云"（《史记·大宛传》）；最后二句点出送别题旨，"家书醉里题"，耐人品味。

继续向西，岑参终于来到了北庭府城。听说岑参来了，封常清立刻叫人请他入主帅府相见，虽然是上下级，但毕竟曾为同事，所以一见面便显得很亲热。封常清的相貌固然不能恭维，且腿脚还残疾，但毕竟是一方主帅，自有一股逼人的英气，岑参暗自感叹地位的改变对一个人气质的影响。谈话间，封常清说："我想请岑先生先做'支度判官'，不知岑先生意下如何？"

岑参答道："一切听凭主帅安排，我完全服从！"

就这样，岑参做了封常清幕府里的"支度判官"，这个职务是协助支度使掌管军资粮杖的后勤官。岑参官职虽然不高，但很得封常清的信任。他常到北庭节度使所属的各地去执行公务，来来往往，依靠的只是一匹骏马。经过一段时间的磨炼，他已经俨然是一个驰马自如来往的汉子了！这时的岑参已经不是一个文弱书生了，他在一首诗中说自己："自逐定远侯，亦著短后衣；近来能走马，不弱并州儿。"定远侯，即班超，汉明帝时投笔从戎，奉命出使西域，前后经营西域三十余年，因功封定远侯。此处借指封常清。短后衣，一种便于骑马的衣服，前长后短。并州，汉并州在今山西省一带，当地百姓质朴，不讲礼节而喜欢骑射。

岑参以天山北麓的北庭（今吉木萨尔）和唐轮台（今乌鲁木齐附近）

为中心四处奔波，因而"他对哈密盆地、吐鲁番盆地、塔里木盆地的库车、新和、沙雅绿洲及北庭、轮台一带的地理、交通、奇观异景非常熟悉"（《西域探险史》），在《西域探险史》里还特别指出：岑参"不仅用大量诗歌记录了这些地区的自然风光和非凡经历，而且吐鲁番出土文书也提供了岑参活跃于天山南北的实证。例如天宝十三载（754），交河郡长行坊马料账，就记载了岑参从北庭翻越天山至高昌时的行踪：'郡坊马六匹迎岑判官，八月二十四日食麦四斗五升，付马子张计件。'同年十月二十五日后又记：'岑判官马七匹，共食青麦三斗五升，付健儿陈金。'仅这难得的两条记载，就折射出岑参在天山南北忙碌穿梭的身影。"

岑参在北庭期间，边塞战争时有发生。自从唐天宝年间以来，吐蕃、大食等国图谋与唐朝争夺西域，为了保证中西交通要道的畅通和西域的安宁，唐军采取了一系列武装行动。有一次，岑参因公事来到距北庭约四百余里的轮台，当他就要离开轮台的时候，有人向他报告说："封将军带领的部队已近轮台，听说要从这里集结，开始西征。"

听到这个消息，岑参急忙赶到轮台城外，果然见封常清率领一部分唐军向城门走来。见了岑参，封常清笑道："岑先生正在轮台呀，太巧了。"

"是啊，我正在轮台催办军粮，大帅这是……"

"西征，讨伐大食兵！"封常清挥了一下拳头，"据说大食兵已入我大唐边境三百里了，本帅这次调动了十万之众，定要把入侵之敌全部赶走！"

几天后，十万唐军集结完毕，在封常清的一声号令下，大军整装出发。目送着唐军浩荡的队伍，岑参情绪激昂，写下了《轮台歌奉送封大夫出师西征》，全诗以"古来青史谁不见，今见功名胜古人"作结，表现出岑参对封常清的钦佩和赞扬，也表现出他希望建功立业的愿望。

这首诗是岑参的代表作之一，至今读来仍使人情绪激昂：

轮台城头夜吹角，轮台城北旄头落。

羽书昨夜过渠黎，单于已到金山西。

戍楼西望烟尘黑，汉兵屯在轮台北。

上将拥旄西出征，平明吹笛大军行。

四边伐鼓雪海涌，三军大呼阴山动。

虏塞兵气连云屯，战场白骨缠草根。

剑河风急雪片阔，沙口石冻马蹄脱。

亚相勤王甘苦辛，誓将报主静边尘。

古来青史谁不见？今见功名胜古人！

全诗韵律节奏自由变换，表现出雄劲勃发、大气盘旋的豪情。读罢此诗，众人自然赞不绝口，封常清首先谦虚一番，但对此诗却评价甚高，他对幕僚们说道："岑先生此诗前十四句，句句用韵，两韵一换，节拍甚紧。后一韵衍作四句，以舒其气，声调悠扬有余音矣。"大家都点头赞同。岑参一抒胸臆，感到十分痛快。

这次西征虽然取得了一定的成功，但并未把入侵者全部赶出唐朝边境，封常清将部队带回轮台，休整了一段时间以后，便又出发了。这一次，岑参一直将封常清送到走马川。走马川距轮台有二十余里，放眼望去，黄沙一片无边无际，那里的环境与气候十分恶劣，岑参在《走马川行奉送出师西征》中一开篇便写出了雪海、平沙、大风：

君不见走马川行雪海边，平沙莽莽黄入天！

轮台九月风夜吼，一川碎石大如斗，随风满地石乱走。

走马川，有人认为即轮台以西的著名水道玛纳斯河，大约是可信的。斗，薛天纬先生认为在"量器"与"酒器"二者中应指"酒器"，他认为"今所见戈壁滩实况，地面铺满碎石，其大如拳。可知岑诗所谓'斗'应指酒杯"（《高适岑参诗选评》）。在写了恶劣的环境和气候以后，诗人笔锋一转，写到发现敌情并出师西征：

匈奴草黄马正肥，金山西见烟尘飞，汉家大将西出师。

匈奴，借指西域当时的少数民族。草黄马肥之时正是以骑兵为主的少数民族士兵发动战争的好时机。汉家大将，指封常清。面对来犯之敌，唐朝军队英勇进发，士气高昂：

将军金甲夜不脱，半夜军行戈相拨，风头如刀面如割。

诗人继续渲染天气之寒冷：

马毛带雪汗气蒸，五花连钱旋作冰，幕中草檄砚水凝。

五花、连钱，指马的毛色花纹。草檄，起草军中文书。"旋作冰""砚水凝"，写出天气极度严寒。

在唐朝大军的攻击下，敌军大败，唐军大胜：

虏骑闻之应胆慑，料知短兵不敢接，车师西门伫献捷！

靠着力量的强大和高昂的士气，唐军此次出征大获全胜，不到二十天便凯旋而归，当时岑参正在汉代车师后王国的轮台西门迎候，见众将领簇拥着封常清向城门走来，忙迎上去，施礼道："封将军辛苦了，这次西征能够成功，全凭将军指挥英明，士兵们作战勇敢，您真是大唐的功臣呀！"

封常清掩饰不住兴奋的情绪，笑着说："这次大胜，全靠我大唐的神威呀！"说完，他转头下令道："在城外暂时休息片刻！"

早有士兵把一块大毡毯铺在地上，封常清请岑参与众将领一起坐下。谈话间，封常清手下的一员大将赵千元说道："早知岑先生善于作诗，今日大胜而归，当然应该有诗记之，请岑先生即席赋诗如何？"

岑参笑道："为了给众将军助兴，我就献丑了！"他抬眼望去，只见蓝天白云下，天山巍然默立在遥远的天际，便吟道：

> 都护新灭胡，士马气亦粗。
>
> 萧条虏尘净，突兀天山孤！

"好，有气魄！"众人高声叫好，封常清也点点头，露出赞许的神色。

赵千元又说："岑先生，上次我们从走马川出师西征，您当时写了送行之作，因为太匆忙，也未细细拜读……"

岑参笑着把自己书写的《走马川行奉送出师西征》诗呈送给封常清："请封将军指正！"

封常清双手捧着诗稿读了起来，不由得赞道："岑先生真是语出惊人，大可称奇！"

"是啊，"赵千元也插话，"将军，您看这'一川碎石大如斗，随风满地石乱走'，真是实写，可用语又太奇了！"

众人也纷纷评论，有的说："'将军金甲夜不脱，半夜军行戈相拨，风头如刀面如割'也是写实，出语也奇！"

还有人说："若不是身亲其地，身历其险，是写不出这样的诗句的！"

封常清笑着说："是啊，此次岑先生虽然没有与我们一起出征，但诗里描绘的景象颇为真切，特别是天气之严寒、军情之紧急，实在太真实了，我们这些出生入死的人最有发言权。何以如此？依我看，就是因为岑先生不仅有西域生活的经历，更有一腔忠君报国的真感情……"

一个月以后，封常清又一次西征。这一次出征十分顺利，敌人不战而降，唐军没有经过战斗就取得了胜利，岑参在轮台西郊迎接唐军归来，呈上了《北庭西郊候封大夫受降回军献上》：

胡地苜蓿美，轮台征马肥。

大夫讨匈奴，前月西出师。

甲兵未得战，降虏来如归。

橐驼何连连，穹帐亦累累。

阴山烽火灭，剑水羽书稀。

却笑霍嫖姚，区区徒尔为。

西郊候中军，平沙悬落晖。

驿马从西来，双节夹路驰。

喜鹊捧金印，蛟龙盘画旗。

如公未四十，富贵能及时。

直上排青云，傍看疾若飞。

前年斩楼兰，去岁平月支。

　　天子日殊宠，朝廷方见推。

　　何幸一书生，忽蒙国士知。

　　侧身佐戎幕，敛衽事边陲。

　　自逐定远侯，亦著短后衣。

　　近来能走马，不弱并州儿。

　　全诗先写敌军不战而降，再写战利品之多，又写到战后的和平景象，归结为对封常清的赞美："却笑霍嫖姚，区区徒尔为。"霍嫖姚，汉武帝名将、嫖姚校尉霍去病，曾六次率兵远征沙漠，阻击匈奴，立下赫赫战功。"西郊"以下六句描写唐军回到轮台西郊的壮观景象。中军，主帅。双节，唐节度使受赐双节。金印，汉将军用金印。蛟龙，旗上的图案。"如公"八句颂扬封常清连年征战得胜。楼兰、月支，汉代西域国名，此指封常清讨伐的对象。推，推重。最后八句写自己在军中的生活情况，得意之情溢于言表。国士，举国推崇的人，指封常清。敛衽，整肃衣襟，表示敬肃之意。

　　唐天宝十三载（754）十一月，封常清又出征播仙。播仙，即且末城（今新疆且末县），当时为吐蕃所占，其地在安西节度使管辖范围之内。经过一个多月的战斗，在当年十二月，封常清征播仙凯旋而归，捷报传来，岑参自然十分兴奋，在庆功宴上，岑参一气呵成，写下了《献封大夫破播仙凯歌六章》：

　　汉将承恩西破戎，捷书先奏未央宫。

　　天子预开麟阁待，只今谁数贰师功。


　　官军西出过楼兰，营幕傍临月窟寒。

蒲海晓霜凝马尾，葱山夜雪扑旌竿。

鸣笳叠鼓拥回军，破国平蕃昔未闻。
丈夫鹊印摇边月，大将龙旗掣海云。

日落辕门鼓角鸣，千群面缚出蕃城。
洗兵鱼海云迎阵，秣马龙堆月照营。

蕃军遥见汉家营，满谷连山遍哭声。
万箭千刀一夜杀，平明流血浸空城。

暮雨旌旗湿未干，胡烟白草日光寒。
昨夜将军连晓战，蕃军只见马空鞍。

这一组诗是纪实之作，此次"破播仙"在史书上找不到记载，这组诗可弥补古籍记载的缺失。第一首总叙战斗胜利。未央宫，借指唐长安宫殿。麟阁，即麒麟阁，汉武帝曾图功臣像于其上，以示褒扬。贰师，贰师将军李广利，屡立边功。第二首描写大军出征。楼兰，汉西域国名，近罗布泊，唐军往征播仙，须经楼兰故地。月窟，指西方极远之地。蒲海，即蒲昌海，今新疆罗布泊。葱山，即葱岭，即帕米尔高原，此处泛指。第三首写战斗胜利。叠鼓，击鼓。鹊印，指金印。龙旗，旗上画龙为饰。第四首写胜利场景。辕门，军营之门。面缚，反剪手臂，指投降。洗兵，洗净兵器，刀抢入库，指休兵。鱼海，指西域湖泊。秣马，喂马。龙堆，白龙堆，今新疆南部大沙漠。第五首写杀敌无数，极尽渲染之能事。第六首继续写唐胜敌败的场面，因为"将军连晓战"，所以"只见"敌军"马空鞍",细节里写出战胜场面。可以与岑参这一组诗相比美的,应该说还是高适的《九曲词三首》,高适这一组诗同样写得雍容不迫,欢快流畅,表现唐军战胜后的和平景象,展示了盛唐的强大国力,不妨读一读:

> 许国从来彻庙堂,连年不为在疆场。
> 将军天上封侯印,御史台上异姓王。
>
> 万骑争歌杨柳春,千场对舞绣骐驎。
> 到处尽逢欢洽事,相看总是太平人。
>
> 铁骑横行铁岭头,西看逻逤取封侯。
> 青海只今将饮马,黄河不用更防秋。

第一首赞扬唐将哥舒翰以身许国,精忠报主,因而获得封王的最高荣誉;彻,直达。庙堂,朝廷。第二首写边地战争结束以后的和平景象;杨柳春,民歌名。绣骐驎,民间舞蹈。第三首进一步渲染唐朝国力强大,边地平静。逻逤,唐代吐蕃都城,即今拉萨。将高适的诗与岑参的诗放在一起来欣赏,自然别有一种情味。

边塞获得了安定之后,有些朋友或者入朝奏事,或者解甲归乡,纷纷离开了边塞,这些天,岑参几乎每天都要参加一个送别宴会,而在每次的送别宴上,他都被邀当场赋诗,从而留下了不少著名的诗篇。比如《火山云歌送别》:

> 火山突兀赤亭口,火山五月火云厚。

火云满山凝未开，飞鸟千里不敢来。

平明乍逐胡风断，薄暮浑随塞雨回。

缭绕斜吞铁关树，氛氲半掩交河戍。

迢迢征路火山东，山上孤云随马去。


　　此诗应该作于西州，故以"火山云"为题。前四句反复渲染"火山"和"火云"，给人深刻印象。赤亭，遗址今名七克台故城，在今新疆鄯善县七克台镇。当时为西州军事要地，是通往安西大都护驻地龟兹的交通要道，唐代设有赤亭守捉。"平明"四句继续描写火山云，写出火山云缭绕不散的形象，"乍逐""浑随""斜吞""半掩"，用词生动简炼。铁关，即铁门关，为扼守天山通道的一处关隘。交河，唐代西州属县，曾为安西都护驻所，在今吐鲁番西北郊。最后二句点出送别，说火山云与行人相伴而去……

　　不久，他在轮台送别一位姓武的判官，写下了名篇《白雪歌送武判官归京》，诗一开头便写出了边塞奇妙的风光，继而写出了边塞的寒冷及送别时胡琴、琵琶、羌笛齐奏时的火热场面，最后写出了一片离情，诗中的感情是真挚而感人的，其诗如下：


北风卷地白草折，胡天八月即飞雪。

忽如一夜春风来，千树万树梨花开！

散入珠帘湿罗幕，狐裘不暖锦衾薄。

将军角弓不得控，都护铁衣冷难着。

瀚海阑干百丈冰，愁云惨淡万里凝。

中军置酒饮归客，胡琴琵琶与羌笛。

纷纷暮雪下辕门，风掣红旗冻不翻。

轮台东门送君去，去时雪满天山路。

山回路转不见君，雪上空留马行处。

这首脍炙人口的诗作写出了塞外特殊的气候和奇异的风光。北风卷地，即使是坚忍不拔的白草也被折断，可见塞风来势之猛；八月秋高，胡地竟满天飞雪。这种景象怎不令人称奇。"忽如"二句写风停后的雪景，写得明媚奇丽，形象生动，为古来咏雪名句。接下来从不同的角度进一步描写这早雪带来的令人难耐的奇寒。白雪打湿了帐内的罗幕，即使是最温暖的狐皮、织锦被也不能抵御外面的严寒。因为寒冷，将军的角弓拉不开了，征战护身的铁衣，也冷得难以穿上。"瀚海"二句由室内写到室外，写出瀚海坚冰、万里凝云的壮阔景象。为武判官饯别的宴会设在主将营帐，胡琴、琵琶、羌笛来奏乐助兴，宴会上充满异乡情调。宴会一直进行到黄昏时分，室外天气阴沉，白雪纷纷，红旗已经被冰雪凝冻住，连风也吹不动了。诗人用十分简洁的语言，形象生动地写出了风雪之大、天气之寒。宴会之后，在轮台东门送别友人，充满了恋恋不舍的惜别之情：踏着皑皑白雪，友人沿天山山路而远去，直到峰回路转不见了踪影，诗人还在那里伫立张望。一个"空"字，暗示出诗人凄苦的内心情绪，把他那种怅惘之情，表现得十分含蓄，韵味悠然。全诗语言明朗优美，音韵婉转自然，或两句一转韵，或四句一换韵，而且将平韵与仄韵交错使用，读之使人感到音韵铿锵，富于变化，不愧是唐代边塞诗中的一篇杰作。

几天以后，岑参送别朋友萧治，又写下了《天山雪歌送萧治归京》，诗从天山之雪落笔，最后仍表现了诗人的惜别之情。诗人希望他们的友谊如松枝一样常青，自然使萧治感慨万端，久久不愿离去。其诗曰：

天山雪云常不开，千峰万岭雪崔嵬。

北风夜卷赤亭口，一夜天山雪更厚。

能兼汉月照银山，复逐胡风过铁关。

交河城边鸟飞绝，轮台路上马蹄滑。

晻霭寒氛万里凝，阑干阴崖千丈冰。

将军狐裘卧不暖，都护宝刀冻欲断。

正是天山雪下时，送君走马归京师。

雪中何以赠君别，惟有青青松树枝！

这首诗在写法与意境上和《白雪歌送武判官归京》有些相似，二诗可以互相参看。此诗最后四句写送别，余音袅袅，耐人回味。萧治是在边地生活过的人，他有一首缺题的边塞诗收在敦煌写本伯三六一九里，可参考。

岑参还受封常清的委托，陪伴从京城来边塞办事的殿中侍御史崔吾到热海一带游玩。热海，即今伊塞克湖，位于今中亚吉尔吉斯西北部天山山脉北侧。《大唐西域记》描述其环境和特点说："（跋禄迦）国北行三百余里，度石碛，至凌山。……山行四百余里至大清池，或名热海，又谓咸海。周千余里，东西长，南北狭。四面负山，众流交凑，色带青黑，味兼咸苦，洪涛浩瀚，惊波汩淴，龙鱼杂处，灵怪间起。……清池西北行五百余里，至素叶水城。"在送别崔吾时，岑参写下了《热海行送崔侍御还京》，其中这样描写热海：

侧闻阴山胡儿语，西头热海水如煮。

海上众鸟不敢飞，中有鲤鱼长且肥。

岸旁青草常不歇，空中白雪遥旋灭。

蒸沙烁石燃虏云，沸浪炎波煎汉月。

阴火潜烧天地炉，何事偏烘西一隅？

势吞月窟侵太白，气连赤坂通单于。

这几句用夸张的笔法写热海，既然"水如煮"了，又怎么可能"中有鲤鱼长且肥"呢？但夸张中透出几分真实，表现出岑参"好奇"的特点。"阴火"以下四句写出热海的气势。赤坂，即西段火山，又称赤山，在唐西州交河县，今新疆吐鲁番西。单于，单于都护府，在今内蒙古阴山、河套一带。最后写到送别：

送君一醉天山郭，正见夕阳海边落。

柏台霜威寒逼人，热海炎气为之薄。

柏台，御史台。霜威，形容御史的威严。古代御史弹纠不法，百官震恐，故用"霜威"喻其峻厉严肃。面对御史的威严，"热海炎气"都为之减弱了，当然也是夸张之辞。

前边说的《白雪歌》《天山雪歌》和这首《热海行》因为把边塞奇特的风光写得形象生动，所以武判官、萧治和崔吾将它们带到长安以后，很快便传开了。

作为幕僚，岑参平时免不了陪伴主将封常清避暑、宴饮，其间写了不少诗作，可以由此看出他当时的生活和思想状况，先看《陪封大夫宴瀚海亭纳凉》：

细管杂青丝，千杯倒接䍦。

军中乘兴出，海上纳凉时。

日没鸟飞急，山高云过迟。

吾从大夫后，归路拥旌旗。

诗写在天山北坡专供夏日纳凉的"瀚海亭"避暑饮宴场面。首联写在亭上宴饮奏乐。细管、青丝，指管弦乐器。倒接蓠，用晋人山简的典故，写群官的醉态。次联写亭近湖泊正可纳凉。海，此指湖泊。第三联写眼前景致：日落鸟归巢，山高云飘过。最后写傍晚归来，一路旌旗。大夫，封常清当时带御史大夫衔。

再看《奉陪封大夫宴》：

西边虏尽平，何处更专征？

幕下人无事，军中政已成。

座参殊俗语，乐杂异方声。

醉里东楼月，偏能照列卿。

诗写宴会实况及当时之心情。这首诗下原有自注曰："时封公兼鸿胪卿。"鸿胪卿是正三品的高官，掌管与少数民族打交道的一些重要事务。首联说边地平静，不用再出征了。次联说幕府中僚属闲来无事，故能安心举行宴会。第三联反映了边地幕府宴会中可以听到各民族的不同语言和乐曲，颇有异域情调。最后写封常清醉卧月下的得意情态。列卿，指封常清。

《奉陪封大夫九日登高》也值得一读：

九日黄花酒，登高会昔闻。

霜威逐亚相，杀气傍中军。

横笛惊征雁，娇歌落塞云。

边头幸无事，醉舞荷吾君。

九日，阴历九月九日重阳节，古代有此日登高饮酒的习俗。亚相，御史大夫，指封常清。因封常清当时带御史大夫衔，故有"霜威"之说。荷，蒙受恩惠。吾君，指封常清。诗中赞美封常清安边有功，透出诗人对边塞建立功勋的向往之情。

大约也是在这样的宴会上，还见到官军与胡族首领纵博为戏，写下了《赵将军歌》：

九月天山风似刀，城南猎马缩寒毛。

将军纵博场场胜，赌得单于貂鼠袍。

这首诗是一篇纪实之作，描绘出边塞军中的一个生活片断，不仅表现出赵将军的勇武气概，从中更可以看出唐将和少数民族首领之间和谐相处的气氛，值得注意。

又有《登北庭北楼呈幕中诸公》，也颇有特点：

尝读《西域传》，汉家得轮台。

古塞千年空，阴山独崔嵬。

二庭近西海，六月秋风来。

日暮上北楼，杀气凝不开。

大荒无鸟飞，但见白龙堆。

旧国眇天末，归心日悠哉。

上将新破胡，西郊绝烟埃。

> 边城寂无事，抚剑空徘徊。
>
> 幸得趋幕中，托身厕群才。
>
> 早知安边计，未尽平生怀。

此诗写作者登楼远望，百感交集，令人叹息。前六句写轮台之历史及气候之多变。据《汉书·西域传》载，汉武帝时李广利灭轮台国后，朝廷开始在此置卒屯田。阴山，天山。二庭，汉代的车师前王庭和车师后王庭，此指唐之西州和庭州。西海，西方的大漠。中六句写登楼远望所见和思归之情。杀气，秋日萧瑟之气。大荒，指西域荒远之地。白龙堆，即白龙堆，此泛指大漠。旧国，故乡。眇天末，远在天边。最后八句赞扬封常清的军功，抒发自己抱负不得施展的感慨，"早知"二句，颇耐人回味。上将，指封常清。烟埃，此指敌军进犯。厕群才，忝列幕府群才之中。有时生活很闲适，有一次，同事李栖筠写了一首《使院即事》给岑参，岑参有感而作《敬酬李判官使院即事见呈》：

> 公府日无事，吾徒只是闲。
>
> 草根侵柱础，苔色上门关。
>
> 饮砚时见鸟，卷帘晴对山。
>
> 新诗吟未足，昨夜梦东还。

你看，草色直连房基，青苔已爬上门闩；衙中无人，鸟儿都飞进来饮砚池中的水了，卷起帘子，晴日下远山历历在目，多静多闲呀！当然，"梦东还"还透露出思乡之情。全诗写出一个"闲"字，反映了军中生活的另一面。再如《使院中新栽柏树子，呈李十五栖筠》：

爱尔青青色，移根此地来。

不曾台上种，留向碛中栽。

脆叶欺门柳，狂花笑院梅。

不须愁岁晚，霜露岂能摧！

　　这首诗是一首咏物之作，李栖筠是岑参老友，诗中亦可看作是以物喻人，赞扬柏树不畏霜露，也借以赞美军中文士之坚忍努力。台，指御史台，汉代以来有在御史台植柏树的传统。沙漠中的柏树较之柳之"脆叶"和松之"狂花"更值得赞美……

　　说到咏物诗，岑参最有名的咏物之作《优钵罗花歌》就写于北庭时期，此诗前有一个小序，其文曰：

　　　　参尝读佛经，闻有优钵罗花，目所未见。天宝景申岁，参忝大理评事，摄监察御史，领伊西北庭支度副使。自公多暇，乃于府庭内栽树种药，为山凿池，婆娑乎其间，足以寄傲。交河小吏有献此花者，云得之于天山之南。其状异于众草，势宠炔如冠弁；嶷然上耸，生不傍引；攒花中拆，骈叶外包；异香腾风，秀色媚景。因赏而叹曰："尔不生于中土，僻在遐裔，使牡丹价重，芙蓉誉高，惜哉！"夫天地无私，阴阳无偏，各遂其生，自物厥性，岂以偏地而不生乎？岂以无人而不芳乎？适此花不遭小吏，终委诸山谷，亦何异怀才之士，未会明主，摈于林薮耶？因感而为歌。

　　从这篇序文中可以知道，天宝十五载（756）岑参在北庭任职，因公事后有些闲暇，就在官府后院修造假山和水池，并种植树木草药，正好有一小吏送来优钵罗花，说是来自天山之南。这种花，岑参在佛经里见过，意译即称青莲花、红莲花。这种花与众草不同，花叶集中长在茎的上端，不往旁边生发。风中花香飘向远方，阳光下显得更加秀丽动人，于是引发了作者的感慨，叹惜它生长在遥远的边地，因而使牡丹"价重"、芙蓉（即荷花）"誉高"，正如怀才不遇之士，如果生不逢时，则只能闲掷于山林草泽，但是毕竟"天地无私，阴阳无偏"，所以优钵罗花仍顽强地生长于边地，虽然没有太多人欣赏它的芳姿，它仍然傲然绽放。正是由此生发出感慨，岑参写下了《优钵罗花歌》：

> 白山南，赤山北。
>
> 其间有花人不识，绿茎碧叶好颜色。
>
> 叶六瓣，花九房。
>
> 夜掩朝开多异香，何不生彼中国兮生西方？
>
> 移根在庭，媚我公堂。
>
> 耻与众草之为伍，何亭亭而独芳。
>
> 何不为人之所赏兮，深山穷谷委严霜。
>
> 吾窃悲阳关道路长，曾不得献于君王。

"诗言志"是我国文学传统思想之一，诗人们在创作时，总有某些感情要抒发，即使是咏物，也希望能表达出自己的理想和志向，或者表达自己对某些事物的看法，这便是寄托。薛天纬先生在《高适岑参诗选评》中评论此诗"对优钵罗花的赞美和感慨，显然寄托了诗人自己的人生体验和理想。'吾窃悲阳关道路长，曾不得献于君王'，诗人正期盼着朝廷的关注和任用。这首歌行的句子参差不齐，尤其是八字以上的几个句子都失去诗句的韵律节奏而散文化了。句式的散漫自由，形成一种特殊的歌行体调，论者称之为'别调'。……因为优钵罗花是新颖特异的描写对象，所以诗人有意选择了与之相适应的新奇的诗歌形式"。

岑参还按封常清的指示，前往西州作《使交河郡，郡在火山脚，其地苦热无雨雪，献封大夫》，其诗说：

> 奉使按胡俗，平明发轮台。
>
> 暮投交河城，火山赤崔巍。
>
> 九月尚流汗，炎风吹沙埃。
>
> 何事阴阳工，不遣雨雪来？
>
> 吾君方忧边，分阃资大才。
>
> 昨者新破胡，安西兵马回。
>
> 铁关控天涯，万里何辽哉！
>
> 烟尘不敢飞，白草空皑皑。
>
> 军中日无事，醉舞倾金罍。
>
> 汉代李将军，微功合可咍！

又曾前往西州考察当地少数民族是否安定，正所谓"奉使按胡俗"。一天，他来到西州一座最大的酒楼，刚刚坐下，便看到邻座正在互相劝酒的几个人里有一位早已相识的朋友崔士然，便走上前打招呼："这不是崔先生吗？"

崔士然见了岑参，也笑了："岑先生也在此地，真是太巧了！"他拉岑参坐下，说道："这几位朋友是为我送行的。"

岑参向大家点点头，算是打过招呼，又问崔士然："怎么，你要回去吗？"

"是啊，来此地已经两年了，还是无所作为，只得另谋出路了！"

听了崔士然的话，岑参旁边的一个人竟落下泪来，崔士然小声告诉岑参说："这位是宗学士，来边塞已近十年了，虽然多次立功，但仍然……唉！"

岑参心里一沉，一时什么也说不出来。

崔士然又说："宗学士要回龟兹，今天众位朋友是为我们两人一道送行。"

宗学士与岑参互相施礼，在桌边热烈地聊了起来，在举杯闲谈之中，岑参对宗学士的经历和遭遇有了更深入的了解，产生了深深的同情，于是提笔写下了《北庭贻宗学士道别》：

> 万事不可料，叹君在军中。
>
> 读书破万卷，何事来从戎？
>
> 曾逐李轻车，西征出太蒙。
>
> 荷戈月窟外，擐甲昆仑东。
>
> 两度皆破胡，朝廷轻战功。
>
> 十年只一命，万里如飘蓬。
>
> 容鬓老胡尘，衣裘脆边风。
>
> 忽来轮台下，相见披心胸。
>
> 饮酒对春草，弹棋闻夜钟。
>
> 今且还龟兹，臂上悬角弓。
>
> 平沙向旅馆，匹马随飞鸿。
>
> 孤城倚大碛，海气迎边空。
>
> 四月犹自寒，天山雪濛濛。
>
> 君有贤主将，何谓泣途穷。
>
> 时来整六翮，一举凌苍穹。

读罢全诗，众人都说写得好，崔士然说："'曾逐李轻车'这几句写出宗先生追随高仙芝将军的从军经历，'太蒙''月窟'都是说西方极远之地，十分贴切。再有'十年只一命，万里如飘蓬'也令人心酸！"

旁边有人说："是啊，汉李广从弟李蔡为'轻车将军'，击匈奴右贤王有功，被封为乐安侯，这与高仙芝将军的经历十分相似，用'李轻车'代指高将军十分贴切。"

宗学士握着岑参的手说："岑先生，您的最后四句对我多有鼓励，十分感谢！我不会像前贤阮籍那样'常率得驾，不由径路，车迹所穷，辄恸哭而反'，我自会鼓起勇气，如您所希望的像善飞之鸟整理健羽，向着苍天高飞而去！"

也许是为了缓和气氛，崔士然把歌妓叫了过来："为我们唱首歌吧！"

歌妓说："先生想听哪一首？是《渭城曲》，还是《江南春》？"

崔士然想了想说："这些词都听腻了，这样吧，"他转头对岑参说，"岑兄，你给她写一首新歌词吧，如何？"

岑参笑笑："崔兄即将远行，我当然应该助兴。"他要过纸笔挥手写下了《送崔子还京》：

匹马西从天外归，扬鞭只共鸟争飞。

送君九月交河北，雪里题诗泪满衣！

崔士然笑道："谢谢岑兄！不过一首诗太单调了，不如再加一首，叫她们循环歌唱如何？"

众人点头说好，岑参问："那就请崔兄作一首吧。"

崔士然摇摇头说："我看还是用岑兄的那首《胡歌》吧！"说着他

朗诵道：

> 黑姓蕃王貂鼠裘，葡萄宫锦醉缠头。
>
> 关西老将能苦战，七十行兵仍未休。

岑参笑笑表示同意。

歌妓把这两首诗仔细默诵了几遍，便在胡琴伴奏下，高声唱了起来……

回到北庭以后，岑参常常想起崔士然无可奈何的面容和宗学士默然而下的泪水，他的心受到很大的震动，他不由得自问："我该怎么办呢？"是呀，这次入塞已经近两年了，虽然封常清很信任自己，但却并没有十分重用自己，难道自己就这样终日东奔西跑，在边塞消磨掉后半生吗？难道为唐军写些出征之歌，为将军们助助豪兴，就是自己所追求的人生目的吗？想到这些，他的心里便一刻也不能平静。一天，他感到郁闷异常，便独自走出城门，在旷野上漫步，想到自己自来到西域边塞庭州，四处奔波，险要的关塞去过，边远的盐泽（今罗布泊）去过，还到过白龙堆（今新疆南部库姆塔格沙漠）和醋沟（在白龙堆沙漠北）等地，称得上是一个"老北庭人"了，可是现在虽然年过四十，但仍未立功名，此时此刻，独自在北庭府城北，望着海一样的大漠，不由得感慨万千，随口吟道：

> 雁塞通盐泽，龙堆接醋沟。
>
> 孤城天北畔，绝域海西头。
>
> 秋雪春仍下，朝风夜不休。
>
> 可知年四十，犹自未封侯！

吟罢此诗，他无力地坐在路边的一块石头上。在西部极远之地，冬季漫长、环境恶劣，而自己功业未成却已到了不惑之年。此时此刻，他想了许多许多，得出了这样一个结论：我应当开始一种新的生活！

当然，他毕竟在军中幕府任职，不可能说走就走，虽有了东归的念头，但一时也脱不了身，这以后他还因为公务，前来玉门关一带查验边地粮草军械的储备情况。在一次宴会上，写下了《玉门关盖将军歌》：

盖将军，真丈夫。

行年三十执金吾，身长七尺颇有须。

玉门关城迥且孤，黄沙万里百草枯。

南邻犬戎北接胡，将军到来备不虞。

五千甲兵胆力粗，军中无事但欢娱。

暖屋绣帘红地炉，织成壁衣花氍毹。

灯前侍婢泻玉壶，金铛乱点野酡酥。

紫绂金章左右趋，问著只是苍头奴。

美人一双闲且都，朱唇翠眉映明眸。

清歌一曲世所无，今日喜闻凤将雏。

可怜绝胜秦罗敷，使君五马谩踟蹰。

野草绣窠紫罗襦，红牙镂马对樗蒲。

玉盘纤手撒作卢，众中夸道不曾输。

枥上昂昂皆骏驹，桃花叱拨价最殊。

骑将猎向城南隅，腊日射杀千年狐。

我来塞外按边储，为君取醉酒剩沽。

醉争酒盏相喧呼，忽忆咸阳旧酒徒。

玉门关守关士兵当时有五千人，可见当时规模之大。而诗中所写守关将军有人认为即为河西兵马使盖庭伦，后来他发动叛乱被杀。诗中描写了"军中无事但欢娱"的生活。一起总写盖将军官的身份。执金吾，汉代官名，唐亦有左右金吾卫将军。犬戎，古西戎国名。"暖屋"以下写室内环境、饮食酒肴、听歌博戏等内容。氍毹，毛织的地毯。"枥上"四句写宴罢打猎，十分生动。昂昂，高大的样子。桃花叱拨，骏马名。最后四句写自己前来考察边地军资储备，正好赶上将军府的盛宴，不由得怀念起长安当年一起饮酒的朋友们。咸阳，指长安。

在这年春节，他在玉门关一带滞留，想到了家乡的亲人和朋友，特别想到了在长安县掌县衙簿书的李文吾，提笔写下了《玉关寄长安李主簿》：

东去长安万里余，故人何惜一行书。

玉关西望堪肠断，况复明朝是岁除。

岁暮年关更加思念亲友，正所谓"每逢佳节倍思亲"。"玉关西望堪肠断"，语意也够沉痛了。清代黄叔灿评道："身在玉关，心在长安，故欲书信常通。乃故人信断，又逼岁除，此时此际，能无肠断？却写得曲折。"（《唐诗笺注》）高适有一首《除夜作》可以一起欣赏："旅馆寒灯独不眠，客心何事转凄然？故乡今夜思千里，霜鬓明朝又一年！"

此次他前来玉门关处理公务，又到了玉门关之东的酒泉郡，参加了酒泉太守的酒宴，写下了《酒泉太守席上醉后作》：

酒泉太守能剑舞，高堂置酒夜击鼓。

胡笳一曲断人肠，座上相看泪如雨。

琵琶长笛曲相和，羌儿胡雏齐唱歌。

浑炙犁牛烹野驼，交河美酒金叵罗。

三更醉后军中寝，无奈秦山归梦何！

诗中描绘出太守酒宴上饮酒奏乐的景象：剑舞和鼓声、胡笳、琵琶与长笛、羌儿、胡雏的歌声交织在一起；整烤的毛色黄黑相杂的牛（犁牛）、金色的叵罗（酒器）盛满交河出产的葡萄美酒……这一切好像使诗人忘记了孤独之感，更忘记了思乡之愁，但是无奈梦是自然产生的，在诗人的醉梦之中，出现的还是长安附近的终南山（秦山），"无奈秦山归梦何"，令人感叹……

# 丹心未休

天宝十四载（755）是中国历史，特别是唐朝历史上不能不提的一年，这一年的十一月，唐朝边将安禄山与史思明发动了有名的"安史之乱"。叛军来势凶猛，使唐朝上上下下一片惊慌，好像刚从和平安定的睡梦中惊醒过来。

提到"安史之乱"，提起唐代的历史，人们自然会想到安禄山，因为安禄山与史思明发动的长达八年之久的"安史之乱"，是唐王朝由盛而衰的转折点。读者也许会问：安禄山是怎样一个人？他是如何起家、叛乱的？他的结局又是怎样的呢？为了回答这个问题，话还得从头说起——

安禄山（703—757）的父亲是西域胡人，本姓康，母亲是突厥巫师，以卜为业。安禄山本名轧荦山，据说是因为生他之前，其母向营州少数民族人所谓之战斗神"轧荦山"祈祷而有孕，故以此名之。其生父死后，其母再嫁胡将安延偃，故冒姓安氏，更名禄山。长到十六七岁，已经能说六种少数民族的语言，开始做市场上的经纪人，就是专管南北物价及贸易的小吏，那时他即以骁勇为幽州节度使张守珪所知。张守珪提拔他为捉生将，专门干骚扰邻近少数民族人民的勾当。安禄山每次与数十名骑马的士兵外出，都能擒捉契丹人数十个，而且为人狡猾，善揣度人情，博得了张守珪的宠爱，收为养子。安禄山本人肥胖，为了讨张守珪的喜欢，每顿饭只敢吃个半饱，平时也小心谨慎，希望进一步得到提携。

开元二十四年（736）安禄山已经做到了平卢讨击使、左骁卫将军的官职。一次，张守珪令他率军讨伐奚、契丹的叛离者，安禄山恃勇轻进，为敌所败。这年四月，张守珪上奏朝廷，请求斩掉安禄山，安禄山在临刑时大叫道："大人不想灭奚、契丹吗？为什么杀禄山呢？"张守珪为之心动，惜其骁勇，便把他绑送京师，请朝廷裁决。当时宰相张九龄认为若行军令，当斩安禄山，但玄宗闻安禄山颇有武功，只免了他官职，就放他回去了。其实，所谓免官只是象征性的惩罚，不久，安禄山又做了平卢兵马都使，因为他善于心计，会讨人欢心，故而人们对他交口称赞。从京师来到平卢的官吏，安禄山都会送很多钱来买通他们，这些人回到长安，自然要在玄宗面前为安禄山吹嘘美言。开元二十九年（741）七月，御史中丞张利贞为河北采访使，至平卢，安禄山阿谀奉迎，同时贿赂了张利贞左右官吏，张利贞入朝后竭力为安禄山说好话。八月，安禄山即升任营州都督，充平卢军使，两蕃、勃海、黑水四府经略使。天宝三载（744）三月又以安禄山兼范阳节度使，当时礼部尚书席建侯为河北黜陟使，接受安禄山的贿赂，所以竭力赞扬安禄山公正廉洁，李林甫等皆顺势加以吹捧，因此玄宗宠信安禄山之心更加牢固。

安禄山狡诈而且大胆，正逢玄宗在位四十余年，对朝政已经厌倦了，日渐昏庸，故而安禄山敢于当面扯谎，欺骗玄宗。如天宝二载

（743）安禄山入朝，竟上奏说："去年营州虫食苗，臣焚香视天云：'臣若操心不正，事君不忠，愿使虫食臣心；若不负神祇，愿使虫散。'即有群鸟从北来，食虫立尽。"这纯粹是一派胡言乱语，借以吹嘘自己操心国事，忠心事君。玄宗竟然丝毫不疑，还按照安禄山的请求，把这派胡言载入了史书。天宝四载（745）十月，安禄山又上奏说："臣讨契丹至北平郡，梦先朝名将李靖、李勣向我乞求食物。"玄宗下令立庙，安禄山不久又上奏："荐奠之日，庙的横梁上长了灵芝草。"由此可见安禄山之欺罔、玄宗之昏蔽了。

安禄山其位愈显，上朝机会增多，便时时在玄宗面前装忠卖乖，以求恩宠，"外若痴直，内实狡黠"。这时他已不必为讨谁的喜欢而节食，因此身体肥胖，腹垂过膝，经常自称腹重三百斤，需要左右抬挽其身，方能移步，但是在玄宗前作《胡旋舞》却疾快如风。一次玄宗戏指其腹说："此胡腹中何所有，其大如此！"安禄山答道："更无余物，正有赤心耳！"玄宗听罢大悦。又有一次，安禄山见到太子而不拜，左右之人催促他快拜，他装傻问："臣胡人，不习朝仪，不知太子何官？"玄宗笑答："此储君也，朕千秋万岁后，代朕君汝者也。"禄山又说："臣愚，向者惟知有陛下一人，不知乃更有储君。"不得已才下拜。玄宗以为他直爽诚实，更加宠信他。有时在勤政楼设宴，百官列坐楼下，玄宗还独为安禄山在御座东边设金鸡障，置榻使坐其前，仍命卷帘以示荣宠，并命杨铦、贵妃、三夫人等与安禄山叙为兄弟。安禄山为了固宠，自请做贵妃养子。当玄宗与贵妃共坐时，安禄山总是先拜贵妃而后拜玄宗，玄宗问其故，禄山答道："胡人先母而后父。"玄宗其时已昏愦得可以了，听到这话居然"大悦"。

为了得到玄宗的宠信，安禄山千方百计侵掠东北边境的少数民族。如天宝四载（745）九月，安禄山数次侵掠奚、契丹，奚、契丹皆杀公主以叛；天宝九载（750）十月，安禄山屡诱奚、契丹，为其设宴，饮以莨菪酒，醉而杀之，动不动就达数千人，并用盒子装着其首领的头献给朝廷，前后数次。不久，又献俘八千人。这一切当然得到了已有"吞四夷之志"的玄宗的赏识。

安禄山以其狡诈佯忠蒙骗了玄宗，也因其"岁献俘虏、杂畜、奇禽、异兽、珍玩之物"而使玄宗的宠信与日俱增。天宝六载（747），升为御史大夫，封其妻段氏为国夫人；七载（748）六月，赐铁券；九载（750）五月，赐爵东平郡王，开唐代将帅封王之始；并允许禄山于上谷起五炉铸钱。十载（751）五月，玄宗命官府为安禄山在亲仁坊修筑府第，并敕令只求壮丽，不限财力。自然此第修建得华丽壮观，室内陈设，应有尽有，"虽禁中服御之物，殆不及也"（《资治通鉴》唐纪三十三）。玄宗还不断地叮嘱："胡眼大，勿令笑我。"安禄山入居新第以后，玄宗吃到什么美食或在后苑猎得什么鲜禽，都要派人给安禄山送去一些，以至于"络绎于路"。在安禄山生日那天，玄宗与贵妃赐衣服、宝器、酒馔甚厚，过了三天，又召安禄山入禁中，贵妃以锦绣为大襁褓，裹安禄山，让宫人用彩车抬着他。玄宗听到后宫欢笑声时起，问其故，左右答曰：贵妃三日洗禄山儿。玄宗前往观之，还赏贵妃洗儿金银钱，复厚赐安禄山，尽欢而罢。从此安禄山出入宫掖不禁，或与贵妃对食，或通宵不出，自然传出一些不好听的话，但玄宗始终不疑。

由于受到玄宗的宠信，安禄山颇为自傲，满朝百官皆不在他的眼里，见了李林甫也很傲慢。李林甫为了暗示和警告他，便假借其他事召与安禄山同为大夫的王钅共，王钅共见了李林甫趋拜恭敬，安禄山见状大惊，从此对李林甫也就恭顺多了。李林甫与安禄山谈话，总是揣摸到他的心思，先说出来，安禄山以为神，惊叹折服，以至安禄山只怕李林甫一个人，盛冬时相见，也常常汗流浃背。然后，李林甫就引安禄山坐于中书厅，和言悦色，并解下自己的披袍送给安禄山，安禄山很感激李林甫，称他为十郎。既归范阳，坐探由京师回来，必问："十郎何言？"听到好话则喜，若语："大人须注意！"就反手据床曰："噫嘻，我死矣！"实际上，李林甫却帮了安禄山大忙。李林甫为了堵住将帅入相代替自己的道路，他曾向玄宗提出建议说"文士为将，怯当矢石，不如用寒族蕃人，蕃人善战有勇，寒族无党援。……自是，高仙芝、哥舒翰皆专任大将，林甫利其不识文字，无入相由。然而禄山竟为乱阶，由专得大将之任故也"。安禄山之所以得到玄宗的宠信，正是李林甫这个建议的结果。从这个意义上来说，李林甫与安禄山恰是乱唐的一丘之貉！

安禄山升迁极快，不久就控制了东北三大重镇——平卢（治营州，今辽宁朝阳）、范阳（治蓟州，今北京大兴）、河东（治太原，今山西太原），成为一个极有兵权的专任大将。安禄山既兼领三镇，赏罚己出，日益骄恣，加之眼见朝纲紊乱、武备堕弛，故萌发了叛逆之心。天宝六载（747）他即令其部下刘骆谷留驻京师，观察朝廷动静，负责递送情报，并且假托御敌，筑雄武城，大贮兵器，当时军事家王忠嗣已觉察安禄山有反心，数次上言却无人理会。安禄山上朝，每当经过朝堂龙尾道时，总要左右端详，停留好大一会儿才离去。几年以后，安禄山更招兵买马，精心准备。他养同罗、奚、契丹降者八千余人，谓之"曳落河"（胡语"壮士"之意），及家僮百余人，皆骁勇善战，一可当百，又畜战马数万匹，多聚兵仗，分遣商胡到各地去做生意，每年获得珍货数百万，还私做百万件绯紫袍、鱼袋（皆朝官所服）。为了神化自己，每逢盛大庙会，安禄山便高坐榻上，前面燃着香，周围摆着奇珍异宝，旁边侍立胡人数百，然后接见来往商贾；有时更让女巫在前面敲鼓跳舞，故意制造一种特殊的气氛。待天宝十二载（753），阿布思为回纥所破，安禄山诱其部落而降之，"由是禄山精兵，天下莫及"（《资治通鉴》唐纪三十二）。

虽然安禄山早有叛志，且有精心准备，但是出于畏服狡猾超过自己的李林甫，所以不敢轻举妄动，待杨国忠为相，"禄山视之蔑如也"（《资治通鉴》唐纪三十三），便有些肆无忌惮了。杨国忠多次预言安禄山将反叛，玄宗都不信。天宝十三载（754）正月，杨国忠向玄宗重复说明自己的意思，并说："陛下试召之，必不来。"玄宗使人召之，安禄山闻命即至，在华清宫哭见玄宗说："臣本胡人，陛下宠擢至此，为国忠所恨，臣死无日矣！"玄宗听信了安禄山之言，很可怜他，也更信任他。三月，安禄山辞归范阳，玄宗解御衣赐之，安禄山受宠若惊，又怕杨国忠上奏留他，便慌慌忙忙奔出潼关，乘船而下，令船夫执绳板立于岸侧，十五里一换，昼夜兼行，过郡县不下船，反叛之心已经十分明显了。但玄宗却妄想用恩宠加以笼络，甚至到了十分可笑的地步，凡是有说安禄山要反叛的人，玄宗都令人将其捆绑着送给安禄山，从此人人知安禄山将反叛，但无人敢多说话。正像杜甫《后出塞》中描写的一样："主将位益崇，气骄凌上都。边人不敢议，议者死路衢。"

安禄山加紧了叛乱的准备，他不仅请求兼领闲厩、群牧、总监等职，而且密遣亲信挑选数千匹能用来战斗的健马，让人特别饲养着。为了收买众心，他为其部将请功求赏，任命将军五百多人，中郎将两千多人。并从天宝十四载（755）开始在范阳城北储备粮草，修筑战堡，赶制军械。此时，安禄山反迹已十分明显，对朝廷也开始有分庭抗礼之势。朝廷每次派使者来，皆称疾不出迎，安排武备，然后见之。朝官裴士淹至范阳，二十余日乃得见，不再讲究臣子的礼节，玄宗以子成婚，手诏禄山观礼，他也借口有病不来。过了一个月，安禄山上表要献马三千匹，每匹马有控夫二人，遣蕃将二十二人部送，显然有偷袭京师之心。河南尹达奚珣疑有变，上奏玄宗，提出冬日才宜献马，且不必由安禄山派人护送。玄宗这才如梦初醒，对安禄山产生了怀疑，遣中使冯神威宣旨，诏安禄山于十月至华清宫。安禄山坐在床上稍微起了起身也不跪拜，只问了几句话，就置神威于馆舍，不再见面，数日遣还，亦无上表。冯神威回朝，见玄宗哭泣道："臣差一点儿见不到圣上！"

杨国忠自从当上宰相以后，便与安禄山不和。他看出了安禄山迟早要反，多次告诉玄宗自己的判断，但玄宗昏庸不察，因此他便日夜寻找安禄山谋反的证据，使京兆尹围其京师之第，捕安禄山家仆人李超等，治罪杀之。本来，安禄山潜怀异志由来已久，但一方面李林甫在世时他不敢轻举妄动，另一方面觉得玄宗待他很好，想等玄宗死了以后再动手，可是杨国忠屡次上奏安禄山欲反，多次借故激怒他，想叫他快点反叛以取信于玄宗，于是安禄山决定叛乱。

安禄山悄悄与孔目官、太仆丞严庄，掌书记、屯田员外郎高尚，将军阿史那承庆密谋，其他将佐一概不知。十月，恰巧有奏事官自京师回来，安禄山诈称得到诏书，马上召开会议，拿出伪造的诏书说："有密旨，令禄山带兵入朝讨伐杨国忠，大家都要跟我一起出兵。"众将虽然愕然，但不敢说什么。十一月甲子日，安禄山发所部兵及同罗、奚、契丹、室韦凡十五万人，号称二十万，在范阳宣布叛乱开始。

安禄山乘铁制轿子，步骑精锐，烟尘千里，鼓噪震地。唐朝社会安定的日子过得太久了，政治腐败，军备废弛，所以当叛军打来之时，州县官府里的兵器都朽坏破败不能使用，官吏都从城里跑了，有的自杀了，也有的被叛军抓住杀了。中央禁军也与地方武装一样，兵不能战，朝廷在匆忙中急速募兵，令高仙芝、封常清东讨，但叛军之势难挡。十二月安禄山渡河至陈留郡（汴州，今河南开封），在城门上，安庆绪看见了朝廷诛杀安庆宗的布告，哭着告诉安禄山。安禄山气得发狂了，将陈留降者近万人交相砍杀，霎时血流遍地，哭声入云。不久，叛军又攻陷东京洛阳，至德元年（756）正月安禄山自称大燕皇帝，建号圣武，达奚珣以下置为丞相。这正是李白神游莲花山时所见的景象："俯视洛阳川，茫茫走胡兵，流血涂野草，豺狼尽冠缨。"（《古风》十九）

东京失陷，潼关告急，朝廷又命哥舒翰扶病前守潼关，但为安禄山部将攻破，哥舒翰为部下缚而献敌，终于投降了安禄山。玄宗等仓皇西逃，奔向四川。叛军又攻占了长安，安禄山命手下将领杀掉霍国长公主及王妃、驸马于崇仁坊，刳其心，以祭安庆宗；凡杨国忠、高力士之党及安禄山平常讨厌憎恶的人一概杀掉，共有八十三人。不久，又杀皇孙及郡、县主二十余人。安禄山听说过去在动乱中有人乘机盗取国库财物，攻进长安以后，便命士卒大索三日，连百姓私财也统统抢掠一空，搞得人心惶惶，给人民带来了沉重的灾难。

安禄山自从叛乱以来，由于日夜操劳，目力渐昏，至德二年（757）正月就已经看不见东西了。加之重病在身，脾气日益暴躁，左右官吏稍不如意即遭其鞭打，甚至杀害。自从在洛阳称帝以后，将领们很难见他一面，他只是通过严庄了解情况，下达命令，因此像严庄这样的"重臣"也免不了常常挨打；侍奉安禄山的阉臣李猪儿因为天天和他打交道，虽受宠爱，但挨打最多。其他官吏见此情况，谁不为自身难保而担心？加之，安禄山宠妾段氏，生子庆恩，安禄山想让他代替安庆绪接自己的班，安庆绪常常害怕，不知怎么办好。严庄对安庆绪说："事情到了不得不做的时候就必须果断，时不可失。"安庆绪说："兄有所见，敢不敬从！"严庄又对李猪儿说："你前后受鞭打，实在太多了！不行大事，死的日子就不远了！"李猪儿也同意谋反。一天夜里，严庄与安庆绪手持武器立于帐外，李猪儿执刀直入帐中，举刀向安禄山腹部砍去。安禄山眼无所见，床头常挂一刀，此时摸不着刀，便摇撼帐竿大叫："必家贼也！"肠子流出数斗而死。这离他发动叛乱仅仅十三个月。对安禄山来说，固然是罪有应得，可恨的是，这场叛乱却在六年以后才被平定。

"安史之乱"发生的时候，封常清正巧从北庭回到长安，玄宗很快就在华清池召见了他。本来唐玄宗与安禄山相约要"共沐新汤"，但却不断传来安禄山起兵的消息，玄宗一时也慌了神，开始有人报告安禄山部队偷袭了河西地区，玄宗还不相信，以为是朝廷内讧的结果，后来又听到报告，说安禄山部队攻下了常山郡（今石家庄）、宁昌都（今滑县），进而过了黄河，距东都洛阳只有五百里了。这下玄宗不能再不相信了，忙召大臣们商议，众人也心慌意乱，没有个准主意，只有杨国忠带着几分得意之色（自以为有先见之明）说："圣上不必担心，安禄山是反叛之贼，唐军将士不会跟着他反叛，我保证不出几天就会有人献上安禄山的首级！"唐玄宗深知文臣论兵往往是纸上谈兵，大都不靠谱，他岂能轻信？正在这个时候，封常清来了！唐玄宗知道封常清能打仗、会用兵，对他的话还是相信的。封常清在华清池面见玄宗，进言说："我大唐太平日子过得太久了，安禄山一起兵顿时望风披靡，大有势不可挡的样子。但是，人心有顺逆，以下犯上，不会成功，请圣上允许我现在就回洛阳，打开仓库，招募士兵，我用几天时间就可以把安禄山的首级献给您！"

封常清说的是唐玄宗最想听到的话，文武官员一致认为没有问题，他一颗提着的心也放下了，于是便命封常清转任范阳、平卢节度使，赴东都洛阳招兵买马，抵御叛军。但是，封常清招的兵马还没有开始训练，叛军却势如破竹，打到了洛阳城下，唐军战斗力太弱，刚一交战，便溃不成军，封常清只得率领败军向后撤退，先退到上东门，又退到都亭驿，再退到宣仁门，坚持了六天，被迫退出了洛阳。从洛阳出来，又退到陕郡（今河南省三门峡市），在此遇到老上司高仙芝，两人商量，还是退到潼关更为有利。当时高仙芝为副帅，部队不少，民族混杂，新老兵混杂，一下令，部队乱了，一阵乱跑，建制也打乱了，真是一片狼藉，勉强陆续退到了潼关。

封常清赶到潼关以后尽快恢复了部队的建制，挖筑工事，准备阻挡安禄山的骑兵，安禄山到达潼关时遇到了唐军的阻击。但唐玄宗还是要找一个后退的替罪羊，虽然这之前封常清写了三道报告给朝廷，却都没有得到明确的指示，玄宗不管这些，还是撤了封常清的官职，让他以白衣的身份在军中戴罪立功，协助高仙芝阻击安禄山叛军。依高仙芝和封常清的意见，唐军应该固守潼关，但是玄宗派来的监军边令诚不同意，反而让高仙芝派士兵给他运珠宝，高仙芝认为形势紧急，顾不过来；封常清又反复强调不能轻视安禄山叛军，边令诚于是有了借口，说高仙芝不服从调度，还克扣军饷，封常清长敌人气势，动摇军心，正好唐玄宗要找替罪羊，便下令杀掉封常清。在被杀之前，封常清给唐玄宗上了一个奏章，说道："洛阳一战我就不想活了，但是有责任在肩，不能一死了之，望圣上用我告诫众将领：千万不要轻视安禄山！请圣上拿我的命来整肃军纪吧！"后来高仙芝也被朝廷杀掉了，他死之前说："我没有挡住叛军的进攻，自然该死，但说我克扣军饷，我不服！"大敌当前，唐玄宗这是自毁长城啊！

安史叛乱和封常清被处死的消息第二年春天才传到北庭，岑参听到这个消息，一边为老朋友、老上级的不幸表示哀悼，一边又感到自己报效国家的时机终于来了，不免跃跃欲试，决心回内地参加平定叛乱的斗争。

在这个时候，他对能够东归的友人非常羡慕，其《送张都尉东归》诗说：

白羽绿弓弦，年年只在边。

还家剑锋尽，出塞马蹄穿。

逐虏西逾海，平胡北到天。

封侯应不远，燕颔岂徒然。

这首诗题下原有注说："时封大夫初得罪"。可见此诗作于天宝十五载（756）春。诗中对张都尉的军功极表赞扬，也似乎暗含了对封常清的悼念之情。燕颔，燕口阔大，看相的认为"燕颔"是封侯之相。《后汉书·班超传》载有看相者的话："生燕颔虎颈，飞而食肉，此万里侯相也。"

又如《送四镇薛侍御东归》诗：

相送泪沾衣，天涯独未归。

将军初得罪，门客复何依。

梦去湖山阔，书停陇雁稀。

园林幸接近，一为到柴扉。

诗题中的"四镇"指安西四镇龟兹、焉耆、于阗、疏勒。相送之时引发了诗人"独未归"的感伤，封常清获罪后更是感到失去了依靠，因战乱而乡音难通，思乡之情更浓，只能托友人去自己的"园林"看看，无奈又伤感。

带着这种情绪，岑参在轮台又度过一个夏天，迎来了又一个初秋，他写了《首秋轮台》：

异域阴山外，孤城雪海边。

秋来唯有雁，夏尽不闻蝉。

雨拂毡墙湿，风摇毳幕膻。

轮台万里地，无事历三年。

诗作深刻地表达出诗人对从军三年，但仍然未建立功业的感叹，"无事"二字耐人品味……

这一年六月，叛军攻克潼关，唐玄宗逃向蜀中。七月，太子李亨即位于灵武（今宁夏灵武市），称为肃宗。第二年肃宗来到了凤翔（今陕西凤翔），这时凤翔已成为临时首都，大将如郭子仪等纷纷带兵前来，一些文人也纷纷来到凤翔，如杜甫便是由叛军控制的长安城中逃出来的，到凤翔后，被任命为左拾遗。

不久，岑参从北庭赶往凤翔。来到凤翔，与杜甫一见面，岑参便急切地询问长安的情况，杜甫忧虑地说："叛军在城里乱杀百姓，长安城里到处是血腥气，有几位公主和王爷也死在了叛军的刀下！"

"哎呀，真惨呀！"

"是呀，你听说过乐工雷海清的事迹吗？"见岑参一脸茫然，杜甫接着说："安禄山攻占洛阳以后，有一次在凝碧池大宴部属，令乐工奏乐，众人一片哭声，乐工雷海清感伤国破家亡，坚决不从，结果遭叛军肢解！"

"啊！"岑参大惊，"那……"

"太惨了！听说王维兄也被囚在洛阳普施寺，最近还传出他见裴迪兄时写的一首诗呢！"

"是吗？我很想听听王维兄的大作。"

杜甫略一停顿，说："这首诗的诗题是《菩提寺禁，裴迪来相看，说逆贼等凝碧池上作音乐，供奉人等举声，便一时泪下，私成口号诵示裴迪》，其诗曰：'万户伤心生野烟，百僚何日再朝天？秋槐叶落空宫里，凝碧池头奏管弦。'"

"真是情真意切，字字滴血呀！"岑参感慨地说。

"是呀，读了这样的诗，谁不想为大唐尽忠呢？"

"是啊！"岑参长叹一口气说，"我这次来凤翔，就是想为平叛做一点事。"

杜甫点点头说："岑兄，我知道你有报国平乱的愿望，这样吧，我明天便与裴荐兄一起上书推荐你，朝廷正在用人之际，是不会让你赋闲的！"

"裴荐？"

"对，他现在是当今皇上最信任的臣子之一，他荐举的人，皇上是肯定会任用的！"

"那太好了！"岑参紧紧握住了杜甫的手。

几天以后，裴荐和杜甫一同推荐岑参入朝为官，推荐的理由是说他"识度清远，议论雅正，时辈所仰，宜充近侍"。肃宗接受了杜甫、裴荐的推荐，任命岑参为右补阙，这个职位虽然品秩不高，但属门下省，是个谏官，可以经常向皇帝提出自己的建议和意见，地位颇为重要。岑参深知自己责任重大，所以既谨慎从事又忠于职守，多次上书，提出了许多对朝廷有利的建议，因而颇受肃宗的赏识。

这天晚上，忙完了公事，岑参和杜甫闲谈起来，话题自然离不开正在进行的平叛斗争。杜甫问道："岑兄，你对时局有什么看法？战局真是让人不能放心呀！"

"是呀，"岑参回答，"自叛军起兵，很快便占领了长安和洛阳，当朝皇上御驾亲征，众位将军积极请求参战……"

"是呀，应该说战况不错，郭子仪将军收复了河东地区，李光弼将军守住了太原，唐军下一步该往何处去，朝廷里有不同意见，有人认为应该用长安拖住叛军，唐军直取范阳，断了叛军后路，一举全歼叛军；可是也有人要先取长安，当朝圣上也是此意。而主张先取长安的人里，最积极的就是宰相房琯大人。"

"可是，咋听说宰相房琯人人率兵进攻长安，遭遇惨败，不知道消息是否准确？"

"我也听说了，有人告诉我房琯大人所率士兵死了四万多人呢！"

"是吗？你快把详情给我说说！"

岑参把自己听来的一些情况详细告诉了杜甫：据说前不久宰相房琯向肃宗主动请战，进击叛军，把军队分成三部分，南军由杨希文指挥，从宜寿出发；中军由刘秩指挥，从武功出发；北军由李光进指挥，从奉天出发。房琯自己带领部队作为前锋。房琯没有打过大仗，指挥部队完全没有章法，加之，又采用春秋时的"车战"，用两千头牛拉车，步兵、骑兵齐头并进。敌军将领安守忠看到这种状况，哈哈大笑，一阵呐喊，驾车的牛乱跑，因此唐军大败于咸阳县东的陈陶斜。房琯又调南路军驰援，仍然大败。胡军得胜后颇为猖狂，在长安市上高歌饮酒，长安百姓只是暗自垂泪，盼望唐军早日到来。杜甫若有所思，抑住激愤的心情，提笔写下了《悲陈陶》：

> 孟冬十郡良家子，血作陈陶泽中水。
>
> 野旷天清无战声，四万义军同日死。
>
> 群胡归来血洗箭，仍唱胡歌饮都市。
>
> 都人回面向北啼，日夜更望官军至。

岑参读着杜甫的新作，沉默许久才又说道："可惜在中路唐军失败之后，唐军南路在青坂一带又大败，当时房琯宰相驻扎在与青坂不远的便桥，据说房琯宰相想先稳定一下再出战，可是督军的太监不同意，只得仓猝出战，结果一败涂地！"接着又把自己听到的情况详细告诉杜甫，杜甫略一停顿，提笔写下了《悲青坂》：

> 我军青坂在东门，天寒饮马太白窟。
>
> 黄头奚儿日向西，数骑弯弓敢驰突。
>
> 山雪河冰野萧瑟，青是烽烟白是骨。
>
> 焉得附书与我军，忍待明年莫仓卒。

最后两句充满感情，劝慰中又有多少希望！岑参默默地品味，眼神里满是忧郁。杜甫感慨地说："我有时感到特别遗憾，要是自小习武而不学文，那现在就可以冲上前线，亲自参加平定叛乱的战斗了！"

"是啊，我也有同感！"岑参说着铺开纸，挥笔写下《行军》的第一首诗：

> 吾窃悲此生，四十幸未老。
>
> 一朝逢世乱，终日不自保。
>
> 胡兵夺长安，宫殿生野草。
>
> 伤心五陵树，不见二京道。
>
> 我皇在行军，兵马日浩浩。
>
> 胡雏尚未灭，诸将恳征讨。
>
> 昨闻咸阳败，杀戮净如扫。
>
> 积尸若丘山，流血涨丰镐。
>
> 干戈碍乡国，豺虎满城堡。
>
> 村落皆无人，萧条空桑枣。
>
> 儒生有长策，无处豁怀抱。
>
> 块然伤时人，举首哭苍昊。

行军，即行营，指肃宗驻扎在凤翔的军队。诗中写到安史之乱以来的形势，"一朝逢世乱""胡兵夺长安"，用语颇为沉痛，而"我皇在行军"以下四句写出唐朝平叛的气势和唐军将士请战的情状，及最后惨遭失败的史实，"昨闻"四句即写宰相房琯兵败这件事，丰、镐，是长安附近的两条河流，这里即指长安。诗中还表达了怀才不遇的苦闷：虽然自以为怀有济世救国的"长策"，但却没有贡献的机会；只能孤独（块然）地面对百姓，空自向天悲泣了！读了岑参的诗，杜甫长长叹了一口气："唉！参兄，好一个'儒生有长策，无处豁怀抱'呀！"因为杜甫也在朝廷任左拾遗，虽然尽职尽责，不敢懈怠，但圣上又怎么能做到从谏如流呢？纵然真有"长策"（高明的政治见解），又怎么有机会施展呢！所以他对岑参诗中这两句深有同感。

岑参意犹未尽，又提笔写下了第二首：

早知逢世乱，少小谩读书。

悔不学弯弓，向东射狂胡。

偶从谏官列，谬向丹墀趋。

未能匡吾君，虚作一丈夫。

抚剑伤世路，哀歌泣良图。

功业今已迟，览镜悲白须。

平生抱忠义，不敢私微躯。

谩，懈怠。狂胡，指安史叛军。谏官，岑参时为右补阙，专司向朝廷谏议。丹墀，犹言殿前。前六句感叹从文不如习武，此时没有了建功立业的机会；"未能"六句感叹做谏官不能尽到责任，光阴都虚度了；最后二句自勉，平生追求忠君爱国，不能过于爱惜自己的身体生命。

"好诗！"杜甫由衷地赞叹道，"这也正说出了我的心里话，一介书生，在国家危难之时又有何用！但是，'平生抱忠义，不敢私微躯'，我等还是要知不可为而为之，尽力为圣上分忧，为国家谋太平呀！"

岑参叹道："杜兄所言极是，你我在圣上身边，虽不能亲上前线，职责却也不轻，可不敢有丝毫疏忽呀！"

杜甫点头赞许，随即问道："岑兄可知道，再过几天，元帅广平王李俶、副元帅郭子仪就要带领朔方等军及回纥、西域之兵大约十五万人，从凤翔出发，进攻长安。"

"我也听说有这次大行动，但愿大唐军队能旗开得胜！"

杜甫说："郭子仪这人有勇有谋，又深得皇上信任，我看这次东征，一定能收复长安！"

长安是大唐首都，也是岑参的家园所在，他当然希望朝廷快些收复长安了。这一年九九重阳节，岑参在凤翔度过，想到长安还未收复，写下《行军九日思长安故园》：

> 强欲登高去，无人送酒来。
> 遥怜故园菊，应傍战场开。

诗下原来有注曰："时未收长安。"长安未收复，所以没有兴致，只能勉强登高，却无人送酒来解忧愁，而想到故园的菊花，却在战场上开放，岂不令人心灰意冷？清代沈德潜评曰："可悲在'战场'二字。"（《唐诗别裁集》）但好在果然如杜甫所说，这一年九月二十八日，唐军十五万，号称二十万，从凤翔出发，直指长安，在长安西香积寺北摆开阵势，虽然太子当主帅，实际负责的却是郭子仪。郭子仪知道此次出兵责任重大，曾对身边的谋士说："此行不捷，臣必死之！"不久，即攻到长安城西，郭子仪用李嗣为前军，猛攻长安城。唐将王难得被射中眉心，用手把箭拔掉，头皮都随着掉了，包扎一下继续再战，一直打到晚上，经过一场激战，杀了六万名叛军士兵，叛军大败，弃长安而逃。战报报到朝廷，唐肃宗激动地哭了，马上举行了祭天大典。唐军乘胜追击，一直追到洛阳，驻守洛阳的叛军闻讯，也弃城逃跑，唐军又收复了洛阳。在攻洛阳之前，回纥派了四千骑兵助战，肃宗设宴三天，并与回纥约定，请回纥帮助平叛，如攻破洛阳，土地、百姓归唐，金银财物归回纥，其实就是允许回纥在城破后可以劫掠。在洛阳被攻下以后，回纥要求唐朝兑现约定，这时广平王出面与回纥首领结拜为兄弟，劝其不要劫掠，避免了一场劫难。十月，肃宗便带着满朝官员回到了长安。

这时与岑参一道在朝廷任职的有杜甫、王维、贾至等新朋旧友，他们上班时常在一起处理公务，下班时又常在一起饮酒赋诗，虽然平定叛乱的战斗仍在一些地区继续进行，但对长安朝廷里的官员及长安的百姓们来说，好像又恢复了安史之乱前的安定与平静。当然，朝廷里还是发生了一些耐人寻味的事情，比如两京收复后，肃宗要迎玄宗回京复位，玄宗自然推辞，但肃宗反复表明自己思念父皇，现在终于胜利了，希望玄宗能够回京，以使自己再尽孝心。玄宗当然也想结束流亡生活，遂于至德二载（757）十二月回到长安，举行典礼，加黄袍于肃宗，并把大印交给了肃宗，完成了权力交接，朝廷一时呈现出稳定平静的一种状态。

岑参有好几首抒写朝廷生活的诗篇，颇有代表性的是《西掖省即事》：

西掖重云开曙晖，北山疏雨点朝衣。

千门柳色连青琐，三殿花香入紫微。

平明端笏陪鹓列，薄暮垂鞭信马归。

官拙自悲头白尽，不如岩下偃荆扉。

 

诗中写出归隐田园之思。西掖省，即中书省，又称西省。唐门下、中书两省在禁中左右掖，称掖省。北山，指唐长安的龙首山，大明宫即建在山原上。青琐、紫微，均泛指宫殿。端笏，官员上朝时手持记事板。鹓列，喻朝官的行列。偃荆扉，代指隐居。首联远景，次联近景，第三联写朝会，最后一联感叹良多，有人说是朝官的闲愁，其实还是怀才不遇的苦恼。为什么会这么灰心呢？因为作为一个谏官，不能很好地发挥作用，这自然令他感到无奈。他在给杜甫的《寄左省杜拾遗》里说：

 

联步趋丹陛，分曹限紫微。

晓随天仗入，暮惹御香归。

白发悲花落，青云羡鸟飞。

圣朝无阙事，自觉谏书稀。

 

岑参与杜甫在唐肃宗至德二载至乾元元年初（757—758），同仕于朝。岑参任右补阙，属中书省，居右署；杜甫任左拾遗，属门下省，居左署。"拾遗"和"补阙"，都是谏官。次联正面写朝会和下朝。第三联似写闲情，实写怀才不遇的感叹，"悲"字、"羡"字，耐人寻味。尾联发感慨。反话正说，诗人感叹朝中有缺事而不能尽言之，自愧不得已而有失谏官的责职，虽然怨而不怒，对朝廷不直接批评，颇有回护之意，其心情还是不舒畅的。杜甫读了岑参的诗以后心有所感，遂赋《奉答岑参补阙见赠》诗：

窈窕清禁闼，罢朝归不同。

君随丞相后，我往日华东。

冉冉柳枝碧，娟娟花蕊红。

故人得佳句，独赠白头翁。

杜甫与岑参供职于不同的衙门，上朝时"同趋"而下朝时却早晚不同，故云"归不同"。从结尾一联看，杜甫对岑参诗中的含意是心领神会、十分理解的。"独赠"二字见出杜甫与岑参确为知己和同调，心是相通的。

使岑参感到高兴和欣慰的，是有一群朋友在一起工作，常常一起聚会吟诗，可解心中的愁闷。这一年——乾元元年（758）春末的一天。贾至、杜甫、王维、岑参等人饮酒畅谈，颇为快意。贾至，字幼邻，河南洛阳人，在朝廷任中书舍人。安史之乱发生后，他随唐玄宗前往蜀中，后肃宗在灵武继位，玄宗命他起草传位册文并命他从蜀中将册文送往灵武，他也就留在了肃宗身边，仍任中书舍人。贾至为人豪爽，见大家心情愉悦，便率先提议以《早朝大明宫》为题赋诗。

众人拍手称好。

贾至略一沉吟，提笔写下《早朝大明宫》：

银烛朝天紫陌长，禁城春色晓苍苍。

千条弱柳垂青琐，百啭流莺绕建章。

剑珮声随玉墀步，衣冠身惹御炉香。

共沐恩波凤池上，朝朝染翰侍君王。

"好诗！"众人赞道。贾至笑道："我这是抛砖引玉，反正砖是抛出去了，就看能引出几块宝玉了！"众人又笑。王维略一沉思，提笔写下《和贾舍人早朝大明宫之作》：

> 绛帻鸡人报晓筹，尚衣方进翠云裘。
>
> 九天阊阖开宫殿，万国衣冠拜冕旒。
>
> 日色才临仙掌动，香烟欲傍衮龙浮。
>
> 朝罢须裁五色诏，珮声归向凤池头。

读罢此诗，众人纷纷称好。

杜甫赞道："王兄此作先用'报晓'和'进翠云裘'写出了朝廷中的庄严、肃穆，最为传神！"

贾至说："'九天'二句更写出早朝的场面宏伟庄严和当今圣上的威仪，真是千古名句！"

岑参说："'万国衣冠'写出各国使节拜见圣上的场面，精彩至极！"

王维一笑："还是请杜兄一展文才吧！"

杜甫应声而作《奉和贾至舍人早朝大明宫》：

> 五夜漏声催晓箭，九重春色醉仙桃。
>
> 旌旗日暖龙蛇动，宫殿风微燕雀高。
>
> 朝罢香烟携满袖，诗成珠玉在挥毫。
>
> 欲知世掌丝纶美，池上于今有凤毛。

五夜，即指五更之时。漏声催晓箭，指夜将尽，临近上朝之时。九重，指天子所居之地。龙蛇，指旗上所画的龙蛇形象。丝纶，代指皇帝诏书。池上，即指中书省。因中书省地近枢要，颇为时人看重，人们称之为"凤凰池"。最后两句是说贾至父子两代都是中书舍人，负责起草皇帝诏书，颇令时人羡慕。最后，轮到岑参，岑参说："你们都是杰作，我是越来越难了！可是诸位先生已有大作，我又岂能交白卷呢？"说着，提笔写下《奉和中书贾舍人早朝大明宫》：

> 鸡鸣紫陌曙光寒，莺啭皇州春色阑。
>
> 金阙晓钟开万户，玉阶仙仗拥千官。
>
> 花迎剑珮星初落，柳拂旌旗露未干。
>
> 独有凤凰池上客，阳春一曲和皆难。

首联先言上朝时间之早，再说当时是春深时节。紫陌，指京师的街道。皇州，指长安。次联写早朝时的盛况：在晓钟声中，宫殿的千门万户都打开了；皇宫台阶上汇聚了皇帝的仪仗。第三联最受后人欣赏，诗人在写景中进一步渲染了早朝的时间之早，"星初落""露未干"，细节写得十分生动。尾联归到和诗。当时贾至任中书舍人，故称之为"凤凰池上客"。

杜甫、贾谊、王维看了岑参的诗，都赞扬道："岑兄这首可称得上是压卷之作，好！"

岑参笑笑："过奖了！过奖了！各位之作才是千古绝唱呢！"

众人一边笑着，一边交换着欣赏彼此的作品，谁也没有在意天已经渐渐黑了，一场大雨已经临近……

长安是大唐的首都，难免人来人往，岑参也常常参加一些送别活动，留下不少送别之作——

有一次，一位在朝做武官的郎将刘某将去蒲州（河东，今山西永济西），岑参在送别时写下了《送刘郎将归河东》：

借问虎贲将，从军凡几年？

杀人宝刀缺，走马貂裘穿。

山雨醒别酒，关云迎渡船。

谢君贤主将，岂忘轮台边？

虎贲将，猛将，此指刘郎将。前四句写刘郎将从边的光荣历史和经历的艰苦岁月，透出了一种不得志的情绪。颈联正面写送别情景，耐人寻味。最后两句请刘郎将不要忘记告诉他的"贤主将"赵中丞，自己与他一样当年曾在边地生活过，当时，自己还是他的下级。那一段火热的边地生活，自己又岂能忘怀！最后一句题下有注曰："参曾北庭事赵中丞，故有下句。"当时这位赵中丞曾经做过封常清的副手，即安西、北庭副都护，在封常清入朝后，他暂代任安西北庭都护、节度使，后亦入朝，此时正担任同、蒲、虢三州刺史，所以岑参请刘郎将代为致意。

有一次，有一位朋友回江宁（今南京市），而岑参的哥哥岑况当时正闲居江宁附近的丹阳（今江苏丹阳市），岑参在送别这位友人时表达了对兄长的思念：

楚客忆乡信，向家湖水长。

住愁春草绿，去喜桂枝香。

海月迎归楚，江云引到乡。

吾兄应借问，为报鬓毛霜。

与此诗写作时间相近的《送扬州王司马》也值得读一读：

君家旧淮水，水上到扬州。

海树青官舍，江云黑郡楼。

东南随去马，人吏待行舟。

为报吾兄道，如今已白头。

这首诗的结末二句与上一首最后二句意思完全相同，可见作者对自己的白发非常在意，其实是对时光易逝、人生易老的敏感。在此期所作送别之作里，最为人关注的还是《送张献心充副使归河西杂句》：

将门子弟君独贤，一从受命常在边。

未至三十已高位，腰间金印色赭然。

前日承恩白虎殿，归来见者谁不羡。

箧中赐衣十重余，案上军书十二卷。

看君谋智若有神，爱君词句皆清新。

澄湖万顷深见底，清冰一片光照人。

云中昨夜使星动，西门驿楼出相送。

玉瓶素蚁腊酒香，金鞭白马紫游缰。

花门南，燕支北，

张掖城头云正黑，送君一去天外忆。

张献心，有人考证是幽州节度使张守珪的侄子，被任命为河西（河西节度使驻地为凉州，即今甘肃武威）节度副使，到唐朝宫殿来觐见，现在要回边塞去了，岑参参加了送别宴会，写下了这首名作。诗中对张献心"一从受命常在边""未至三十已高位"的人生经历表示了赞扬，对其"谋智若有神""词句皆清新"给以极高评价；最后六句更表达了对其远行的送别之情。花门、燕支，均为西北山名。张掖，唐甘州，治所在今甘肃张掖市。"送君一去天外忆"，不仅是忆念远行者，也许还是对自己边塞生活的追忆吧？白虎殿，汉宫名，此代指唐长安宫殿。使星动，指张献心将赴河西节度使副使之任。素蚁，浮蚁，酒面的白色浮沫。游缰，马缰绳。

在长安任职期间，岑参也常到周边游览，留下了一些诗作，如在初春时到渭城（在今陕西咸阳市东）西郊游，留下了《首春渭西郊行呈蓝田张二主簿》：

> 回风度雨渭城西，细草新花踏作泥。
>
> 秦女峰头雪未尽，胡公陂上日初低。
>
> 愁窥白发羞微禄，悔别青山忆旧溪。
>
> 闻道辋川多胜事，玉壶春酒正堪携。

诗作描绘了初春时节雨后郊行景象，细致生动，极为真切。秦女峰，即终南山太白峰。胡公陂，即渼陂。借景抒怀，诗人感叹年纪老大而官位卑微，又生归隐之思，遂邀请张主簿前往辋川去游玩。辋川，在蓝田终南山，风景佳胜。唐人很喜欢到这里游玩，有的更在此购置别墅居住，如王维就买了宋之问的蓝田别墅，别墅由辋水环绕，有竹洲花坞相伴，景色极好。王维常与友人裴迪等人浮舟往来，弹琴赋诗，啸咏终日，他还把一些田园诗聚为《辋川集》，其中颇有名诗，如《鹿柴》："空山不见人，但闻人语响。返景入深林，复照青苔上。"又如《竹里馆》："独坐幽篁里，弹琴复长啸。深林人不知，明月来相照。"这些诗描绘自然风景生动如画，历来受到人们的高度赞扬。

乾元二年（759）四月，岑参被任命为虢州长史。虢州州治弘农县，即今河南灵宝。长史，是地方官的一种，按唐朝制度，一个州里，帮助刺史和太守的副职有长史一人，其位在别驾之下，司马之上。五月，岑参离开长安，出潼关到达了虢州任上。本来岑参是不想到虢州上任的，但是，一则因为皇上之命不能违抗，二则因为家里没有产业，还要靠自己当个小官来养家，因此，他只得前来虢州赴任。赴任途中，他出潼关到华岳寺游览，见到了唐时很兴盛的佛教宗派法华宗的"云公"，写作了《出关经华岳寺访法华云公》，其诗云：

> 野寺聊解鞍，偶见法华僧。
> 开门对西岳，石壁青棱层。
> 竹径厚苍苔，松门盘紫藤。
> 长廊列古画，高殿悬孤灯。
> 五月山雨热，三峰火云蒸。
> 侧闻樵人言，深谷犹积冰。
> 久愿寻此山，至今嗟未能。
> 谪官忽东走，王程苦相仍。
> 欲去恋双树，何由穷一乘。
> 月轮吐山郭，夜色空清澄。

岑参虽然早有登此山之意，但至今没有实现，现在被贬官向东而去，官府规定的期限又很紧迫，即使自己有离职而归向佛寺之意，也没有办法真正穷尽佛法之理；放眼望去，却见"月轮吐山郭，夜色空清澄"……人到佛寺，自然生出许多离世之思，似也不必太认真，否则他也就不会去虢州赴任了。

到了虢州，岑参有许多感慨，他本来在朝廷内任职，官阶不高但比较清要，此次来到虢州任长史，明显是有贬职的意味，但是具体原因史籍中没有记载。这种际遇当然使岑参心情很不好，也会使他常常怀念在朝廷任职的同僚。这些情绪，在他的《初至西虢官舍南池呈左右省及南宫诸故人》中有明显表露：

> 黜官自西掖，待罪临下阳。
>
> 空积犬马恋，岂思鹓鹭行。
>
> 素多江湖意，偶佐山水乡。
>
> 满院池月静，卷帘溪雨凉。
>
> 轩窗竹翠湿，案牍荷花香。
>
> 白鸟上衣桁，青苔生笔床。
>
> 数公不可见，一别尽相忘。
>
> 敢恨青琐客，无情华省郎。
>
> 早年迷进退，晚节悟行藏。
>
> 他日能相访，嵩南旧草堂。

　　左省，即门下省。右省，中书省。南宫，指尚书省。诗中先说自己从中书省（西掖）出来到了虢州（即下阳），空有一腔忠君之思，但离开了朝官的行列。鹓鹭飞而有序，故用以喻朝官的行列。继而说自己本来就与山水相亲，早有退隐江湖之意，现在终于来到了虢州这个风景优美之地，官舍里更加安静幽美。衣桁，衣架。笔床，笔架。最后感叹自己离开后，友人们别后不给自己写信，把自己都忘了，可自己又岂敢抱怨呢？由此见出诗人的孤独和寂寞。青琐客，指皇帝的近臣。华省郎，尚书省诸曹郎官。所以，最后才说：自己晚年明白了进退的道理，准备回嵩山隐居了，各位友人若要相访，还是去嵩山之南阳的"旧草堂"

吧！行藏，即"用则行，舍则藏"。《论语·述而》说："子谓颜渊曰：'用之则行，舍之则藏，惟我与尔有是大！'"

岑参对僚属参谒官长、请示公事的生活颇感无奈，所以他到虢州不久，便把自己的心绪写在一首题作《衙郡守还》的诗里：

> 世事何反覆，一身难可料。
> 头白翻折腰，归家还自笑。
> 所嗟无产业，妻子嫌不调。
> 五斗米留人，东溪忆垂钓。

衙，即参谒长官。郡守，指虢州刺史王奇光。诗中说世事变幻，诗人没有想到自己到这个偏远的地方来为官，虽然头发都白了，却还要恭恭敬敬地向刺史鞠躬下拜；回到家里，只能暗暗为自己的境遇苦笑不堪。只可惜自己家无产业，不然的话，绝不会为了五斗米来赴虢州长史之职，而要去东溪做一个垂钓的隐士了。读这首诗使人想到高适的《封丘县》诗，此诗是高适到封丘任县尉不久所作，表达了与岑参相似的矛盾心情：一方面不满意县尉卑职，但因为这"卑职"是朝廷任命的，因此也不能随便辞官而去。为了更好地理解岑参与高适的心情，不妨把这首诗抄在这里：

> 我本渔樵孟诸野，一生自是悠悠者。
> 乍可狂歌草泽中，宁堪作吏风尘下？
> 只言小邑无所为，公门百事皆有期。
> 拜迎长官心欲碎，鞭挞黎庶令人悲。
> 悲来向家问妻子，举家尽笑今如此。

> 生事应须南亩田，世情尽付东流水。
>
> 梦想旧山安在哉，为衔君命日迟回。
>
> 乃知梅福徒为尔，转忆陶潜归去来。

高适任封丘县尉，而岑参任虢州长史，官位不同，任职的地方也不同，但从"归家还自笑""举家尽笑今如此"以及"东溪忆垂钓""梦想旧山安在哉"等诗句可以看出，二人无奈的心情却是一样的……

刚到虢州的时候，岑参很不习惯，以前每天拜见的是皇上和大臣，现在天天参谒的却是一州之长；以前出入的是王宫皇院，现在却在一个小小的衙门里办公，更别说，辅佐君王完成重建大唐天下的壮志，早已是一篇空话。岑参特别怀念在长安为官的那些日子，特别是当听说过去的同僚如今受到皇上的信任，委以大任，更是感慨万千。《佐郡思旧游》就是表达这种情绪的作品。这首诗有个小序，序文说："乙亥岁春三月，岑自补阙转起居舍人。夏四月，署虢州长史。适见秋草，凉风复来，昔桓谭出为六安丞，常忽忽不乐，今知之矣。悲州县琐屑，思掖垣清闲，因呈左右省旧游。"序文中说到自己此时的心情和写诗的缘由。特别说到过去对东汉古文经学家桓谭被任命为六安郡丞，"意忽忽不乐"，不太理解；现在自己做了与郡丞相当的长史才明白：实在是公务烦细，令人生悲！所以特别怀念在朝廷做官的清闲生活。诗曰：

> 幸得趋紫殿，却忆侍丹墀。
>
> 史笔众推直，谏书人莫窥。
>
> 平生恒自负，垂老此安卑。
>
> 同类皆先达，非才独后时。
>
> 庭槐宿鸟乱，阶草夜虫悲。

白发今无数，青云未有期！

诗中"史笔众推直，谏书人莫窥"二句写出诗人在朝廷任职时的真实情况，也透露出他被贬为地方官的原因，后来杜确所作《岑嘉州诗序》说他"入为右补阙，频上封章，指述权佞，改为起居郎，寻出虢州长史"。因为他过于认真，难免得罪朝廷和高官，造成仕途不顺。"同类皆先达"，流露出几分羡慕；"非才独后时"，表达了内心的无奈，而"白发今无数，青云未有期"二句写出仕途通达无望，令人感叹。

长史的官职不高，事务也不是很多，在公事之余，岑参常常登上虢州城西的高楼，借以消除心中的忧愁，他在一首《题虢州西楼》诗这样写道：

> 错料一生事，蹉跎今白头。
> 纵横皆失计，妻子也堪羞。
> 明主虽然弃，丹心亦未休。
> 愁来无去处，只上郡西楼。

自己一生坎坷，一事无成。"错料一生事""纵横皆失计"，有多少言外之意？虽然自己不能得到皇上的重用，但自己一颗报国之心却仍在燃烧。最后两句意在言外，表面是说自己愁来无处消解，只能登临西楼，实际是说自己愁来登楼远眺，可以遥望长安，流露出岑参对长安的依恋之情。与此相近的还有《郡斋闲坐》：

> 负郭无良田，屈身徇微禄。
> 平生好疏旷，何事就羁束？

　　幸曾趋丹墀，数得侍黄屋。

　　故人尽荣宠，谁念此幽独。

　　州县非宿心，云山忻满目。

　　顷来废章句，终日披案牍。

　　佐郡竟何成，自悲徒碌碌。

　　此诗写出岑参任虢州长史的感慨，借用苏秦的故事，说自己没有田产，只能屈尊就任卑职，虽然性本喜欢闲散，但却不得不受俗务的束缚。负郭，近城之地。《史记·苏秦列传》载，当年苏秦曾感叹道："如果我有二顷近城之地，我怎么会出外打拼，最终也不会佩有六国相印呀！""幸曾"六句回忆在朝任职的荣耀，感叹友人纷纷荣达而自己却身处偏远之地，过着"幽独"的生活，而这种生活，虽然不合自己的心志，好在此处有令人赏心悦目的自然风光，还能令人心情愉快。自己终日阅读处理公文，没有心情读书和作诗；做一个地方佐员不能有所作为，只能虚度光阴了！

　　在虢州的这段日子，岑参的心情是郁闷的，他有时感叹朋辈皆被朝廷重用，有时又觉得自己终日忙忙碌碌，却无所建树："佐郡（为郡佐史）竟何成，自悲徒碌碌！"有时又自解自劝："帘前春色应须惜，世上浮名好是闲。"因此他有时便萌发出归隐之思："平生沧州意，独有青山知。"有归隐之思是一回事，能不能归隐又是另一回事。一方面固然是家庭生活的需要，另一方面也许更为重要，那便是岑参报国之心并没冷却，所以一直没有离开虢州，这一待就是两年。

　　作为地方佐员，不能亲自参加平叛战争，难免感到遗憾，所以他对军中任职的朋友，常常发出很多感慨，感到自己无所作为，有一次，在陕西节度使郭英乂幕府任职的甄济给岑参送来一首诗，触动了岑参，他和了一首，即《虢中酬陕西甄判官见赠》，在这首诗里，他表达了这种心情，其诗如下：

> 微才弃散地，拙宦惭清时。
> 白发徒自负，青云难可期。
> 胡尘暗东洛，亚相方出师。
> 分陕振鼓鼙，二崤满旌旗。
> 夫子廊庙器，迥然青冥姿。
> 阃外佐戎律，幕中吐兵奇。
> 前者驿使来，忽枉行军诗。
> 昼吟庭花落，夜讽山月移。
> 昔君隐苏门，浪迹不可羁。
> 诏书自征用，令誉天下知。
> 别来春草长，东望转相思。
> 寂寞山城暮，空闻画角悲。

身处闲散之地的岑参，想到自己在政治清明之时无所建树，令人惭愧；虽满头白发，且深自期许，却已料到"青云"难期。继而写战争形势：洛阳于乾元二年（759）被史思明占据，郭英乂出师征讨叛军；在陕县（今河南三门峡）一带进击敌人，崤山上布满了军队的旗帜。亚相，指主帅。二崤，即崤山，在河南洛宁县北，分东、西二崤。"夫子"四句夸赞甄判官：您是朝廷栋梁，英姿勃发，在军中（阃外）协助治理军队，常常能呈献奇策。廊庙器，朝廷需要的人才。青冥姿，有直上云天的风姿。"前者"四句说甄判官赠诗极佳，自己爱不释手，十分喜欢。讽，吟诵。"昔君"四句写甄判官由隐而仕的经历。苏门，山名，在唐卫州卫县西，即今河南辉县西北七里；令誉，美名。最后四句思念友人，抒发胸中情怀。山城，指虢州。画角，军中号角。

岑参在虢州时，常常感到心情落寞，对功名失去了兴趣，只是对长安的思念总是那么强烈，一次，他在虢州东亭送别姓李的虢州司马回扶风（唐县名，属凤翔府，在今陕西扶风县）别业，写下了送别之作，其诗云：

> 柳辉莺娇花复殷，红亭绿酒送君还。
> 到来函谷愁中月，归去磻溪梦里山。
> 帘前春色应须惜，世上浮名好是闲。
> 西望乡关肠欲断，对君衫袖泪痕斑。

磻溪，地近扶风，当年吕尚在此垂钓，遇到周文王出猎，拜为帝师，此处借以指李司马在扶风的隐居之处。首联点题，写出送别的时令与地点，次联分说李司马的"到来"与"归去"，"来此作宦是对月生愁，归隐田园是梦中家山，这种句式启发钱起写出'鸿雁不堪愁里听，云山况是客中过'，刘长卿写出'草色全经细雨湿，花枝欲动春风寒'"（李元洛《唐诗三百首新编今读》）。"帘前"二句有及时行乐之意，表现出一种豁达和激愤。因李司马回扶风需经长安，故有"西望乡关（家乡，指长安）"四字，表现出对长安的思念之情。虽然常常思念长安，但虢州毕竟有山峰，有风景，在这里与朋友相聚，或送别友人，岑参总能写出不错的诗来，如：

> 亭高出鸟外，客到与云齐。
> 树点千家小，天围万岭低。

残虹挂陕北，急雨过关西。

酒榼缘青壁，瓜田傍绿溪。

微官何足道，爱客且相携。

唯有乡园处，依依望不迷。

——《早秋与诸子登虢州西亭观眺》

忽闻骢马至，喜见故人来。

欲语多时别，先愁计日回。

山河宜晚眺，云雾待君开。

为报乌台客，须怜白发催。

——《西亭送蒋侍御还京》


两首诗中的"西亭"，又名"西山亭子"，在虢州城西，岑参常来这里游玩，故诗中屡屡提及。酒榼，酒器。爱客，好友。骢马、乌台，均指侍御史。在这里生活，友情是十分重要的，特别是当岑参生病时，友人前来探望，他十分感谢，在他看来，朋友的到来比服药还有效果。一次，他患病卧床不起，还在床上构思诗篇，忽听门外脚步匆匆，夫人进来对岑参说："刘颙大人看你来了。"

岑参正待起身，夫人急忙拉住他，说："刘大人是老朋友，你……"

"好，请刘大人进来吧！"

刘颙是节度判官，有公事前来虢州，听说岑参身体不适，特来探望。刘判官走入卧室，坐到床前，问候岑参的病情，也把近来一些传闻、战况细细说来，岑参感到心情舒畅多了，病也似乎好了许多，他们一起走到屋外，杨柳依依，小池里鱼儿在游动，有两个仆人在那里下棋，在刘判官告辞的时候，月亮已经升起来了，岑参结合眼前所见，随口吟成一诗：

卧疾尝晏起，朝来头未梳。

见君胜服药，清话病能除。

低柳供系马，小池堪钓鱼。

观棋不觉暝，月出水亭初。

刘颙赞道："好诗如画！好诗如画！"

几天以后，岑参的病好了，刘颙又要回去交差，岑参参加了地方长官在虢州郡斋南池畔的水亭为他举行的送别宴会，并写下了《水亭送刘颙使还归节度》诗：

无计留君住，应须绊马蹄。

红亭莫惜醉，白日眼看低。

解带怜高柳，移床爱小溪。

此来相见少，王事各东西。

读着岑参的赠诗，刘颙自然十分高兴，也要过纸笔题诗留念……

作为地方佐员，陪着太守宴客游览是免不了的。有一次，永寿县的县丞（别称为赞府）王某赴铨选经过虢州前往长安，虢州刺史设宴款待，岑参也参加了这次宴请。所谓"铨选"，是一种特殊的考试。按唐朝制度，唐朝每年举行一次铨选，参加者是六品以下官吏，文官由吏部负责，武官由兵部负责。席间岑参按众人所要求的"归"字为韵，写了一首诗，即《陪使君早春西亭送王赞府赴选》：

西亭系五马，为送故人归。

客舍草新出，关门花欲飞。

到来逢岁酒，却去换春衣。

吏部应相待，如君才调稀。

按规矩，吏部对参选文官的考试比较严格，不仅要试其书判，察其身言，还要观其德才，考其资劳，而后决定其弃取。这位王赞府此次没有考上，后来从原路返回任所，岑参又有《送永寿王赞府径归县》诗：

当官接闲暇，暂得归林泉。

百里路不宿，两乡山复连。

夜深露湿簟，月出风惊蝉。

且尽主人酒，为君从醉眠。

簟，竹席。从，任。

又有一次，一位任判官的姓李的朋友途经虢州前往晋州（今山西临汾市）和绛州（今山西新绛县），众人为其送行，席间分别赋诗，岑参拈得“秋”字为诗韵，写下《虢州后亭送李判官赴晋绛得秋字》诗：

西原驿路挂城头，客散红亭雨未收。

君去试看汾水上，白云犹似汉时秋。

前两句写景叙事，生动形象，后两句引用典故，给读者留下想象的广阔空间：汉武帝当年巡视河东，曾作《秋风辞》，其中有“秋风起兮白云飞，草木黄落兮雁南归”之句。西原，地名，在河南灵宝市城西南，即所谓“灵宝西原”。汾水，流经山西中部，晋绛二地均近汾水。

《陪使君早春东郊游眺》也可一读：

> 太守拥朱轮，东郊物候新。
>
> 莺声随坐啸，柳色唤行春。
>
> 谷口云迎马，溪边水照人。
>
> 郡中叨佐理，何幸接芳尘！

　　首联两句说刺史乘朱轮车前往东郊游春，"物候新"三字透出一种轻松的感觉；"莺声"一联写莺声里闲坐啸咏，柳色中劝人农耕，十分生动传神。五、六句写景如画。最后一联说自己忝居佐治之职（指任长史），才有机会与太守一同出游，得以接触其高风，这当然是自谦之词了。特别让岑参高兴的是老朋友的来访，送别和相聚却使他颇多感受，这里离长安并不太远，故人也常常经过这里，其中有一位范季明，为侍御史，当时在陕西节度使下属的衙门里兼职，在他任职于陕西节度使衙门时常与岑参往来，岑参用多首诗作记下了他们之间的交往：

《虢州西亭陪端公宴集》：

> 红亭出鸟外，骢马系云端。
>
> 万岭窗前睥，千家肘底看。
>
> 开瓶酒色嫩，踏地叶声干。
>
> 为逼霜台使，重裘也觉寒。

　　端公，唐时称侍御史为"端公"。霜台，御史台。诗中说侍御史十分威严，令人心惊，即使穿着双重皮衣也觉寒冷。这当然是夸张手法，但读来十分有趣。

《虢州西山亭子送范端公》：

> 百尺红亭对万峰，平明相送到斋钟。
> 骢马劝君皆卸却，使君家酝旧来浓。

后二句说送行时把行李随便放下，尽情享用虢州刺史的家酿美酒，也许今天就不走了吧？

《原头送范侍御》：

> 百尺原头酒色殷，路傍骢马汗斑斑。
> 别君只有相思梦，遮莫千山与万山。

原头，指丘陵顶部高敞之处。后二句说与君一别，虽有千山万水遮挡，但相思梦却无论如何也拦不住。这使人想起岑参《春梦》中的名句："枕上片时春梦中，行尽江南数千里。"正所谓有异曲同工之妙……

范季明在陕西节度使衙门任职时，闲得无聊之时在院里种了一些竹子，岑参也去观赏过，范季明很喜欢这些竹子，写下一首《丛竹歌》送给岑参，岑参看罢，笑道："范兄真是有雅兴呀！"

"岑兄何不也赋一首？"

岑参笑道："小弟我有感于范兄清高的意趣，自然是要凑趣的了！"说罢，提笔写下了《范公丛竹歌》：

> 世人见竹不解爱，知君种竹府庭内。
> 此君托根幸得所，种来几时闻已大。
> 盛夏翛翛丛色寒，闲宵槭槭叶声干。

能清案牍帘下见，宜对琴书窗外看。

为君成阴将蔽日，迸笋穿阶踏还出。

守节偏凌御史霜，虚心愿比郎官笔。

君莫爱南山松树枝，竹色四时也不移。

寒天草木黄落尽，犹自青青君始知。

　　翛翛、槭槭，风吹竹叶发出的声音。诗中描写了竹子的形象和精神，帘下望竹之时，能驱除起草官府文书的烦劳；听琴读书之余，窗外竹影令人心旷神怡……特别是最后四句最为生动，历来为人们所传诵。读着岑参的诗，范季明笑得开心极了……

　　在虢州，岑参与严武也有交往。严武，字季鹰，华州华阳（今属陕西）人。初为拾遗，后擢谏议大夫、给事中，进而担任地方长官，安史之乱后，曾两次任剑南节度使，曾大破吐蕃，因军功封郑国公，可见此人是文人中不多见的最后比较显达的人。他与杜甫、岑参等曾同朝为官，关系一直很好。一天，有朋友告诉岑参，严武任河南尹兼御史中丞就要上任，岑参想河南府治暂时设在长水（故城在今河南洛宁县西四十里），严武由长安往长水赴任一定会经过虢州，于是便在严武可能上任的那几天一直在虢州南池等候，不巧，严武因事耽搁，到时间没有到虢州来，岑参颇为失望，写下了《虢州南池候严中丞不至》诗：

池上日相待，知君殊未回。

徒教柳叶长，漫使梨花开。

驷马去不见，双鱼空往来。

思想不解说，孤负舟中杯。

不久，有人报告严武已到了虢州西北边的稠桑驿，岑参急赶到那里，与严武见了一面，写下了《稠桑驿喜逢严河南中丞便别》：

驷马映花枝，人人夹路窥。

离心且莫问，春草自应知。

不谓青云客，犹思紫禁时。

别君能几日，看取鬓成丝！

岑参与严武曾为同事，现在他虽然显达了，但却不忘旧日友情，这使岑参很高兴。第三联感叹严武虽然已居高位，但还没有忘记当年一起在皇宫里供职的友人。"犹思"句下原有小注："参忝西掖曾联接。"所谓"西掖"即中书省。岑参在中书省任右补阙时，严武在门下省任给事中。三四年前，岑参在凤翔任职时，曾与严武多有交往，岑参还曾到严武的别业里住宿过，有《宿岐州北郭严给事别业》诗："郭外山色暝，主人林馆秋。疏钟入卧内，片月到床头。遥夜惜已半，清言殊未休。君虽在青琐，心不忘沧洲。"几年的时光过去了，老友再次相逢，其乐何极！虽然，人生境遇颇有不同，但深厚的友情并没有消失。当天晚上，虢州刺史为严武举行宴会，许多官员应邀出席，岑参也在其中，但见歌女翩翩起舞，但闻音乐悠扬动人，灯火通明，人人皆醉，严武也喝了不少酒，拉着岑参对刺史说："王大人，你可知这位岑先生是我的老朋友吗？"

"当然知道了！"

"在凤翔我们曾同在朝廷为官，其实我们早就认识，岑兄当年在边地幕府，曾寄诗给我，那首诗我还一直记着呢！"

"想来一定是一篇佳作吧？否则中丞不会念念不忘的。"

"的确是一篇好诗，我借酒兴背诵一遍如何？"

"好呀！"众人纷纷凑趣道。

严武略一沉吟，竟真的朗诵起来：

> 轮台客舍春草满，颍阳归客肠堪断。
>
> 穷荒绝漠鸟不飞，万碛千山梦犹懒。
>
> 怜君白面一书生，读书千卷未成名。
>
> 五侯贵门脚不到，数亩山田身自耕。
>
> 兴来浪迹无远近，及至辞家忆乡信。
>
> 无事垂鞭信马头，西南几欲穷天尽。
>
> 奉使三年独未归，边头词客旧来稀。
>
> 借问君来能几日，到家不觉换春衣。
>
> 高斋清昼卷帷幕，纱帽接篱慵不着。
>
> 中酒朝眠日色高，弹棋夜半灯花落。
>
> 冰片高堆金错盘，满堂凛凛五月寒。
>
> 桂林葡萄新吐蔓，武城刺蜜未可餐。
>
> 军中置酒夜挝鼓，锦筵红烛月未午。
>
> 花门将军善胡歌，叶河蕃王能汉语。
>
> 知尔园林压渭滨，夫人堂上泣罗裙。
>
> 鱼龙川北盘溪雨，鸟鼠山西洮水云。

严武一口气背诵到这里，众人听了都吃惊地看着他，诗里描写的边塞生活对大多数人来说还是新鲜奇异的，但从诗意来看又不像是送给严武的，所以众人有些不解地看着严武。严武会意，笑道："这是岑参先生写给一个前往边塞游历的文士的诗，那位先生叫……"

岑参答道："是独孤渐先生。"

严武说："对，是独孤渐先生，岑参兄这首诗是写给这位独孤渐先生的，只有最后四句才是送给我的呢，当时我在朝内做侍御史，所以这首诗的诗题是《与独孤渐道别长句兼呈严八侍御》。"他接着背诵道：

> 台中严公于我厚，别后新诗满人口。
> 自怜弃置天西头，因君为问相思否？

严武端起酒杯一饮而尽，对刺史说："王大人对岑先生的诗如何评价？"

"好诗！"刺史由衷地说，"我大唐善作长篇歌行的人不少，佳作也不少，岑先生这篇称得上是一篇佳作！"

有人问道："诗中的'颖阳归客'是岑兄自指吗？"

岑参答道："正是，因为我早年居住在颖阳一带，此时又很想回内地，所以就自称'颖阳归客'了！"

"噢，"那人又问，"那诗中说'奉使三年'是实指吗？"

"对，"岑参回答，"当时我第二次出塞已经第三个年头了，所以有'奉使三年'之说。"

又有人说："我看'怜君'以下八句写独孤渐西来边地的经历最为生动，'无事垂鞭信马头，西南几欲穷天尽'，真是警策之句！"

"我看'军中'以下四句写送别宴会的情景，最为精彩！"旁边有人说道，"军中置酒，半夜击鼓；锦筵红烛，明月当空；回纥将军高歌一曲，叶河蕃王能说汉语，场面可想多么热闹呀！"

众人又品评一番，都对此诗极力赞扬。听了众人的话，严武笑道："说我新诗满人口，实在过誉，岑兄才是新诗满人口呢！"

"过奖了！"岑参笑着也饮了一杯酒说，"严中丞，您太谦虚了，您的那首《军城早秋》不是早已在京城传诵了吗？"稍一停顿，岑参朗声诵道：

> 昨夜秋风入汉关，朔云边月满西山。
> 更催飞将追骄虏，莫遣沙场匹马还。

众人听罢，纷纷点头称赞……

酒过三巡，王刺史说："今天为严大人接风，又是送行，不能只诵旧作没有新诗呀！岑先生能否再赋一首？"

众人叫好，早有人去准备纸笔。岑参走到书案前，提笔写下诗题《使君席夜送严河南赴长水》，略一停顿便一气写下来：

> 娇歌急管杂青丝，银烛金杯映翠眉。
> 使君地主能相送，河尹天明坐莫辞。
> 春城月出人皆醉，野戍花深马去迟。
> 寄声报尔山翁道，今日河南胜昔时。

写罢，岑参把笔一放，朗声说："见笑，见笑！"

众人围到书案前，你一言、我一语地品评起来。有的说"使君"二句分写虢州刺史的厚谊与严河南的醉态最为传神，也有的赞"春城"二句写得更为生动，特别是"野戍"二字写出了当时洛阳为叛军所据，陕、虢一带有众兵戍守的形势，是借眼前景写心中情……总之，免不了夸奖几句，岑参也只是笑笑，与严武又饮酒聊起了朝廷大事……

严武问道："岑兄，别的老友有什么消息吗？"

岑参想到杜甫、高适也是严武的老友，说道："高适现在在彭州任刺史，杜甫在秦州（今甘肃天水），最近杜甫写了一首给高适和我的诗，写得很好……"

"是吗？不知岑兄能否背诵一遍？"

"可以！"岑参理一理思路，轻声背诵道：

故人何寂寞，今我独凄凉。

老去才虽尽，秋来兴甚长。

物情尤可见，词客未能忘。

海内知名士，云端各异方。

高岑殊缓步，沈鲍得同行。

意惬关飞动，篇终接混茫。

举天悲富骆，近代惜卢王。

似尔官仍贵，前贤命可伤。

诸侯非弃掷，半刺已翱翔。

诗好几时见，书成无信将。

男儿行处是，客子斗身强。

羁旅推贤圣，沉绵抵咎殃。

三年犹疟疾，一鬼不销亡。

隔日搜脂髓，增寒抱雪霜。

徒然潜隙地，有脑屡鲜妆。

何太龙钟极，于今出处妨。

无钱居帝里，尽室在边疆。

刘表虽遗恨，庞公至死藏。

心微傍鱼鸟，肉瘦怯豺狼。

陇草萧萧白，洮云片片黄。

彭门剑阁外，虢略鼎湖旁。

荆玉簪头冷，巴笺染翰光。

乌麻蒸续晒，丹橘露应尝。

岂异神仙宅，俱兼山水乡。

竹斋烧药灶，花屿读书床。

更得清新否，遥知对属忙。

旧官宁改汉，淳俗本归唐。

济世宜公等，安贫亦士常。

蚩尤终戮辱，胡羯漫猖狂。

会待袄氛静，论文暂裹粮。

众人听了杜甫的诗都很兴奋，尤其是最后几句希望平定安史之乱，诗人们再相聚首谈诗论文，该是多么快乐！

参加完刺史为严武送行的宴会不久，很快到了重阳节，这一天卫伯玉经过虢州前往长水，虢州刺史按例设宴款待，岑参也参加了宴请。这位卫伯玉可是个大人物，他是三原（今属陕西）人，原为安西将领，肃宗即位后平定安史之乱，他由安西回到长安，开始任神策兵马使出镇陕州（今河南陕县）行营，后破叛军于疆子坂，被朝廷封为右羽林大将军，四镇、北庭行营节度使，兼任御史中丞。此次经过虢州前往河南府的治所长水，地方长官们当然会尽力与其结交。岑参在席间赋诗一首：

节使横行东出师，鸣弓擐甲羽林儿。

台上霜威凌草木，军中杀气傍旌旗。

预知汉将宣威日，正是胡尘欲灭时。

为报使君多泛菊，更将丝管醉东篱。

诗中说节度使率兵向东出发，弓箭在弦，身着铠甲，都是禁军一般的精锐部队；卫伯玉任御史中丞，威风凛凛，军中杀气弥漫在旌旗周围；知道大将一定会得胜而归，那时叛军一定全都被消灭了。到胜利之时，再与将军一道赏菊饮酒，欣赏美妙的乐器演奏吧！

第二天，众人为卫伯玉送行，岑参见到了卫伯玉的坐骑，好不威风，令人赞叹。回到家里，岑参提笔写下《卫节度赤骠马歌》：

> 君家赤骠画不得，一团旋风桃花色。
> 红缨紫缰珊瑚鞭，玉鞍锦鞯黄金勒。
> 请君鞴出看君骑，尾长窣地如红丝。
> 自矜诸马皆不及，却忆百金初买时。
> 香街紫陌凤城内，满城见者谁不爱？
> 扬鞭骤急白汗流，弄影行骄碧蹄碎。
> 紫髯胡雏金剪刀，平明剪出三鬃高。
> 枥上看时独意气，众中牵出偏雄豪。
> 骑将猎向南山口，城南狐兔不复有。
> 草头一点疾如飞，却使苍鹰翻向后。
> 忆昨看君朝未央，鸣珂拥盖满路香。
> 始知边将真富贵，可怜人马相辉光。
> 男儿称意得如此，骏马长鸣北风起。
> 待君东去扫胡尘，为君一日行千里。

此诗先写赤骠马的装束、神态，又写其形象、气势。三鬃，将马鬃修剪成三绺，即所谓"三花马"。"枥上看时独意气，众中牵出偏雄豪。

骑将猎向南山口，城南狐兔不复有。草头一点疾如飞，却使苍鹰翻向后"，历来是被人们赞扬的名句。接着回忆卫节度上朝时的景象，鼓励卫节度为平叛再立新功，也表现出岑参自己的内心情怀。

这首诗岑参请人带给了卫伯玉，卫伯玉非常喜欢，又请当朝大书法家颜真卿重写一遍，挂在会客厅里，来人即向他们夸耀……

代宗宝应元年（762）二月初七上午，岑参正在府中处理杂务，忽然仆人来报："岑大人，朝廷有人前来宣布任命，刺史大人请您去他那里！"

岑参一愣，急忙随仆人去见刺史。刺史见了岑参，笑道："岑先生，朝廷又想起在虢州的群山中有一个才子，下来了一道命令，您……"

"刺史大人，请您直言……"

刺史停了一下，说道："朝廷刚下命令，任命您为太子中允，兼殿中侍御史，充关西节度判官。"

"关西节度？"

"对，关西节度，治所在华州，因在潼关之西，故称关西节度。"

"噢，原来如此！"

刺史又说："岑先生，您知道，前不久洛阳重新失守，叛军又占领了东都，所以关西节度的主要任务就是负责潼关的防御！"

"噢，我明白了，看来这个任命责任重大呀！"

"当然了，岑先生也应该有所作为了，这一段时间您在虢州任职也实在太委屈了！"

"哪里，哪里。大人可不能这么说！"

能亲自参加平定和防御叛乱的队伍，岑参当然兴奋异常，因此在接到任命的当天，他便移交了公务，第二天一早便赶往关西节度幕府报到去了。

岑参以为自己尽忠报国的机会终于来了，但是，事情并不像他想象的那么简单，在关西节度幕府里看到的情况，使岑参十分焦急：武将们无功自傲，终日沉浸在酒宴歌舞之中，根本不考虑怎样保卫潼关、防御叛军。岑参自到任后就曾多次向节度使上书，希望他能整肃部队，严阵以待，但是他的建议却遭到节度使的指责和武将们的讥讽，岑参在这里成了一个无所作为的人。岑参在写给虢州的一位老朋友同州刺史王政的诗中这样描写当时的形势和自己的苦闷心情：

> 胡寇尚未尽，大军镇关西。
> 旗旌遍草木，兵马如云屯。
> 圣朝正用武，诸将皆承恩。
> 不见征战功，但闻歌吹喧。
> 儒生有长策，闭口不敢言。

诗中很清楚地表现出诗人对叛军未灭的忧虑和对诸将不思为国尽忠的不满以及自己虽然有良策，却不被重视的苦闷，其内容是很丰富的，接着表达了对王政不能入朝的感慨和对王政的怀念：

> 昨从关东来，思与故人论。
> 何为廊庙器，至今居外藩？
> 黄霸宁淹留，苍生望腾骞。
> 卷帘见西岳，仙掌明朝暾。
> 昨夜闻春风，戴胜过后园。
> 各自限官守，何由叙凉温。
> 离忧不可忘，襟背思树萱。

廊庙器，指能担当朝廷重任的人才。黄霸是西汉有名的循吏，诗人借此以代指王政。最后四句说，我们各自限于职守，不能相聚互相问候，一腔相思之情，只能靠在堂前堂后种植"忘忧草"来缓解了。襟背，堂前堂后。萱，植物名，又称"忘忧草"。这首诗深深打动了王政，难怪他收到信后第二天便专程来到关西，与岑参整整待了一天呢。

在关西任职期间，有两首诗作特别值得留意，一是《潼关使院怀王七季友》，表现了岑参当时的交游和思想：

> 王生今才子，时辈咸所仰。
> 何当见颜色，终日劳梦想。
> 驱车到关下，欲往阻河广。
> 满目徒春华，思君罢心赏。
> 开门见太华，朝日映高掌。
> 忽觉莲花峰，别来更如长。
> 无心顾微禄，有意在独往。
> 不负林中期，终当出尘网。

这首诗写于潼关镇国军的官署。王季友是河南（今洛阳市）人，以前长期在滑州（今河南滑县）山中隐居，后来到华阴、渭南一带游历，与岑参多有来往。在岑参心中，王季友就是一个隐士，他的隐居生活令岑参十分向往，所以诗中说王季友为时辈所仰，自己很想见他一面，但却"阻河广"，因此产生了归隐之志："无心顾微禄，有意在独往。不负林中期，终当出尘网。"

另外一首也是"充关西节度判官华州时作"的《敷水歌送窦渐入京》，是一首流畅的歌行体送别之作：

罗敷昔时秦氏女，千载无人空处所。

昔时流水至今流，万事皆逐东流去。

此水东流无尽期，水声还似旧来时。

岸花仍自羞红脸，堤柳犹能学翠眉。

春去秋来不相待，水中月色长不改。

罗敷养蚕空耳闻，使君五马今何在。

九月霜天水正寒，故人西去度征鞍。

水底鲤鱼幸无数，愿君别后垂尺素。

敷水，水名，在今陕西华阴市西敷水镇附近，水从敷谷流出，注入渭河。后人有罗敷居于敷水的传说，所以此诗由此入手，其实敷水与罗敷并无关系。罗敷是汉乐府《陌上桑》塑造的人物，其诗曰："日出东南隅，照我秦氏楼。秦氏有好女，自名为罗敷。"又曰："罗敷喜蚕桑，采桑城南隅。……使君从南来，五马立踟蹰。"使君，对郡太守的称呼。此诗最后四句说窦渐正在九月深秋时节西去，希望能重视友情，多来书信。尺素，写在白绢上的书信。古时尺素书结成双鱼形，故常以双鱼或鲤鱼作为书信的代称。

这一年十月，朝廷以雍王李适为天下兵马元帅，会同诸道节度使及回纥兵于陕州，进讨叛军，岑参被任命为"掌书记"，负责"书奏之任"。第二年叛军被击败，溃逃而去，各路部队分别回到原先的防区。岑参有一位姓辛的友人也要回长安入朝言事，岑参送别时作《陕州月城楼送辛判官入奏》：

送客飞鸟外，城头楼最高。

樽前遇风雨，窗里动波涛。

谒帝向金殿，随身唯宝刀。

相思灞陵月，只有梦偏劳。


不久，岑参离开关西，回到长安，被任命为祠部员外郎，这是一个清闲的官职，除了上朝时给皇上献计进策以外，晚上还经常要在宫中值班。这里的生活颇受优待：时衣为皇上所赐，饮食为宫厨所备；值班时，有宦官侍候，有宫女捧香……兴致来了，可以写诗作文，亦可悬灯书写奏章。这种状况，也许一般人是会很满足的，可是岑参却似乎并不知足，是啊，他总是念念不忘为国家为朝廷建大功、立大业，又怎能以做一个清闲的京官为满足呢？

一天晚上，一位叫刘忠的官员来岑参家拜访，二人边饮酒边谈天，谈到自己已经年近五十，岑参长长地叹了一口气。

"岑兄，你现在做了员外郎，生活无忧无虑，又为什么叹气呢？"

岑参饮了一口酒说："我东奔西走了大半生，本指望能光宗耀祖，建功立业，可是……到现在我才做了一个祠部员外郎，官职高低，不去说它，只是我的一腔报国热情，又怎么去实现呢！"

"唉，岑兄，凡事还是想开一点吧。"

岑参又叹了一口气说："昨日我写了一首诗，其中有两句颇令我自得。"

"哪两句？岑兄不妨读一读。"

岑参点点头，吟道："年纪蹉跎四十强，自怜头白始为郎。"他吟完又解释道，"因为我今年四十九岁，故云'四十强'。"

"这两句的确令人感慨，不知岑兄能否将全篇读一遍？"

岑参道："那就见笑了！"说着轻声吟诵道：

年纪蹉跎四十强，自怜头白始为郎。

雨滋苔藓侵阶绿，秋飒梧桐覆井黄。

惊蝉也解求高树，旅雁还应厌后行。

览卷试穿邻舍壁，明灯何惜借余光！

刘忠听完全诗，自然明白了岑参的本意：他是借这首诗向一位高官表明希望更加得到重用，尽早建立功业，不由问道："这首诗是呈送给哪一位大人呢？"

岑参苦笑道："是我写给兵部侍郎李进李大人的，昨晚读书时忽然心有所动，人已近五十，头发已苍白，却仍只是一个郎官，功业未成，不免心慌，提笔写下了这首《秋夕读书幽兴献兵部李侍郎》。"

"岑兄之意甚明，我当然理解。"

"我看祠部员外郎是一个闲职，不会有什么作为，所以想请李大人帮忙，看能不能调到兵部去，他是我大唐宗室，现在又任兵部侍郎，你知道，朝廷历来最重视兵部，向来有'前行'之说。"

"是呀，我当然理解岑兄的苦心了，大丈夫谁不想有更大作为呢？你的诗里说惊蝉往高枝上飞、旅雁也不愿落在后头，意思都很明白，特别是你这诗里的最后二句把意思说得更清楚了，谁不知道西汉匡衡勤学，穿壁借邻居灯光读书的故事？岑参兄是借此表达对李大人的期望呢！你以前写的那两句'功名只应马上取，真是英雄一丈夫！'在朋友们中间传得很广呢！"

岑参只是长叹一声。

刘忠又说："岑兄此诗中间四句虽然看似写景，但却写出岑兄秋日心境的寂寞和拜求李大人的心情，'惊蝉''旅雁'难免令人有所思呀！"

停了一会儿，刘忠小心翼翼地问道："岑兄知道太上皇驾崩前的情况吗？"

"略知一二，太上皇上个月因病不治驾鹤西去了，英雄一世，晚年……"

说到这个话题，二人都不敢多说。

读者也许会问：太上皇是谁呢？就是大名鼎鼎的唐玄宗。

唐玄宗，本名李隆基，是睿宗李旦第三子，垂拱元年（685）生于东都，史书说他："性英断多艺，尤知音律，善八分书。仪范伟丽，有非常之表。"他在位长达四十余年，既有功于历史，亦有罪于历史，他到底是怎样一个人呢？

公元七〇五年，武则天病死，结束了她长达二十余年的统治，宰相张柬之等人拥戴中宗李显复位。中宗为人庸弱无能，只知优游享乐，武则天之侄武三思与韦皇后私通，干预政事。太子李重俊见状，假传圣旨发动羽林军杀死武三思及其死党十几人，在韦后和女儿安乐公主督促下，中宗不得不杀死了太子，自己也终为妻女所害，韦氏便"临朝称制"。中宗被毒死后，其弟李旦的儿子临淄郡王李隆基，暗与他姑母太平公主联合，准备诛杀韦党众人，这时有人劝说李隆基先向李旦报告此事，李隆基说："报告而得到批准，那么父王就是参与了这件危险的事，如果不批准，那我就干不成这件事了。"便趁夜"率万骑军入北军讨乱，诛韦氏"及韦后从兄韦温和他们的党羽，睿宗李旦立为帝，李隆基被立为太子。先天元年（712）秋天，睿宗听信相士之言，决定传位李隆基，太平公主等人力谏不可，睿宗自己却已下决心，他对李隆基说："国家重新得到安定，我能登上帝位，全靠你的努力。"李隆基虽然固辞，但终从父命。睿宗虽然做了太上皇，但犹"自总大政"，李隆基只能处理一些较小的公务。李隆基虽然贵为小皇帝，但太平公主的权力极大，她"依上皇之势，擅权用事……宰相七人，五出其门，文武之臣，太半附之"（《资治通鉴》唐纪二十六）。于是李隆基与太平公主姑侄间的矛盾日益发展和尖锐化，最后，李隆基终于动用了武力杀死太平公主门下的宰相窦怀贞等，太平公主逃入山寺，三日乃出，终赐死于府中，又杀太平公主党羽数十人。至此，睿宗才把帝位正式传给了李隆基，李隆基即位即改元"开元"，群臣上尊号为"开元神武皇帝"。中国历史上的唐玄宗、唐明皇就这样登上了历史的舞台。

李隆基做太子时常自称阿瞒，他是十分羡慕曹操的政治才能的。在长期的政治与权力斗争中，他逐渐具有了一定的社会经验，他懂得皇位的得来不易、保之颇难，因此开元初他所任用的大臣都比较适当，如姚崇、宋璟等都是很有才干的人物。姚崇曾向玄宗请示五品官员的任用问题，玄宗顾左右而不答言，便又说了几遍，见玄宗还不表态，心里有些害怕地退下去了。高力士问玄宗为什么要这样对待姚崇，玄宗说："我把政事委托给姚崇，大事吾当与他一起决定，至于任用五品官吏，还是由他自己决定就可以了，不必用这样的事来烦我！"姚崇听了这话才放心，"由是进贤退不肖而天下治"，知道这件事的人都认为玄宗有知人之明。姚崇曾向玄宗上奏十事，如行法必自亲近的人开始，废除苛捐杂税，不鼓励建立边功，宦官不参与政治，停道、佛营造，用人唯贤，刑赏得当等，这些都是对国家安定发展有重要意义的措施和建议，玄宗表示"朕能行之"。玄宗也确实想按姚崇所奏去做，如开元二年（714）姚崇向玄宗进谏，不必沿中宗以来恶习，任凭贵戚"争营佛寺，度人为僧"，玄宗听了他的话，即命有司淘汰天下僧尼万余人归农。同年薛王李业的舅舅王仙童，侵暴百姓，御史弹奏，薛王为其求情，姚崇、卢怀慎等奏仙童犯法，不可纵容，玄宗听从了，治了仙童的罪，"由是贵戚束手"。宋璟也精于吏治，守法不阿，却谏尚实，不事虚文，敢于犯颜直谏，"上甚敬惮之，虽不合意，亦曲从之"。《开元天宝遗事》有一个小故事很有意思，说在一次宴会上，玄宗赏给宋璟一支金筷子并说："非赐汝金，盖赐卿之箸，表卿之直也。"由此可见唐玄宗开元初年的政治还是比较开明的。这样，一方面是唐朝自建立以来实行了一些较为进步的措施，促进了社会生产的发展，积累了相当的社会财富；一方面是唐玄宗即位以后任用了较有远见、敢于直言的宰相，君臣协心，励精图治，便形成了唐代在"贞观之治"以后的另一个兴盛时期："开元之治"。正如李白诗中所赞叹的："一百四十年，国容何赫然！"

"开元盛世"的景象是怎样的呢？时人沈既济曾说当时是"家给户足，人无苦窳，四夷来同，海内晏然"。《新唐书·食货志》说得比较具体，"是时，海内富实，米斗之价钱十三，青、齐间斗才三钱。绢一匹，钱二百。道路列肆，具酒食以待行人。店有驿驴，行千里不持尺兵。天下岁入之物，租钱二百余万缗，粟千九百八十余万斛，庸调绢七百四十万匹，绵百八十余万屯，布千三十万余端"。诗人杜甫也在其《忆昔》里深情地回忆了当时国家大盛的局面："忆昔开元全盛日，小邑犹藏万家室。稻米流脂粟米白，公私仓廪俱丰实。九州道路无豺虎，远行不劳吉日出。齐纨鲁缟车班班，男耕女桑不相失。"那种"全盛"的往昔，怎能不使安史乱后流寓成都的杜甫感慨系之呢！当然，开元时的繁荣，正是唐朝一百多年来劳动人民辛勤劳动的结果，这些财富又被唐朝统治者剥削去了，供自己占有和享用；同时，这种"全盛"又是被封建史官有意夸大了的。但是，相对来说，这一时期社会比较安定，生产比较发展，人民的生活也比较好过一些，却也是无疑的。在这"全盛"局面的形成和发展中，作为皇帝的李隆基自有其功绩，这是应该给以充分肯定的。

　　玄宗其人生性爱骄奢，喜好享乐游宴，当太平公主还时刻威胁着他的皇位时，他就曾大酺天下，大合伎乐，并陪同太上皇登门楼观看，夜以继日，狂欢竟达三个多月。玄宗虽然学问不大，还是个白字先生，曾将《尚书》"无颇"错改为"元陂"，但是他却有自己的专长，那就是"洞晓音律，丝管皆造其妙"（《唐语林》），他击鼓的技术也是当时第一流的。开元二年（714），玄宗奢侈之心大动，迫不及待地要成立"皇家乐队"："旧制，雅俗之乐，皆隶太常。上精晓音律，以太常礼乐之司，不应典倡优杂伎；乃更置左右教坊以教俗乐，命右骁卫将军范及为之使。又选乐工数百人，自教法曲于梨园，谓之'皇帝梨园弟子'。又教宫中使习之。又选伎女，置宜春院，给赐其家"（《资治通鉴》卷二一二）。玄宗将雅俗乐分开虽有堂皇的借口，其实却只是为了自己更好地欣赏所谓俗乐，他不仅亲自指挥、培养宫中女乐，还让她们演奏自己的作品，有时甚至还亲自参加演出。除此之外，玄宗还特别喜欢打球、拔河以及歌舞、百戏之类。这对即位不久、年轻有为的皇帝是很不适合的，故而不断有人上疏谏阻，认为他正当春秋鼎盛之时，应该戒郑声、尚朴素、近贤人，以国家大事为怀。玄宗表面上也"嘉赏"了这些进谏之人，自己呢，却依然如故，并不改变。其实，此时的玄宗心里颇有矛盾，一方面自己本性骄奢，又当了皇帝，何况国家安定、生产发展，很想痛痛快快地享乐一番；另一方面他身边又有那么多敢谏之士，自己也想励精图治，使皇位更加巩固。因此，他有时确实放纵自己，如宠女乐之类；有时又想抑止自己的骄奢之心，表明自己是"尚朴素"的，如开元二年（714）夏秋之际，他接连下了两道命令，一道是给宫廷的《禁珠玉锦绣敕》："乘舆服御、金银器玩，宜令有司销毁，以供军国之用；其珠玉、锦绣，焚于殿前；后妃以下，皆毋得服珠玉锦绣。"一道是对百官的《禁奢侈服用敕》："百官所服带及酒器、马衔、镫，三品以上，听饰以玉，四品以金，五品以银，自余皆禁之；妇人服饰从其夫、子。其旧成锦绣，听染为皂。自今天下更毋得采珠玉、织锦绣等物，违者杖一百，工人减一等。"接着解散了长安和洛阳的织锦坊。玄宗这次像是下了大决心，七月，下了两道诏书禁珠玉锦绣，同月"内出珠玉锦绣等服玩，又令于正殿前焚之"（《旧唐书·玄宗本纪》），八月，禁女乐，真可以说是雷厉风行了。虽然玄宗奢心时萌，但他还能抑止，如开元四年（716）有胡人说海南多产珠翠奇宝，叫人前去经营，能够获很大的利；玄宗又想派人去师子国，"求灵药及善医之妪，置之宫掖"，便命监察御史杨范臣与胡人偕往求之，杨范臣进言曰："陛下前年焚珠玉、锦绣，示不复用。今所求者何以异于所焚者乎！"玄宗马上表示同意，遂罢此事。当然，封建统治者的抑奢政策从来都是不彻底的，但一再下诏表示抑奢，其间还有实际行动，至少说明玄宗初年较用心于政治，生活还比较收敛，不敢过于放纵。随着社会安定局面的持续发展，社会财富的大量积累，以玄宗为代表的整个统治阶级为空前的升平景象所陶醉，日渐腐化，玄宗抑奢的决心与行动都是虎头蛇尾，不了了之。宪宗说他是："开元初锐意求理，至十六年已后，稍似懈倦，开元末又不及中年"（《旧唐书·宪宗本纪》）。岂到开元十六年（728），开元十三年（725）玄宗东封泰山，居然就带着三百只由"神鸡童"贾昌饲养的斗鸡随驾。贾昌的父亲死了，贾昌护送灵柩归葬长安，葬器等都由官府承办，难怪时人讽刺道："生儿不用识文字，斗鸡走马胜读书！"到了开元中期以后，玄宗似乎已经忘记了过去的诏令，带头奢侈起来，如开元十八年（730）春，他命令侍臣和百官每个假日找一处风景优美的地方举行游宴，还广为赐钱，住宿饮食皆由公家出资提供，"一天，侍臣已下宴于春明门外宁王宪之园池，上御花萼楼邀其回骑，便令坐饮，递起为舞，颁赐有差"（《旧唐书·玄宗本纪》）。开元二十年（732年）四月的一天，"宴百僚于上阳东州，醉者赐以床褥，肩舆而归，相属于路"（同上）。到了天宝年间，玄宗以为国家殷富无比，更有了放纵的基础，他常"召公卿百僚观左藏库，喜其货币山积"（《旧唐书·杨国忠传》）。因此，玄宗更加纵情声色，尽兴挥霍，变成一个十足的昏君，当时他在长安和洛阳的宫女差不多有四万多人，这与十九年前他"令有司具车牛于崇明门，自选后宫无用者载还其家"时已经大不相同了。他不仅把自己儿子的妃子杨玉环立为贵妃，而且对她宠遇极甚，"宫中供贵妃织锦刺绣之工，凡七百人，其雕刻镕造，又数百人。扬、益、岭表刺史，必求良工造作奇器异服，以奉贵妃献贺，因致擢居显位"（《旧唐书·杨贵妃传》）。贵妃的三个姐姐都得到玄宗的恩宠，称之为姨，出入宫掖，势倾天下，韩、虢、秦三夫人每人每年给钱千贯作为脂粉费。杨氏兄妹五家，甲第洞开，敢与宫廷建筑媲美；车马仆御十分奢侈华丽，照耀京邑。他们几家竞相摆阔，递相夸尚，若是看到别人的建筑胜过自己的，便马上拆了重盖，"每构一堂，费逾千万计"。由玄宗对杨氏外戚的殊宠，就可以想见玄宗已经荒淫和昏庸到什么程度！玄宗在开元末和天宝年间挥霍无度，对外戚、宦官、权臣，动辄赏赐巨万，单是对杨氏兄妹的靡费就是相当惊人的。这么多钱从哪里来呢？《新唐书·食货志》说："天子（玄宗）骄于侈乐而用不知节，大抵用物无数，常过其所入。于是那些管钱的官吏，收刮特别刻薄。太府卿杨崇礼句剥分铢，有欠折渍损者，州县督选，历年不止。其子慎矜专知太府，次子慎名知京仓，亦以苛刻结主恩。王鉷为户口色役使，岁进钱百亿万缗，非租庸正额者，积百宝大盈库，以供天子燕私。"玄宗的荒淫和贪婪自然培养了像杨崇礼、杨慎矜、王鉷一类人物，这样便加重了对人民的剥削和压迫，使所谓开元盛世的阶级矛盾更加尖锐。玄宗对这类能压榨人民的奸吏是很欣赏的："以为鉷有富国之术，利于王用，益厚待之"（《旧唐书·王鉷传》）。玄宗对这些奸臣的重用，使开元和天宝年间的政治一步步走向了黑暗。司马光在《资治通鉴》里说："明皇之始欲为治，能自刻厉节俭如此，晚节犹以奢败；甚哉奢靡之易以溺人也！《诗》云：'靡不有初，鲜克有终。'可不慎哉？！"这段话说得还是很中肯的。

封建专制时代，皇帝想有所作为，不一定真能成事，但若是他一心想追求声色享乐，不专心于国家事务，那么坏人就必然会乘机而入，窃取政权，伏下王朝覆灭的危机。

玄宗即位之初，深知自己的权力来之不易，故而大权独揽，"收还权纲，锐于决事，群臣畏伏"（《新唐书·吴兢传》），甚至连太守的任用也亲自选择。但当他想用更多的时间享乐时，便把一部分权力交给了曾在铲除太平公主及其党羽的斗争中立过功的太监高力士，"每四方进奏文表，必先呈力士，然后进御，小事便决之"（《旧唐书·高力士传》）。高力士毕竟仅是一个太监，并不能为玄宗分多少心，为了专心享乐，玄宗想找一个更好的人代替，但时相张九龄"遇事无细大皆力争"，很不得玄宗宠信，因为他此时所需要的是佞臣而不是直臣。李林甫巧伺玄宗之意，经常说张九龄的坏话，玄宗渐渐疏远了张九龄。开元二十四年（736）李林甫终于排挤了张九龄而登上相位，因为李林甫巧作会讨玄宗喜欢，玄宗便决定把权政委于他。玄宗曾问过高力士曰："朕不出长安近十年，天下无事，朕欲高居无为，悉以政事委林甫，何如？"高力士还不糊涂，听玄宗此言忙说："天下大柄，不可假人；彼威势既成，谁敢复议之。"玄宗听了很不高兴，从此高力士也"不敢深言天下事矣"。玄宗还是把国家大权给了李林甫，中唐陈鸿《长恨歌传》曰："玄宗在位岁久，倦于旰食宵衣，政无大小，始委于右丞相（李林甫），稍深居游宴，以声色自娱。"《旧唐书·李林甫传》也说："上在位多载，倦于万机……，自得林甫，一以委成。"李林甫是一个口蜜腹剑的大奸臣，因其狡猾多诈，善于迎合玄宗的意思，所以受到玄宗的高度信任，"林甫久典枢衡，天下威权，并归于己"。他的上台和受到玄宗的重用，给唐朝带来了重大的灾难，《资治通鉴》小结道："上晚年自恃承平，以为天下无复可忧，遂深居禁中，专以声色自娱，悉委政事于李林甫。林甫媚事左右，迎合上意，以固其宠；杜绝言路，掩蔽聪明，以成其奸；妒贤嫉能，排抑胜己，以保其位；屡起大狱，诛逐贵臣，以张其势。自皇太子以下，畏之侧足。凡在相位十九年，养成天下大乱，而上不之寤也。"这一节话言简意赅，把李林甫当权后所犯的罪行大体说清了，从中看出玄宗已经是多么昏庸！

李林甫死了以后，玄宗又任用了奸臣杨国忠，杨国忠是杨贵妃的从祖兄，他的上台，同玄宗宠爱贵妃直接有关。杨国忠也很善于迎合玄宗之意，他竭力聚敛钱财，讨玄宗的欢喜，故而在天宝七载（748）就领十五余使。天宝十一载（752）李林甫病死，杨国忠即为右相，兼文部尚书。杨国忠权力甚大，仍领四十余使，大到军国大事，小到替皇宫采办木炭、料理"宫市"，都由他一手包办。《旧唐书·杨国忠传》载："国忠本性疏躁，强力有口辩。既以便佞得宰相，剖决几务，居之不疑。立朝之际，或攘袂扼腕，自公卿已下，皆颐指气使，无不奢惮。"杨国忠在宰相之位，大肆排除异己，安插亲信；耀武扬威，挥霍无度；对国家大事常常待如儿戏，如朝廷选官本是一件严肃的公务，但他却草率从事，聊以取笑自乐。特别可恶的是他发动了对云南少数民族的"南诏之战"，为了征兵，"杨国忠遣御史分道捕人，连枷送诣军所"（《资治通鉴》），致使"举二十万众弃之死地，只轮不返，人衔冤毒，无敢言者"（《旧唐书·杨国忠传》）。这给人民带来了多么深重的灾难。

李林甫专权时，有意杜绝将领入朝为相的可能，曾经上奏说"文士为将，怯当矢石，不如用寒族蕃人，蕃人善战有勇，寒族无党援。……

自是，高仙芝、哥舒翰皆专任大将，林甫利其不识文字，无入相由。"安禄山为人很阴险，"外若痴直，内实狡黠"，很快就取得了玄宗的信任，不久就控制了东北三大重镇——平卢（治营州，今辽宁朝阳）、河东（治太原，今山西太原）、范阳（治蓟州，今北京大兴），成为一个极有兵权的专任大将。到天宝十二载（753），"禄山精兵"已到了"天下莫及"的程度。天宝末有许多人已看出禄山有反叛之心，但昏庸的唐玄宗对其却绝对信任，最后竟愚蠢到"自是有言禄山反者，上皆缚送"，因而人人知禄山将反，但无人敢言。

当时有许多人对奸臣当道、玄宗受蔽的局面是不满的，李林甫和杨国忠相继为相，他们心怀鬼胎，因此特别用心于杜绝言路，凡是对他们所作所为表示不满的人，皆在排挤之列。李林甫一当宰相，"欲蔽塞人主视听，自专大权，明召诸谏官谓曰：今明主在上，群臣将顺之不暇，乌用多言！诸君不见立仗马乎？食三品料，一鸣辄斥去，悔之何及！"后来有人上书言事，果然就受到了贬谪。天宝六载（747），玄宗下令制举考试，李林甫怕应试之人上言不利于自己，便想办法让这些人统统落选，还上言说"野无遗贤"。杨国忠也是想尽办法要"蔽塞人主视听"，使玄宗成了傀儡皇帝，如对南诏的战争，本来是"千去不一回，投躯岂全生"（李白《古风》三十四），但杨国忠却对玄宗说打了胜仗，玄宗一直被蒙在鼓里。再如天宝十二载（753），因水旱相继，关中大饥，玄宗担心久雨伤稼，杨国忠选了一些长得好的庄稼献上说"雨虽多，不害稼也"，以粉饰他当宰相的功绩。扶风太守说了他那里的灾情，国忠便"使御史推之"。因此第二年虽仍有灾，但"天下无敢言灾者"。就在李林甫和杨国忠的欺骗下，唐玄宗一直以为天下太平，岂不知此时因为政治黑暗、权力下移，危机就要爆发了，他其实正坐在火山顶上过着"春宵苦短日高起，从此君王不早朝"的荒淫生活。

对于君权削弱可能造成的后果，许多有识之士是不放心的，李白就有诗表达了这种忧虑，他在《远别离》里描写当时的局势是："日惨惨兮云冥冥，猩猩啼烟兮鬼啸雨。"他十分担心玄宗失权遇到危险，故而警告说："君失臣兮龙为鱼，权归臣兮鼠变虎。"在李白看来，这种可悲的情况很可能出现，在《古风》五十三里，他更借古警今，说得十分明白："奸臣欲窃位，树党自相群。果然田成子，一旦杀齐君。"李白既担心玄宗失权可能造成悲剧，更担心在奸臣弄权下，将造成国家混乱、人民遭殃的结局，但却是"我欲言之将何补？"玄宗此时不仅听不到，而且根本听不进去那些有关国家兴亡的进言了！许多有识之士同李白一样，虽然感到忧虑，但却也无可奈何。

玄宗晚年最昏聩的一件事就是听信李林甫之言而优宠安禄山，使安禄山的势力越来越大，最后酿成了"安史之乱"。

安禄山受到玄宗信任后经常上朝，看到李林甫、杨国忠相继擅权，朝纲紊乱，遂生乱唐之心。李林甫在时，安禄山还有所顾忌，不敢鲁莽起事，待杨国忠做了宰相，安禄山便不把他放在眼里，因此两人矛盾甚深。杨国忠知道安禄山将反，数次向玄宗上言，无奈玄宗实在昏庸，连杨国忠的话也听不进去。到安禄山叛乱前几个月，玄宗还对杨国忠说："禄山，朕推心待之，必无异志。东北二虏，藉其镇遏。朕自保之，卿等勿忧也！"杨国忠见玄宗不听自己的话，便命令京兆尹围住了安禄山在长安的府第，逮捕并杀了安禄山门客李超等人，以刺激他，使他快些造反，从而取信于玄宗。安禄山早已为叛乱做了准备：一方面他大力提拔手下将领，以买人心，并养"子弟兵"八千人作为骨干队伍；另一方面在范阳城储备粮草，修筑战堡，赶制军械。现在受杨国忠这么一激，怕动手晚了吃大亏，便在天宝十四载（755）十一月甲子日，发所部兵十五万，以讨杨国忠为号召，反于范阳。

真是"渔阳鼙鼓动地来，惊破霓裳羽衣曲"。安禄山反时，玄宗正在华清宫寻欢作乐，开始，他以为是忌恨安禄山的人谎报军情，根本不信；不久，听到安禄山真的反了，赶忙召集宰相商量对策，决定下诏痛责安禄山，允许其归顺，谁知安禄山毫无悔意，答书极其轻慢。玄宗这才感到形势实在严重，便在十二月辛丑日，制太子监国，打算"御驾亲征"。当时玄宗已届迟暮之年，加之长期的荒淫生活，使他的身体衰朽多病，亲征确实不太容易，但他毕竟是当今皇帝，有一定的号召力，若是以国家为重，扶力一行，可能鼓舞士气，争取时间，使官军阻止或削弱叛军"烟尘千里，鼓噪震地"的气势。可是杨国忠听玄宗说要亲征就慌了神儿，他退朝后对韩、虢、秦三位夫人说："太子素恶吾家专横久矣，若一旦得天下，吾与姊妹并命在旦暮矣！"然后几个人抱头痛哭，好不凄凉！三姊妹又向贵妃哭诉，贵妃跪在地上请求玄宗收回成命，玄宗发发虚火也乐得不去"亲征"了。在唐玄宗、杨国忠等人看来，国家社稷岂有他们的性命重要！

安禄山叛军来势十分凶猛，天宝十五载（756）六月潼关失守，京城一片慌乱。在杨国忠的建议下，玄宗决定逃往西南，看一看他们逃跑的情状，只有"仓皇"二字聊以形容："（甲午）上移仗北内。既夕，命龙武大将军陈玄礼整比六军，厚赐钱帛，选闲厩马九百余匹，外人皆莫知之。乙未，黎明，上独与贵妃姊妹、皇子、妃、主、皇孙、杨国忠、韦见素、魏方进、陈玄礼及亲近宦官、宫人出延秋门，妃、主、皇孙之在外者，皆委之而去。"（《资治通鉴》唐纪三十三）这一行人匆匆忙忙向京城外逃去，天亮时过了一座便桥，杨国忠怕叛军追及想断桥，幸亏玄宗阻止才没有马上断掉。辰时，他们来到咸阳望贤驿打尖休息，因为出逃仓促，官吏四散逃跑，无人提供食物。玄宗在一棵树下休息，到中午尚未进食，幸亏附近百姓看在旧君的面子上相继献食，才没有饿着这当今天子，众军士则到附近各村寻粮求食。晚上，他们逃至金城县，县官早已溜走，虽去人招诱也无人回来，只得靠智藏寺僧所献食物充饥，住得也很随便："驿中无灯，人相枕藉而寝，贵贱无以复辨。"第二天下午队伍到达了京兆兴平县马嵬驿，将士们又饥又疲，都很愤怒，他们认为杨国忠误国召乱，罪该万死，要求"护驾"将军陈玄礼将其杀掉。陈玄礼进奏曰："逆胡指阙，以诛国忠为名，然中外群情，不无嫌怨。今国步艰阻，乘舆震荡，陛下宜徇群情，为社稷大计，国忠之徒，可置之于法。"（《旧唐书·玄宗本纪》）正在这时兵士们看到吐蕃使者二十余人拦住杨国忠说话，兵士们大声叫道："国忠与胡虏谋反！"把杨国忠抓住杀掉肢解了，还用枪戳着他的头放在驿门外示众，接着兵士们又杀了杨国忠之子杨暄和韩、秦二夫人，军士们包围了马嵬驿。玄宗听到喧哗声，问知兵士们杀了杨国忠，便拄着杖子走出驿门，好言劝慰，让士兵们解散归队，军士不应。玄宗令高力士去问原因何在，陈玄礼答道："国忠谋反，贵妃也不应再在左右，请陛下割恩，一同正法。"贵妃是玄宗的心头肉，如何舍得？可是兵士不散，恐有大乱。正在犹豫，京兆司录韦谔叩头流血，进言说："今众怒难犯，安危在晷刻，愿陛下速决！"玄宗还为贵妃开脱道："贵妃常居深宫，安知国忠反谋？"高力士又进谏说："贵妃诚无罪，然将士已杀国忠，而贵妃在陛下左右，岂敢自安！愿陛下审思之，将士安则陛下安矣。"高力士这番话很有分量，玄宗更看重的恐怕是"陛下安"，只好叫高力士牵贵妃到佛堂，用白练缢死了，然后将贵妃尸体放在驿庭，让陈玄礼等进来验看，陈玄礼等人都放下武器，顿首请罪。玄宗慰劳了他们，众人高呼万岁，再拜而出，将此事晓谕随行兵士，队伍又准备出发了。这就是有名的"马嵬兵变"，有许多诗人对这次事件给以高度赞扬，高适有诗云："乙未将星变，贼臣候天灾。胡骑犯龙山，乘舆经马嵬。千官无倚着，百姓徒悲哀。诛吕鬼神助，安刘天地开"（《酬裴员外以诗代书》）。杜甫也写道："忆昨狼狈初，事与古先别。奸臣竟菹醢，同恶随荡析。不闻夏殷衰，中自诛褒妲。周汉获再兴，宣光果明哲。桓桓陈将军，仗钺奋忠烈。"（《北征》）白居易的描写则很细致："翠华摇摇行复止，西出都门百余里，六军不发无奈何，宛转蛾眉马前死！"（《长恨歌》）"马嵬之变"确实是一次不凡的壮举，杨国忠等人受到了应有的惩罚，只是便宜了引起"安史之乱"的更大的罪魁李隆基。

待要从马嵬驿出发了，玄宗等人还没决定往哪儿逃跑，将士们有的说向河、陇，有的说向灵武，有的说向太原，还有的说以还京为好，玄宗想入蜀，怕违众心，所以只能不说话。最后还是采纳了韦谔的意见，先去扶风，然后再考虑要去的地方。刚要动身，当地父老拦路请玄宗留下，领导平定"安史之乱"，玄宗按辔良久，还是想跑，众人便乞留皇太子，"愿勠力破贼，收复京城"。太子李亨遂留下没有同行入蜀。

不久，玄宗诸人到达扶风郡，军士各怀去志，口出怨言，陈玄礼也控制不住。正巧成都贡来春彩十余万匹，玄宗命置之于庭，召集众将士说："朕比来衰老，托任失人，致逆胡乱常，须远避其锋。知卿等皆仓猝从朕，不得别父母妻子，跋涉至此，劳苦至矣，朕甚愧之。蜀路阻长，郡县褊小，人马众多，或不能供，今听卿等各还家；朕独与子、孙、中官前行入蜀，亦足自达。今日与卿等诀别，可共分此彩以备资粮。"（《资治通鉴》唐纪三十三）说完泣下沾襟，看来是真动了感情，众人闻言都哭道："臣等死生从陛下，不敢有贰！"人心这才稍稍安定。这支逃亡队伍又经过长途跋涉，经陈仓、散关到了河池郡，又经益昌县至普安郡，在这里，房琯等人由京城追来。房琯劝玄宗实行分制，玄宗便下了制文，分封了太子李亨、永王李璘、盛王李琦等人，希望他们同心协力以平叛乱。开始人们还不知道玄宗踪迹，待看了这篇制文，才知道他快逃到四川去了。七月二十八日，玄宗与随从兵士经巴西郡到了成都，"扈从官史军士到者一千三百人，宫女二十四人而已"（《旧唐书·玄宗本纪》）。几年前，笔者曾沿玄宗逃跑路线凭吊古迹，由今日此路之难行完全可以想见当年奔蜀之艰辛，不知玄宗人马是怎样到达成都的，这位"太平天子"一定吃了不少苦头。不过，这也是咎由自取，任谁他也埋怨不得！不知这位骄奢惯了的皇帝，见仅有一千余人跟从自己又该作何感想？

玄宗到成都不久，灵武所派使者至，这才知道皇太子李亨已在凤翔即了帝位，玄宗无奈，便派韦见素、房琯等奉宝册至顺化禅位，玄宗做了太上皇。

第二年（至德二载，757年）九月，元帅广平王李俶、副元帅郭子仪将朔方等军及回纥、西域之众十五万，发凤翔，取长安，激战于长安西，叛军大溃，向东逃去。官军收复西京长安，然后又进军洛阳，安庆绪败走河北，官军又收复东京洛阳。十月肃宗李亨返长安，在谋臣李泌督促下，他上表玄宗请其回京，并表示要归政玄宗，自己重还东宫修臣子之职。十二月初四，玄宗由蜀返长安，行到咸阳，看到李亨释黄着紫、痛哭流涕地来迎驾，便说："天数、人心皆归于汝，使朕得保养余齿，汝之孝也！"至长安后，"文武百僚、京城士庶夹道欢呼，靡不流涕"。几日后，玄宗又到暂为太庙的大内长安殿，向老祖宗请罪，然后即住进自己当皇帝以前居住的兴庆宫。

玄宗与肃宗回到长安以后，二人都小心翼翼地拿父慈子孝的封建伦理道德维系着父子关系。乾元元年（758）正月，玄宗御宣政殿授册，加给肃宗以"光天文武大圣孝感皇帝"的尊号；肃宗也投桃报李，马上回赠其父一个"太上至道圣皇天帝"的尊号，真像是一场双簧戏。若是想到其时战乱尚未平息，便可以知道这一对父子用心何其良苦。

　　但是有些事情是不以个人的意志为转移的，父慈子孝的面纱到底遮挡不住政治斗争的刀光剑影。玄宗很喜欢兴庆宫，自蜀归来后就住在这里，左龙武大将军陈玄礼、内侍监高力士都在玄宗身边侍奉；肃宗又命玉真公主、如仙媛、内侍王承恩、魏悦陪伴玄宗，还派数十名梨园弟子常在玄宗身边排练、演出，以供解闷。兴庆宫里有座长庆楼，南临大道，玄宗爱去那里徘徊观览，从大道上路过的父老和官吏往往瞻仰跪拜，山呼万岁，玄宗常在楼下置酒食赏赐他们，还曾召呼将军郭英乂等上楼来欢宴。一次，从剑南来的奏事官过楼下拜舞，玄宗命玉真公主、如仙媛为之做主人。且不说作为逊位君主的玄宗，是不是真想复辟，只是私下接近民众、交结官吏，却绝不是在位君主所愿意的。李辅国当时专权用事，但他出身却很微贱，玄宗左右的人都很看不起他，李辅国便怀恨在心，为了报复，也是想立奇功以固其宠，就对肃宗上言说："上皇居兴庆宫，日与外人交通，陈玄礼、高力士谋不利于陛下。今六军将士尽灵武勋臣，皆反仄不安，臣晓谕不能解，不敢不以闻。"肃宗哭道："圣皇慈仁，岂容有此！"李辅国答曰："上皇固无此意，其如群小何！陛下为天下主，当为社稷大计，消乱于未萌，岂得徇匹夫之孝！且兴庆宫与闾阎相参，垣墉浅露，非至尊所宜居。大内深严，奉迎居久，与彼何殊，又得杜绝小人荧惑圣听。"（《资治通鉴》唐纪三十七）肃宗没有答应。兴庆宫原来有三百匹马，李辅国假传肃宗的话，仅留下了十匹。玄宗伤心地对高力士说："吾儿为辅国所惑，不得终孝矣。"李辅国又令六军将士，号哭叩头，请求迎玄宗居太极宫（即"西内"），肃宗只是流泪却不表态。不久，肃宗病了，李辅国便假传圣旨，迎接玄宗到西内游玩，待走到睿武门，辅国带领五百兵士，拔刀露刃，拦路进奏说："皇帝因兴庆宫潮湿，迎上皇迁居大内。"玄宗大惊，差点儿摔下马来。高力士厉声说："李辅国休得无礼！"叱令其下马，高力士就势宣布玄宗的命令，叫众兵士不得动武，将士们都纳刀入鞘，拜呼万岁，高力士又叱令李辅国和自己一起执玄宗马鞍，侍卫着到了西内，玄宗住在了甘露殿。李辅国只准留下数十个老弱兵士，陈玄礼、高力士及旧宫人皆不得留在玄宗身边。辅国之所以如此大胆，是得到肃宗的默许的。不久高力士被流放到巫州，王承恩被流放到播州，陈玄礼被勒令致仕。肃宗又另外挑选后宫百余人，名为备洒扫实是做密探，玄宗事实上已经被软禁起来，完全失去了自由，虽然贵为太上皇，玄宗的处境其实是很凄凉的。在太极宫里，这位白发老翁常常想起自己威震天下的往昔，有时又怀念与自己共度春宵的杨贵妃，这一切都成了过眼烟云。此刻，自己身边竟没有一个亲信、心腹，虽有满肚子的话，也不知向谁去说，心情自然很不愉快，因此他竟"不茹荤，辟谷"，久而久之便成了重病，到宝应元年（762）一病不起，卒年七十八岁。

而此时此刻，这位悲剧人物却成了岑参与友人刘忠私下里谈论的话题……

时间过得飞快，一晃两年过去了。

在长安的这一段生活里，岑参与朝中官员广泛交往，其《尹相公京兆府中棠树降甘露》《刘相公中书江山画障》《奉送李太保兼御史大夫充渭北节度使》等诗作都反映了他这样的生活。值得特别说明的是他在长安与严武的交往。这一年正月，京兆尹刘晏升为宰相，严武接任为京兆尹，岑参与严武便有了更多的交往机会，《暮秋会严京兆后厅竹斋》便是二人一次交往的实录：

> 京兆小斋宽，公庭半药栏。
> 瓯香茶色嫩，窗冷竹声干。

盛德中朝贵，清风画省寒。

能将吏部镜，照取寸心看。

种药草的小园，映窗的竹丛，杯中茶色浅淡，远处竹声清脆，意境恬淡怡人。友人严武不仅为京兆尹，还兼吏部侍郎，主持吏部铨选之事，其风清正，众人畏惮。中朝，即朝内；画省，尚书省。吏部镜，史载，唐太宗赐吏部侍郎高季辅"金背镜"一面，以表彰他在主持铨选中能公正允当，后人用以代指品鉴人才。不久，严武又任黄门侍郎，为门下省副长官。朝廷很看重严武的才能，在广德二年（764）任命严武将剑南东、西川合为一道，出任节度使，这已经是严武第二次到四川任职。在送别时，岑参有《送严黄门拜御史大夫再镇蜀川兼觐省》：

授钺辞金殿，承恩恋玉墀。

登坛汉主用，讲德蜀人思。

副相韩安国，黄门向子期。

刀州重入梦，剑阁再题词。

春草连青绶，晴花间赤旗。

山莺朝送酒，江月夜供诗。

许国分忧日，荣亲色养时。

苍生望已久，来去不应迟。

严武受到皇帝的信任，受命为将，虽然不愿离开朝廷，但君命难违。授钺，古时命将出征，均举行典礼，由皇帝授与兵器。讲德，汉代王褒曾作《四子讲德论》，以歌颂善政。此处以王褒喻指严武，说他到蜀中去定会宣扬道德、实施美政。韩安国，汉代人，曾为御史大夫。其人有谋略，知进退，生性忠厚。向秀，晋人，曾为黄门侍郎。其人好老、庄之学，为"竹林七贤"之一。此处以二人分别代指严武，囚严武此时任御史大夫和黄门侍郎。继写入蜀之路，过益州，经剑阁，出行的仪仗颇为严整。刀州，指蜀中益州。剑阁，即剑门关。青绶，高官的服装。赤旗，指节度使出行的仪仗。最后鼓励他以身许国，为天子分忧，同时又能借机探望父母，得以和颜悦色地奉养老人，以尽孝道，千万不要辜负了百姓的期望，快快上路吧！友情在字里行间溢出……

友人担当大任前往四川，而自己却仍过着"头白为郎"的生活，这种际遇使岑参颇为寂寞和苦闷，但又必须恪尽职守，他的《省中即事》即写出了此时在朝内的生活：

> 华省谬为郎，蹉跎鬓已苍。
>
> 到来恒襆被，随例且含香。
>
> 竹影遮窗暗，花阴拂簟凉。
>
> 君王新赐笔，草奏向明光。

自己到尚书省为郎，虽然感到不称职，但还是按部就班地尽责。此时的岑参对社会的认识更加深刻了，他目睹了京城里达官贵人的骄横，认识到一般读书人的道路是多么艰难，他上书皇上，希望能广开才路、抑制权贵，不想受到冷遇，更受到了朝中官僚的排挤和嫉恨，他的激愤之情愈加强烈，在诗作中也会自然而然地表现出来。例如，他的同僚秘书省（掌管图书的部门）的秘书郎张君要到长江以南的刘晏（曾为宰相，时任河南、江淮转运使）属下任"汴河判官"，岑参在送别宴上写下了一首《送张秘书充刘相公通汴河判官，便赴江外觐省》诗：

因送故人行，试歌行路难。

何处路最难？最难在长安！

长安多权贵，珂珮声珊珊。

儒生直如弦，权贵不须干！

斗酒取一醉，孤琴为君弹。

临歧欲有赠，持以握中兰。


还有一次岑参在同事韦兵的家里欣赏梨花，写下了《韦员外家花树歌》，前四句说："今年花似去年好，去年人到今年老。始知人老不如花，可惜落花君莫扫！"一种迟暮之感溢于笔下，虽然如此，他一刻也没有忘记自己年轻时的理想，他还在等待，等待着新的时机……

# 蜀道艰难

不管怎么说，在京城里做官，生活毕竟是平静安稳的。岑参的家在长安东市兴义坊，离他上班的地方不远，上下班十分方便。岑参的女儿水仙也已长大成人，许配给了同事李林的大公子。

这天，李林急急忙忙来找岑参，一进门便问道："岑兄，你还不知道吧，朝廷对你有了新的任命，命你为嘉州刺史。"

"嘉州刺史？"

岑参不由得陷入矛盾之中。嘉州（唐州名，治所在今四川乐山市）地处偏远之地，气候潮湿，自己已年过半百，要抛开温暖和睦的家，能否适应呢？但这次是去做地方长官，再也不是当什么判官、长史之类的幕僚了，可以按照自己的想法做一些于国于民有利的事，也算没有虚度此生。

想到此，岑参决心已下，对李林说："大丈夫志在四方，何况这两年在长安我也够憋气的，眼见得权贵擅政，小人当道，却又无可奈何。这次去嘉州，不管怎么说都是一个机会。"

离开长安之前，岑参将女儿水仙的婚事妥善地办了。此次赴蜀，前路未卜，女儿的终身大事已了，女儿女婿也可照顾夫人，自己也就没有了后顾之忧，不管遇到什么事，都能泰然处之了。

朝廷在任命岑参为嘉州刺史的同时，又任命一个较岑参年轻的同事成文为少尹，两人遂可结伴入蜀。在一个寒冷的早晨，岑参和成文告别家人和朋友，离开长安，踏上了入蜀之路。

当时杜甫在云安（今重庆市云阳县）一带，得知岑参被任命为嘉州刺史并起身赴成都，很希望能去成都与岑参相逢，其《寄岑嘉州》诗曰：

> 不见故人十年余，不道故人无素书。
> 愿逢颜色关塞远，岂意出守江城居？
> 外江三峡且相接，斗酒新诗终自疏。
> 谢朓每篇堪讽诵，冯唐已老听吹嘘。
> 泊船秋夜经春草，伏枕青枫限玉除。
> 眼前所寄选何物，赠子云安双鲤鱼。

谢朓，字玄晖，南朝著名诗人。冯唐，西汉安陵人，武帝时举贤良，冯唐已九十余岁。此处杜甫以谢朓指岑参而以冯唐自比。限玉除，指远隔山水不能回到朝廷。玉除，指宫殿前的台阶。双鲤鱼，即指此诗。诗中充满对岑参的怀念之情。老友久未见面，不想今日却相距很近，岂非天意？无限感慨，尽在言外。寄诗以达情，耐人寻味。

这一天，岑参与成文便到了骆谷。骆谷即傥骆谷，是陕西终南山的一个山谷。全长二百四十多公里，北口在周至县西南，叫骆谷；南口在洋县北，叫傥谷。山谷里山崖壁立，道路艰难，雪片落在地上，很快便冻成了冰，风声在空谷里发出"轰轰"的声响，十分吓人。崖上的野草和谷中的杂树，把阳光挡得严严实实，一片昏暗。有感于骆谷进入蜀道的艰难，成文先作了一首《骆谷行》，诗中描写了道路的难行，表达了赴任之决心，岑参读后颇有感触，写下了《酬成少尹骆谷行见呈》：

闻君行路难，惆怅临长衢。
岂不惮险艰，王程剩相拘。
忆昨蓬莱宫，新授刺史符。
明主仍赐衣，价直千万余。
何幸承命日，得与夫子俱！
携手出华省，连镳赴长途。
五马当路嘶，按节投蜀都。
千崖信萦折，一径何盘纡。
层冰滑征轮，密竹碍隼旟。
深林迷昏旦，栈道凌空虚。
飞雪缩马毛，烈风擘我肤。
峰攒望天小，亭午见日初。
夜宿月近人，朝行云满车。
泉浇石罅坼，火入松心枯。
亚尹同心者，风流贤大夫。
荣禄上及亲，之官随板舆。
高价振台阁，清词出应徐。
成都春酒香，且用俸钱沽。
浮名何足道？海上堪乘桴。

此诗先说自己读到《骆谷行》，不由得带着一种惆怅心情在大路上徘徊；继而写到自己被任命为嘉州刺史，有幸与成文一道赴任，离开尚书省，并驾而行，前往蜀中。沿途所见，山崖盘曲，山路曲折，车轮在冰层上滑行，仪仗被密竹阻挡，深林里分不清早上还是晚上，栈道凌空而架，时隐时现。马毛在飞雪中紧缩，皮肤在烈风中剖开，山壁林立，天空只能望见一角，中午才能看到日出；晚上宿在山间，与月亮十分接近；早上出发，云彩装满一车。成少尹为人孝顺，携父亲一道上任，在朝廷里，成少尹名声极佳，又善作诗，可与建安诗人应玚、徐干齐名。而自己对归隐生活十分向往，说浮名不足道，可乘小木筏到江湖上漫游以度此生。

好不容易走出了骆谷，到了梁州。在路过梁州城固县（在今陕西城固县西北）时，见到一个叫"永安"的寺庙，岑参等人正好歇歇脚，进来参观一番，寺里的和尚对岑参很尊重，希望岑参能留下墨宝，岑参用过斋饭，提笔写下《赴嘉州过城固县寻永安超禅师房》：

满寺枇杷冬著花，老僧相见具袈裟。

汉王城北雪初霁，韩信台西日欲斜。

门外不须催五马，林中且听演三车。

岂料巴川多胜事，为君书此报京华。

因为"汉王城"（即当年刘邦被项羽封为汉王，驻兵在南郑，与城固县不远）和"韩信台"（汉王刘邦曾在南郑筑坛拜韩信为大将）都在城固县西南不远处，故诗中提及这两个古代遗址。演三车，指演说佛法。佛家常用牛车、鹿车、羊车来比喻佛教的大、中、小三乘。

参观完永安寺，岑参等人被梁州太守接到城里，免不了又是设宴款待，席间自然又是吟诗作赋，旅途的疲劳稍稍有所缓解。成文的父亲年事已高，酒宴还未结束就提前告辞回旅舍去了。岑参和成文又陪太守和众官员多坐了一会儿。正待岑参与成文准备告辞时，有官员急急进来，向太守耳语了几句，太守脸色大变，忙对岑参说："岑大人的行程恐怕得改变了！"

"为什么？"岑参和成文都很吃惊。

太守语气颇为沉重地对岑参说："刚从蜀中来了一个信使，要去长安报信。他说蜀中大乱，叛兵见人就杀，为安全起见，我看岑兄还是暂时在此多停些日子吧！"

"什么？"听了太守的话，岑参十分着急，请求道："能不能让我见一见那位蜀中来的信使？"太守点点头，叫人去叫那个信使进来。

信使恭恭敬敬地走了进来，太守说："这位是岑大人，被朝廷任命为嘉州刺史，正要去赴任，你把蜀中的情况详细地向岑大人报告一下！"

信使点点头说："事情是这样的：今年十月，原节度使严公病逝，府中之事暂由行军司马杜济主持。都知兵马使郭英干和郭嘉琳一起上书朝廷，请求由郭英干的哥哥郭英义为节度使。可是西山都知兵马使崔旰和自己的部下，却向朝廷上书，请求让大将王崇俊为节度使。最后，朝廷还是任命郭英义为节度使。郭英义十分嫉恨崔旰和王崇俊，上任没有几天，就找了个借口把王将军杀了。又召崔旰前来成都，崔旰推托不来，郭英义便不再给他提供军粮和兵饷。崔旰很害怕，就把部队带到了深山里。郭英义还不死心，亲自带着军队去围攻崔旰崔大人，正赶上下大雪，山谷里雪厚数尺，郭英义部队里的士兵和马匹冻死很多，崔旰见时机到了，便出兵攻击，郭英义的部队原已疲倦不堪，哪里还受得住崔旰军队的攻击呢？郭英义大败，仓皇逃跑，只剩下了一千余人。崔旰带着五千士兵，杀入成都，把郭英义全家都杀了。"

岑参又急又气："这还了得，蜀中不是要大乱了吗？"

"是啊，邛州、泸州和剑州的将军们听到崔旰杀入成都的消息都火了，他们一起发兵讨伐崔旰，闹得蜀中一片大乱。"

听了信使的话，岑参心情十分沉重，且不说自己前往嘉州的行程要推迟或者取消，就是这些军阀各恃兵力，不听朝廷的命令，称霸一方，就更令人担忧了。若是这样发展下去，岂不又是一次"安史之乱"吗！那样的话，大唐天下又该战火不断，天下百姓又该蒙受多大的灾难啊！想到这些，岑参不由得长长叹了一口气。作为一个连任所都不能安全到达的地方官，他除了感到无可奈何以外，又能做什么呢？

梁州太守说："岑兄，依我之见，你还是暂时住在这里，一方面等一等，朝廷也许会有新的安排，另一方面也可以看看蜀中形势，说不定会有变化。"

出于无奈，岑参点了点头，答应在梁州先住一段时间再说。

时间在焦急不安中一天天过去了，一晃就是好几个月。在这期间，岑参也从朝廷得到指示，叫他暂在梁州待命。这样又过了些日子，终于等来了朝廷的一道新的命令，叫岑参先回长安待命。无奈，岑参只得与成文一起又回到长安。

在度日如年中，岑参又在长安百无聊赖地度过了三个月……

终于，有一天朝廷派人来到岑参长安的家，那人一见岑参便说："小人前来传达杜鸿渐大人的指示。"

杜鸿渐是当朝宰相，在朝里一直是岑参的上级，他对岑参颇为欣赏，据说，让他任职嘉州，就是杜鸿渐向皇上提议的。岑参忙问："快说，杜大人有什么指示？"

来人说："杜大人已被任命为山南西道、剑南东西川副元帅和剑南西川节度使，前往蜀中主持政务，以平蜀乱，他向皇上推荐岑大人为职方郎中，兼侍御史，为杜大人幕府中的官员。杜大人近日就要前往就任，特请岑大人做好准备，届时同杜大人一道入蜀。"

"太好了！"岑参抑制不住自己的兴奋心情，笑了起来。

离开京城前往成都，在出发时杜鸿渐写下了《初发京师作》，岑参也像其他官员一样写了奉和之作：

> 按节辞黄阁，登坛恋赤墀。
> 衔恩期报主，授律远行师。
> 野鹊迎金印，郊云拂画旗。
> 叨陪幕中客，敢和出车诗。

杜鸿渐离开相府，被任命为节度使，他领受皇恩，出征用兵，仪仗盛大。自己虽无大才，但有幸成为杜鸿渐幕府中的人，已倍感荣幸，现在为杜诗写下奉和之作更是冒昧。出车，《诗经·小雅》有"出车"篇，这里代指杜鸿渐的《初发京城作》。杜鸿渐其人好诗喜佛，可惜其诗没有完整地留下来，只有两句诗流传，表达了他喜好佛道、退身求静的心情，其句云："常愿追禅理，安能抱化源。"当然，这是后来他又回到长安继续为相时所作。

不久，杜鸿渐带着一班幕僚来到梁州，因为蜀中乱事未平，这批人也不得不在这里滞留两个月，等到他们正式起程时，已经是五月份了。

在梁州滞留期间，岑参与早年便相识的张献诚相遇，在其《过梁州奉赠张尚书大夫公》里有"何幸承嘉惠，小年即相知。富贵情易疏，相逢心不移"之句，见出二人之旧谊，但毕竟对方是唐代名将张守珪之子，后任梁州刺史，山南西道节度使，永泰元年（765），加检校工部尚书，其地位与岑参还是很悬殊的。所以岑参才有"别有弹冠士，希君无见遗"的请求。有感于张献诚对自己的一片情谊，岑参还写作了《尚书念旧垂赐袍衣率题绝句献上以申感谢》：

> 富贵情还在，相逢岂间然。
>
> 绨袍更有赠，犹荷故人怜。

要读懂这首诗，需要了解其中的一个典故。《史记·范雎列传》记载，范雎跟着魏中大夫须贾出使齐国，须贾怀疑范雎与齐国有私下的交易，出使回来就把这个怀疑报告给魏相，魏相令人鞭打范雎，几乎打死他。后范雎逃跑去了秦国，数年后做了秦相，改名张禄，但魏国人并不知道。后须贾出使秦国，范雎穿着破衣服去见他，须贾很同情范雎，取来一件袍子给他。范雎亮明身份，历数其罪行，说："你的罪过应该杀头，但从你给我袍子看，你对我还有一点儿老朋友的情谊。"就把他放掉了。

看来张献诚真的送给岑参御寒的衣服了，他借典故表示了感谢之情。

在梁州，岑参还和友人在节度使幕任行军司马的赵某陪从京师来的王侍御一道游览梁州南郑县（今陕西汉中市）西龙冈寺并在山北的湖泊里泛舟，其《梁州陪赵行军龙冈寺北庭泛舟宴王侍御》诗说：

> 谁宴霜台使，行军粉署郎。
>
> 唱歌江鸟没，吹笛岸花香。
>
> 酒影摇新月，滩声聒夕阳。
>
> 江钟闻已暮，归棹绿川长。

霜台，指御史台。粉署郎，即尚书郎，当时行军司马赵某还带着尚书郎的官衔。此诗写景如画，耐人品味。

另一首《陪群公龙冈寺泛舟》也值得一读：

汉水天一色，寺楼波底看。

钟鸣长空夕，月出孤舟寒。

映酒见山火，隔帘闻夜滩。

紫鳞掣芳饵，红烛燃金盘。

良友兴正惬，胜游情未阑。

此中堪倒载，须尽主人欢。

前四句写景，中四句写饮宴场面，最后写到彼此友情。紫鳞，指鱼。掣，牵引，拉动。金盘，金烛盘。未阑，未尽。倒载，即喝醉之意，用山简的典故。全诗层次清晰，语言自然流畅。

《与鲜于庶子泛汉江》也是滞留于梁州时所作，值得一读：

急管更须吹，杯行莫遣迟。

酒光红琥珀，江色碧琉璃。

日影浮归棹，芦花胃钓丝。

山公醉不醉，问取葛强知。

诗中的"鲜于庶子"，即鲜于晋，当时任"庶子"之官。所谓"庶子"，正四品下，唐东宫官属有太子庶子各二人，分掌左、右春坊事。鲜于晋此次被任命为邛州（今四川邛崃县）刺史，与岑参一同赴蜀。首联写音乐声中彼此劝酒；中间二联写江上情景，十分生动；最后一联借历史典故写友人和自己的醉态，很有味道。山公，山简；葛强，山简的爱将。此处用山简、葛强代指设宴的主人与客人。《晋书》卷四十三："时有童儿歌曰：'山公出何许，往至高阳池。日夕倒载归，酩酊无所知。时时能骑马，倒著白接篱。举鞭向葛强，何如并州儿？'"

在梁州盘桓了一些日子，终于得到了继续西行的通知，他们由梁州出发，不几天就到了五盘岭。五盘岭，又名七盘岭，在今四川广元市东北八十五公里，为广元市与陕西宁强县分界处，自古是秦、蜀分界处。岭上有七盘关，故称。这里山道曲折，十分难走。登上五盘岭，岑参兴奋异常，诗情油然而生，他随口吟成一首《早上五盘岭》诗，其中描写自己的心情和在五盘岭上所见的景色：

> 平明驱驷马，旷然出五盘。
>
> 江回两岸斗，日隐群峰攒。
>
> 苍翠烟景曙，森沉云树寒。
>
> 松疏露孤驿，花密藏回滩。
>
> 栈道溪雨滑，畲田原草干。

岑参此诗先写登上五盘岭，眼界豁然开朗的感觉，继而写出四望四周所见江回岸转、群峰耸立的山势及山色和山下景色。

最后两句更表达了他对杜鸿渐的知遇之恩：

> 此行为知己，不觉行路难。

诗中的"知己"，当然是指向朝廷推荐自己的杜鸿渐了。蜀道难，是客观存在，但因人心境不同而有所不同，李白有《蜀道难》，姚合《送李余及第归蜀》有句云："李白《蜀道难》，羞为无成归。子今称意行，所历安觉危！"岑参此诗与杜甫名作《五盘》有相似之处，相似之处在于写景；又有不同之处，不同之处反映在结尾。岑参是自勉，杜甫是自慰，可以对照来读，真是各有千秋：

> 五盘虽去险，山色佳有余。
> 仰凌栈道细，俯映江木疏。
> 地僻无网罟，水清反多鱼。
> 好鸟不妄飞，野人半巢居。
> 喜见淳朴俗，坦然心神舒。
> 东郊尚格斗，巨猾何时除。
> 故乡有弟妹，流落随丘墟。
> 成都万事好，岂若归吾庐。

杜鸿渐在率众人离开益昌（今四川广元）时写了《发益昌》，岑参作《奉和杜相公发益昌》诗：

> 相国临戎别帝京，拥麾持节远横行。
> 朝登剑阁云随马，夜渡巴江雨洗兵。
> 山花万朵迎征盖，川柳千条拂去旌。
> 暂到蜀城应计日，须知明主待持衡。

郎士元有《奉和杜相公益昌路作》：

> 春半梁山正落花，台衡受律向天涯。
> 南去猿声傍双节，西来江色绕千家。
> 风吹画角孤城晓，林映蛾眉片月斜。
> 已见庙谟能喻蜀，新文更喜报金华。

岑参和郎士元所作可谓势均力敌，各有特色，对照阅读，颇有趣味。

"蜀道之难，难于上青天"，此话确实不假，入蜀的道路艰难极了。山路崎岖，栈道窄小，岑参有《赴犍为经龙阁道》诗：

> 侧径转青壁，危桥透沧波。
>
> 汗流出鸟道，胆碎窥龙涡。
>
> 骤雨暗溪口，归云网松萝。
>
> 屡闻羌儿笛，厌听巴童歌。
>
> 江路险复永，梦魂愁更多。
>
> 圣朝幸典郡，不敢嫌岷峨。

诗中写出山险路远，但受到朝廷任用，又岂敢畏难不前呢？

在入蜀途中，岑参与鲜于晋（官为庶子）和成文（官成都尹）相遇，鲜于晋从梓州（今四川三台县）、而成文从褒城（在今陕西汉中市北褒城镇）也要去利州。三人同行了一段路，岑参有感而发，写下了《与鲜于庶子自梓州成都少尹自褒城同行至利州道中作》也值得一读：

> 剖竹向西蜀，岷峨眇天涯。
>
> 空深北阙恋，岂惮南路赊。
>
> 前日登七盘，旷然见三巴。
>
> 汉水出嶓冢，梁山控褒斜。
>
> 栈道笼迅湍，行人贯层崖。
>
> 岩倾劣通马，石窄难容车。

深林怯魑魅，洞穴防龙蛇。

水种新插秧，山田正烧畲。

夜猿啸山雨，曙鸟鸣江花。

过午方始饭，经时旋及瓜。

数公各游宦，千里皆辞家。

言笑忘羁旅，还如在京华。

　　此次外放为官，所去之处虽十分偏远，但因对朝廷自有一片忠心，也就不以南行之遥为念了。诗中将利州道中之景写得生动而传神。《左传》记齐侯派人出外任职，说"及瓜而代"即今年瓜熟时去任职，到明年瓜熟时期满，令人代之。最后四句写友人们同行时的乐观情绪，见出诗人的爽朗性格。

　　不久，这一行人来到了剑门。剑门又称剑阁，是四川北向的门户，因为其山峭壁中断，像是房门，又像是一把利剑，所以称为"剑门"。杜甫后来经过剑门，作有《剑门》一诗，诗曰：

唯天有设险，剑门天下壮。

连山抱西南，石角皆北向。

两崖崇墉倚，刻画城郭状。

一夫怒临关，百万未可傍。

珠玉走中原，岷峨气凄怆。

三皇五帝前，鸡犬各相放。

后王尚柔远，职贡道已丧。

至今英雄人，高视见霸王。

并吞与割据，极力不相让。

> 吾将罪真宰，意欲铲叠嶂！
> 恐此复偶然，临风默惆怅。

  剑门之险，"险""壮"，令人感叹。现在蜀地财物都由此输入中原，这使得蜀地百姓生活困乏。三皇五帝时，鸡犬各相放，没有偷窃之事，后代君王对边远地区实行安抚怀柔政策，在蜀地设置官吏，责令蜀民纳贡，破坏了蜀地百姓的淳朴生活之道。诗作最后为"忠愤之辞"，感叹"并吞与割据，极力不相让"，因此要让万物主宰削平山峦，不要再有人依天险而在蜀地实现割据。想到也许还会有割据的事情发生，不由得默默"临风惆怅"。这首诗不仅写了剑门之险，更写了希望统一的理想，耐人品味。

  岑参站在剑门前，见群山起伏，十分壮观，诗兴大发，写下了《入剑门作寄杜杨二郎中时二公并为杜元帅判官》：

> 不知造化初，此山谁开坼。
> 双崖倚天立，万仞从地劈。
> 云飞不到顶，鸟去难过壁。
> 速驾畏岩倾，单行愁路窄。
> 平明地仍黑，停午日暂赤。
> 凛凛三伏寒，巉巉五丁迹。
> 与时忽开闭，作固或顺逆。
> 磅礴跨岷峨，巍蟠限蛮貊。
> 星当觜参分，地处西南僻。
> 陡觉烟景殊，杳将华夏隔。
> 刘氏昔颠覆，公孙曾败绩。

始知德不修，恃此险何益。

相公总师旅，远近罢金革。

杜母来何迟，蜀人应更惜。

暂回丹青虑，少用开济策。

二友华省郎，俱为幕中客。

良筹佐戎律，精理皆硕画。

高文出诗骚，奥学穷讨赜。

圣朝无外户，寰宇被德泽。

四海今一家，徒然剑门石。


入剑门道路之艰难，只有亲身经历过的人才能写得如此生动。山高遮日，只有正午很短的时间能看到太阳。五丁，当年开辟剑阁道路的五个大力士。在此叙述剑门的历史故事，以警示崔旰等不要作乱。剑门关随时势的变化有时开有时闭，防守剑门的人则有的听从朝廷命令有的反抗朝廷。岑参大赞杜鸿渐富有谋略并对幕府同僚杨炎、杜亚表示赞扬。全诗以颂唐之盛收尾，说现在天下一统，不需要剑门这样的"外户"。与杜诗一样，表达了反对割据、主张统一的思想。

众人听了岑参的诗，纷纷点头表示赞赏，杜鸿渐也笑道："岑先生果然诗才出众，把剑门之险状写活了，确是好诗！"当然，我们今天的读者，把岑、杜诗放在一起阅读，自然别有情味。

过了剑门，这一行人终于到达了成都。

# 最后岁月

在进入成都之前，杜鸿渐便叫人先去通报崔旰，说是只要不再作乱，便保证不算旧账，既不杀他，也不撤他的职。崔旰本来惹了大祸，生怕朝廷派大兵来围剿，听了杜鸿渐的这些话，便带了重礼，在成都门前迎接杜鸿渐。杜鸿渐见了崔旰，也施之以礼，没有责备他一句，仍让他负责成都府里的事务。几天后，杜鸿渐又分别任命那些与崔旰交战的武将为各州刺史，他采取的这种不问是非功过的和事老态度，虽然受到一些人的私下指责，但毕竟使蜀中暂时归于平静了。

刚到成都，岑参没什么固定的事情要做，他便充分利用公务之余，遍访了成都的多处名胜古迹，比如武侯庙、扬雄草玄台、文公讲堂、严君平卜肆处、司马相如琴台、张仪楼等处，都留下了他的足迹，他每到一地，都要赋诗一首，以作纪念。

武侯祠专为祀刘备及诸葛亮而建，在先主庙里，岑参写下《先主武侯庙》：

先主与武侯，相逢云雷际。

感通君臣分，义激鱼水契。

遗庙空萧然，英灵贯千岁。

诗中感慨刘备与诸葛亮相逢于社会动荡不安之时，二人精神相互感通，建立了君臣的职分，犹如鱼与水一样投契，而今"遗庙"仍留人间，供人瞻仰。

读此诗，自然联想到杜甫的名篇《蜀相》，其诗曰：

丞相祠堂何处寻？锦官城外柏森森。

映阶碧草自春色，隔叶黄鹂空好音。

三顾频烦天下计，两朝开济老臣心。

出师未捷身先死，长使英雄泪满襟。

几年后，杜甫拜谒夔州武侯庙，又写下绝句一首：

遗庙丹青落，空山草木长。

犹闻辞后主，不复卧南阳。

西汉文学家扬雄的旧居"草玄台"，也是来成都的人必到之处。当年扬雄（字子云）为人淡于势利，不求闻达。早年好辞赋，后转而研讨学术，仿《论语》作《法言》，仿《易经》作《太玄经》。他是蜀郡成都人，故当地人把他旧居称作"草玄台"。岑参游览后写下《扬雄草玄台》：

> 吾悲子云居，寂寞人已去。
>
> 娟娟西江月，犹照草玄处。
>
> 精怪蕙无人，睢盱藏老树。

司马相如是成都的名人，他是西汉文学家，字长卿，蜀郡成都人，据史书载，他擅长鼓琴，有"琴挑文君"的雅事，其宅中有琴台。岑参到此一访，留下《司马相如琴台》：

> 相如琴台古，人去台亦空。
>
> 台上寒萧瑟，至今多悲风。
>
> 荒台汉时月，色与旧时同。

"荒台"二句令人想起张若虚《春江花月夜》中的名句："江畔何人初见月？江月何年初照人？人生代代无穷已，江月年年只相似。"杜甫亦有《琴台》诗，可以比较着欣赏：

> 茂陵多病后，尚爱卓文君。
>
> 酒肆人间世，琴台日暮云。
>
> 野花留宝靥，蔓草见罗裙。
>
> 归凤求凰意，寥寥不复闻。

茂陵，指司马相如，他因病罢职后住在茂陵一带，与司马相如有关的另一处古迹是升迁桥，据史书载，成都北十里有升迁桥，送客观，当年司马相如入长安，曾题其门曰："不乘赤车驷马，不过汝下。"岑参游此作下《升迁桥》：

长桥题柱去，犹是未达时。

及乘驷马车，却从桥上归。

名共东流水，滔滔无尽期。

成都还有一处名胜是"张仪楼"。此楼据传是秦惠文王二十七年（前311）张仪所建，楼高百余尺，临山瞰江，是"蜀中近望之佳处也"。张仪是战国时赵人，著名纵横家，曾任秦相。岑参有《张仪楼》诗：

传是秦时楼，巍巍至今在。

楼南两江水，千古长不改。

曾闻昔时人，岁月不相待。

高楼依然屹立，而江水照样流淌，但过去那修筑楼台的人却早已不知去向，这些都让诗人感叹不已。陶渊明有诗云："盛年不重来，一日难再晨。及时当勉励，岁月不待人。"可以参看。

说到成都，必然会提到战国时蜀郡太守李冰，他以善于治水而著称。据史书记载，当时江水常常泛滥为害，李冰"作石犀五枚，二枚在府中，一枚在市桥下，二在水中，以厌水精，因曰石犀里"（《蜀王本纪》）。岑参到此一游，留下《石犀》诗：

江水初荡潏，蜀人几为鱼。

向无尔石犀，安得有邑居。

始知李太守，伯禹亦不如！

诗中赞扬了时为蜀郡太守的李冰治水的功绩，特别说到其功绩甚至超过了上古时代治水的大禹（伯禹），可见评价之高。杜甫来此亦有《石犀行》，其诗如下：

> 君不见秦时蜀太守，刻石立作五犀牛。
>
> 自古虽有厌胜法，天生江水向东流。
>
> 蜀人矜夸一千载，泛溢不近张仪楼。
>
> 今年灌口损户口，此事或恐为神羞。
>
> 终藉堤防出众力，高拥木石当清秋。
>
> 先王作法皆正道，鬼怪何得参人谋。
>
> 嗟尔五犀不经济，缺讹只与长川逝。
>
> 但见元气常调和，自免洪涛恣凋瘵。
>
> 安得壮士提天纲，再平水土犀奔茫。

杜诗与岑诗不同，是借古讽今，另有所指，特别申明不应靠厌胜之类的诡怪之说而应加强堤防，进而说明应有经济之才来调理元气，自然就会减少水灾之祸了，显然是对当朝执政者有所批评。而岑参诗则比较单纯，仅仅是怀古之作而已。

成都南八里有一处当地名胜，叫"万里桥"，当年蜀使费祎出使吴国，诸葛亮在这里为他饯行，费祎感叹道："万里之路，始于此桥。"于是，这个桥便获"万里桥"之名。岑参到此一游，写下了《万里桥》：

> 成都与维扬，相去万里地。
>
> 沧江东流疾，帆去如鸟翅。
>
> 楚客过此桥，东看尽垂泪。

维扬，即扬州，此代指江南。读此诗总会使人想到杜甫的名句："窗含西岭千秋雪，门泊东吴万里船。"

在成都时，岑参还游览了龙女祠。龙女祠在成都少城西南，与中兴寺相邻。据说，唐高僧智浩在中兴寺诵读《法华经》，龙女祠的龙常常夜里前去静听。岑参有《龙女祠》诗：

> 龙女何处来，来时乘风雨。
>
> 祠堂青林下，宛宛如相语。
>
> 蜀人竞祈恩，捧酒仍击鼓。

除此之外，岑参还有《严君平卜肆》等诗，均为此时游成都之作。

岑参虽然没被撤销嘉州刺史的任命，但此次入川的身份首先是杜鸿渐的幕僚，他到成都后也在杜幕中做事，故常与杜之幕僚交往。这一年秋天，他与狄员外一起登临成都府西楼游览，写下了《陪狄员外早秋登府西楼，因呈院中诸公》诗：

> 常爱张仪楼，西山正相当。
>
> 千峰带积雪，百里临城墙。
>
> 烟氛扫晴空，草树映朝光。
>
> 车马隘百井，里闬盘二江。
>
> 亚相自登坛，时危安此方。
>
> 威声振蛮貊，惠化钟华阳。
>
> 旌节罗广庭，戈铤凛秋霜。
>
> 阶下貔虎士，幕中鹓鹭行。

今我忽登临，顾恩不望乡。

知已犹未报，鬓毛飒已苍。

时命难自知，功业岂暂忘。

蝉鸣秋城夕，鸟去江天长。

兵马休战争，风尘尚苍茫。

谁当共携手，赖有冬官郎。

此诗开篇八句写登楼所见景象。西山，指剑南西山，绵延于岷江以西四川中部地区，属岷山山脉。隘，阻塞。里闬，里间。二江，岷江在今都江堰市西北分成郫江和流江二支，二水分流经成都城北与城南，然后合而南流。接着八句写杜鸿渐赴蜀任职。登坛，拜将。当时杜鸿渐任山南西道、剑南东西川副元帅，剑南西川节度使。时危，指蜀军军阀内乱。蛮貊，指偏远之地。钟，集中。华阳，古指蜀地。铤，短矛。貔虎士，勇猛之士。鹓鹭行，比喻整齐有序的朝官行列。最后十二句写到自己。知己，指杜鸿渐。休战争，指杜鸿渐入蜀平乱。冬官，指工部。冬官郎，指狄员外，当时他还带着工部员外郎的衔。

不久这位狄员外又要去巡视考察西山军队，岑参又写下《送狄员外巡按西山军》：

兵马守西山，中国非得计。

不知何代策，空使蜀人弊。

八州崖谷深，千里云雪闭。

泉浇阁道滑，水冻绳桥脆。

战士常苦饥，糇粮不相继。

胡兵犹不归，空山积年岁。

儒生识损益，言事皆审谛。

狄子幕府郎，有谋必康济。

胸中悬明镜，照耀无巨细。

莫辞冒险艰，可以神节制。

相思江楼夕，愁见月澄霁。

这首诗是岑参很值得关注的一篇作品。开篇批评朝廷政策失当。西山地区环境险恶，军事形势紧迫，积年累月两军对峙。诗人在此深切表达了对狄员外的称许与鼓励。审谛，审慎。康济，有利于百姓。神节制，有助于对军队的指挥。表达了彼此相思的友情。

幕僚间的友好往还，往往能消除异地他乡之感，岑参在《寻杨七郎中宅即事》中写道：

万事信苍苍，机心久已忘。

无端来出守，不是厌为郎。

雨滴芭蕉赤，霜催橘子黄。

逢君开口笑，何处有他乡！

杨七郎中，即杨炎，当时在成都杜鸿渐幕府中任判官，检校兵部郎中。苍苍，犹茫茫。机心，巧诈之心。出守，指为嘉州刺史。为郎，岑参入蜀前任库部郎中。

岑参曾去青城山游览，同去的幕僚们都有诗作，他回来后也写了《寄青城龙溪奂道人》：

五岳之丈人，西望青蓉蓉。

云开露崖峤，百里见石棱。

龙溪盘中峰，上有莲花僧。

绝顶小兰若，四时岚气凝。

身同云虚无，心与溪清澄。

诵戒龙每听，赋诗人则称。

杉风吹袈裟，石壁悬孤灯。

久欲谢微禄，誓将归大乘。

愿闻开士说，庶以心相应。

青城，即青城山，为岷山第一峰，在四川都江堰市西南。龙溪，山中瀑布。题下原有注曰："青城即丈人，奂公有篇。"青城又名丈人山。道人，和尚之称。岑参在此诗中再次表达了归隐之思。

崔旰曾引得蜀中大乱，本应严惩，但为了稳定蜀中形势，杜鸿渐采取妥协的办法，向朝廷推荐他为成都尹兼西川节度行军司马，带御史中丞之衔。岑参曾陪他游成都西的浣花溪，作《早春陪崔中丞泛浣花溪宴》诗，写出了崔旰仪仗之盛和心情之悠闲：

旌节临溪口，寒郊陡觉暄。

红亭移酒席，画舸逗江村。

云带歌声飏，风飘舞袖翻。

花间催秉烛，川上欲黄昏。

在这里，常常要送别朋友回京，这时他难免生无限感慨：

颜子人叹屈，宦游今未迟。

伫闻明主用，岂负青云姿。

江柳秋吐叶，山花寒满枝。

知君客愁处，月满巴川时。

——《送颜评事入京》

骢马五花毛，青云归处高。

霜随驱夏暑，风逐振江涛。

执简皆推直，勤王岂告劳。

帝城谁不恋，回望动离骚。

——《送赵侍御归上都》

欲谒明光殿，先趋建礼门。

仙郎去得意，亚相正承恩。

竹里巴山道，花间汉水源。

凭将两行泪，为访邵平园。

——《送崔员外入奏因访故园》

在幕府的生活十分单调，众人归京而自己滞留西南一隅，这一切都使他感到心情不愉快，一次，他在岷江上泛舟，心有所感，写下了《江上春叹》：

腊月江上暖，南桥新柳枝。

春风触处到，忆得故园时。

终日不得意，出门何所之。

从人觅颜色，自笑弱男儿。

尽管岑参把杜鸿渐视为"知己"，但毕竟彼此地位悬殊，他只是幕府中的属吏，故难免生出看人脸色行事的感叹和苦恼。"觅颜色""弱男儿"，令人深思。

这天，杜鸿渐把岑参请进府里，待岑参坐下后，杜鸿渐说："岑先生，在我请你为幕府之职前，朝廷曾任命你为嘉州刺史，这个任命并未取消，目前蜀中形势已经平静，我仍想请岑先生前往嘉州任刺史，不知你意下如何？"

岑参说："一切听杜大人安排！"

岑参不几天便动身前往嘉州，因为他实在在成都待得够烦了，有机会去做地方长官，当然很高兴。由成都去嘉州，岑参走的是岷江水路，不巧，在江上遇到了风雨天气，在岸边躲避风雨时，他写下了《江上阻风雨》：

> 江上风欲来，泊舟未能发。
>
> 气昏雨已过，突兀山复出。
>
> 积浪成高丘，盘涡为嵌窟。
>
> 云低岸花掩，水涨滩草没。
>
> 老树蛇蜕皮，崩崖龙退骨。
>
> 平生抱忠信，艰险殊可忽。

诗写风雨忽来，停舟未发，但见波浪高涨，漩涡时现，不时出现深陷的洞穴。暴雨来后岸边老树的皮都掉了，崖岸崩坠，犹如龙蜕骨一般。最后两句表达信念：一生忠君报国，艰难险阻又算什么！

路上耽搁了一天，第三天下午岑参终于到达了嘉州。嘉州风景幽美，后人有"天下之山水在蜀，蜀之山水在嘉州"的说法。岑参一赴任，便被这里的奇山秀水所吸引，他不由得赞叹道："我大唐竟有如此奇秀的地方，能来此任职，也算是人生的一大幸事了！"

初到嘉州，岑参充满了热情，他真想在这里有所作为。可是渐渐地，他产生了厌烦之情，因为在这里除了催租催税外，几乎没有什么事情可办，他曾提出过几项于民有益的措施，却都被成都府的上司给否决了，他反而觉得没什么事做，《初至犍为作》值得一读：

> 山色轩槛内，滩声枕席间。
> 草生公府静，花落讼庭闲。
> 云雨连三峡，风尘接百蛮。
> 到来能几日？不觉鬓毛斑！

犍为，即嘉州，州治龙游县（今四川乐山）。岑参在这里的居处依山傍水。次联写公事不忙时赏山玩水，心情悠闲。从嘉州出发，沿江东下可达三峡，往西南而去，则可达西南少数民族地区。幽静生活中，诗人不无感叹自己无所作为，令人空老……

他见到当地百姓生活已经够苦了，可上司还是一个劲儿地叫他催粮征税，心里十分苦恼，可又不能违抗命令，他只能采取消极的办法，能推一天就推一天。好在嘉州有不少名胜，他便常常推托公务去那里游玩。一天，来到今乐山东凌云山上，这里有一座唐开元年间修建的寺庙，叫凌云寺。凌云寺一直是当地名胜，苏轼亦有"颇愿身为汉嘉守，载酒时作凌云游"之句。他登上凌云寺，眺望峨眉山，俯视江水流，他忘记了尘务，被秀丽的景色深深地吸引住了，他拍着寺边的栏杆，随口吟道：

> 寺出飞鸟外，青峰戴朱楼。

搏壁跻半空，喜得登上头。

殆知宇宙阔，下见三江流。

天晴见峨眉，如向波上浮。

迥旷烟景豁，阴森棕楠稠。

愿割区中缘，永从尘外游。

回风吹虎穴，片雨当龙湫。

僧房云濛濛，夏月寒飕飕。

回合俯近郭，寥落见行舟。

胜概无端倪，天宫可淹留。

一官讵足道？欲去令人愁。


诗中写出诗人因为置身于自然界里，精神获得解放，甚至有摆脱人世、飞向天宫之感。正在兴头上，一个衙役气喘吁吁地登上山来，见了岑参说道："大人，成都府有人前来，请大人速回！"

岑参问道："是什么人？"

衙役说："是一个钱粮判官，专门为催办租税而来的，看样子很急呢！"

岑参叹了口气，自言自语道："又是催租！他们不知道今年嘉州收成不好吗？！唉，我这个地方官也真够难当的了！"

一直陪着岑参的成文搭话说："岑大人，还是我先去应付一下吧？"

岑参点了点头，成文带着衙役急忙走下山去。岑参望着他们的背影说："唉，我真想在这美丽的山水中隐居度日，何必要做这催租催粮的官呢！"

待岑参回到州府里的时候，成都来的官员已经走了。成文对岑参说："成都府对我州交粮之事很不满意，所以今天特派专人前来催问。"

"唉，除了该交的公粮租税以外，成都府又规定了那么多额外的项目，你知道，嘉州地小人少，今年的收成又不好，唉！"

"是呀，这些我都对来人说了，他根本不听，只是说成都府限期叫我州交齐，不得拖延！"

岑参无力地坐在椅子上。

成文告辞以后，岑参仍坐在那里一动不动，从窗口他望着遥远的山峰，望着山峰间缭绕的白云，不知怎么，他的思绪飞回了长安，是啊，那里有自己的家人和朋友，虽然那里没有这里如此动人的风景，却也没有这里为官的苦恼和对亲友的思念。他站起身，在屋子里来回踱了几步，走到书桌前，提笔写了两行诗："梦魂知忆处，无夜不京华！"这是他前几天写的一首诗中的两句，却正好能表达他此时此刻的心情。

好在嘉州多美景，这使岑参心情放松不少。岑参对寺庙和僧人颇为关注，故在游览凌云寺不久，他又前往青衣山中峰惠净上人的居处造访。青衣山，今名乌龙山，在凌云山之东，青衣江北岸。岑参写了《上嘉州青衣山中峰题惠净上人幽居寄兵部杨郎中》，诗前有一个小序，说明了写作的背景和缘起：

> 青衣之山，在大江之中，屹然迥绝，崖壁苍峭，周广七里，长波四匝。有惠净上人庐于其颠，唯绳床竹杖而已；恒持《莲华经》，十年不下山。予自公浮舟，聊一登眺。友人夏官弘农杨侯，清淡之士也。素工为文，独立于世。与余有方外之约，每多独往之意。今者幽躅胜概，叹不得与此公俱。爰命小吏刮磨石壁，以识其事，乃诗之达杨友尔。

其诗如下：

青衣谁开凿，独在水中央。

浮舟一跻攀，侧径沿穹苍。

绝顶访老僧，豁然登上方。

诸岭一何小，三江奔茫茫。

兰若向西开，峨眉正相当。

猿鸟乐钟磬，松萝泛天香。

江云入袈裟，山月吐绳床。

早知清净理，久乃机心忘。

尚以名宦拘，聿来夷獠乡。

吾友不可见，郁为尚书郎。

早岁爱丹经，留心向青囊。

渺渺云智远，幽幽海怀长。

胜赏欲与俱，引领遥相望。

为政愧无术，分忧幸时康。

君子满天朝，老夫忆沧浪。

况值庐山远，抽簪归法王。

　　此诗先写青衣山之景，再写惠净上人居处之幽，最后写自己为名宦所拘，来到这偏远之处，而老友却在朝廷为官，虽有佳景却不能一起欣赏了！又写到自己为政无术，为州郡长官正逢好时候，想到朝廷里有许多君子为官自己倒希望去职归隐，如果说庐山太远了，那就可以就近在这里归隐佛门。高居青衣山的高僧是他所敬仰的人，而隐于峨眉山的隐者，其生活也是他所羡慕的，一次他沿江而行，住在一个叫"龙吼滩"的地方，忽然又想到了峨眉山的隐者，还想到了剑南西川节度使

幕府中的同僚，于是写下了《江行夜宿龙吼滩，临眺思峨眉隐者，兼寄
幕中诸公》：

> 官舍临江口，滩声人惯闻。
>
> 水烟晴吐月，山火夜烧云。
>
> 且欲寻方士，无心恋使君。
>
> 异乡何可住，况复久离群！

　　在一个秋夜，他听到一位隐士弹奏着"三峡流泉"的古琴曲，久久
不能入睡，挥笔写下《秋夕听罗山人弹三峡流泉》：

> 蟠蟠岷山老，抱琴鬓苍然。
>
> 衫袖拂玉徽，为弹三峡泉。
>
> 此曲弹未半，高堂如空山。
>
> 石林何飕飗，忽在窗户间。
>
> 绕指弄呜咽，青丝激潺湲。
>
> 演漾怨楚云，虚徐韵秋烟。
>
> 疑兼阳台雨，似杂巫山猿。
>
> 幽引鬼神听，净令耳目便。
>
> 楚客肠欲断，湘妃泪斑斑。
>
> 谁裁青桐枝，拖以朱丝弦。
>
> 能含古人曲，递与今人传。
>
> 知音难再逢，惜君方老年。
>
> 曲终月已落，惆怅东斋眠。

头发斑白的隐士弹奏的琴曲仿佛把人引入空山之境。琴声舒缓，琴曲宛转动人。由琴声而想到传出美妙琴声的琴与人，不由得感叹此琴美妙异常，可惜隐士年纪已老，知音难逢。自己听罢一曲，月亮已经从夜幕上落下，只得带着一丝惆怅去东斋安眠……

羡慕隐者，但是又不可能归隐，即便听到猿叫，也会勾起希望隐居的心情，有时自然又会想到自己早年隐居时居住的所在——今河南登封市北嵩山东峰太室及西峰少室二山的故居，其《峨眉东脚临江听猿怀二室旧庐》便表现了这种情绪：

峨眉烟翠新，昨夜风雨洗。

分明峰头树，倒插秋江底。

久别二室间，图他五斗米。

哀猿不可听，北客欲流涕。

此诗前半写景，生动细致；后半抒怀，感情真挚。"哀猿"二句化用《水经注·江水注》语意，其文云："（巫峡）每至晴初霜旦，林寒涧肃，常有高猿长啸，属引凄异，空谷传响，哀转久绝。故渔者歌曰：'巴东三峡巫峡长，猿鸣三声泪沾裳。'"想归隐，也想念家人和长安，也是此期写作的《郡斋望江山》，表现了对长安的怀念：

客路东连楚，人烟北接巴。

山光围一郡，江月照千家。

庭树纯栽橘，园畦半种茶。

梦魂知忆处，无夜不京华。

赞美嘉州美景、风物，更突出地表达出他对长安的思念。而他即使看到壁画上的飞云也会联想到长安，其《咏郡斋壁画片云》诗曰：

云片何人画，尘侵粉色微。

未曾行雨去，不见逐风归。

只怪偏凝壁，回看欲惹衣。

丹青忽借便，移向帝乡飞。

是啊，什么时候才能告别这"客路东连楚，人烟北接巴。山光围一郡，江月照千家"的嘉州回到长安呢？

又过了半年左右，岑参听说杜鸿渐已被召入朝，自己的思乡之情更浓重了，便向成都府递了辞职书，推荐成文做嘉州刺史，不久，成都来了批文，同意岑参辞职，并任命成文为嘉州刺史。

真是"无官一身轻"，当接到上级的免职批文时，岑参感到轻松了许多。是啊，自己的报国大志，又岂能在这偏远的小州里实现呢？何况年纪已老，思乡心切，仕进之心早淡泊了。前不久家里来信，说他已有外孙子了，他真想快些回去看一看外孙子是个什么样呢！

收到免职批文后不久，岑参告别了成文等人，上了小舟。他计划乘舟东下，直出夔门，顺长江而下，再经汴河北归，这样能早些到达长安。在离开嘉州之时，写作了《东归发犍为，至泥溪舟中作》：

前日解侯印，泛舟归山东。

平旦发犍为，逍遥信回风。

七月江水大，沧波涨秋空。

复有峨眉僧，诵经在舟中。

夜泊防虎豹，朝行逼鱼龙。

一道鸣迅湍，两边走连蜂。

猿拂岸花落，鸟啼檐树重。

烟霭吴楚连，溯沿湖海通。

忆昨在西掖，复曾入南宫。

日出朝圣人，端笏陪群公。

不意今弃置，何由豁心胸！

吾当海上去，且学乘桴翁。

　　此诗前四句写得颇为轻松得意，可见他辞去州刺史官职是自愿的，继而写江行情状。"夜泊"四句言旅途之艰险，最为形象生动。"猿拂岸花落"四句令人想到李白的"两岸猿声啼不住，轻舟已过万重山"的名句。最后八句归为抒写所思所感：想起当年在中书省任职，经常出入尚书省，朝拜的是君主，相伴的是朝中同僚，没想到现在却来到这偏远之地，心情又怎么能够舒展呢！我还是隐居避世，远离官场吧！"吾当"二句，化用《论语·公冶长》语意："子曰：'道不行，乘桴浮于海。'"桴，小筏子。

　　在东归途中，他还见景生情，有感而记，写下《巴南舟中夜书事》：

渡口欲黄昏，归人争渡喧。

近钟清野寺，远火点江村。

见雁思乡信，闻猿积泪痕。

孤舟万里外，秋月不堪论。

　　诗中"见雁思乡信"，可见思乡之切，而"闻猿积泪痕"，又见出心态之凄凉。又有《巴南舟中思陆浑别业》，也是作于东归途中：

> 泸水南州远，巴山北客稀。
> 岭云撩乱起，溪鹭等闲飞。
> 镜里愁衰鬓，舟中换旅衣。
> 梦魂知忆处，无夜不先归。

前四句写舟中所见之景，泸水（即今四川西南部金沙江与雅砻江合流后的一段金沙江）通向南方，中原一带的旅游者来到巴山的并不多，但见云彩在山岭上飞过，溪中白鹭从容不迫地低飞；后四句写所思所感，最后二句说自己思乡心切，在人回乡之前，梦魂早已回到家乡了。

《下外江舟中怀终南旧居》也值得一读：

> 杉冷晓猿悲，楚客心欲绝。
> 孤舟巴山雨，万里阳台月。
> 水宿已淹时，芦花白如雪。
> 颜容老难赭，把镜悲鬓发。
> 早年好金丹，方士传口诀。
> 敝庐终南下，久与真侣别。
> 道书谁更开，药灶烟遂灭。
> 顷来压尘网，安得有仙骨。
> 岩壑归去来，公卿是何物！

诗题中的"外江"，指岷江。古书里记载，从重庆西戎州、泸州"上蜀者谓之外江"。这首诗集中表达了对终南山旧居的怀念，表达了对当年与道士交往的往事的怀念，感叹"道书谁更开，药灶烟遂灭"，而这原因就是"颜容老难赭，把镜悲鬓发"，长生不老真是梦想啊！全诗还是归到希望隐居度日："岩壑归去来，公卿是何物！"最后一句在边塞时也说过，此时又说一遍，显然分量更重。

可是，出人意料，水行几天过去，刚到戎州（治所在僰道，今四川宜宾市）、泸州（治所在泸川，今四川泸州市）地区，船却停了下来。船夫对岑参说："大人，前边有士兵把守，不让通过。"

岑参走出船舱往远处看去，果然看见许多全副武装的士兵正在那里巡逻，岸上一些人家的房子还着着火，岑参忙叫仆人上岸去打听情况。

一会儿，仆人带来了一个私塾先生，见了岑参，私塾先生说："大人，您恐怕过不去了。"

"为什么？出了什么事？"

"唉，又是内乱呀！"私塾先生说，"事情是这样的，前些日子西川节度使崔旰入朝奏事，让他的弟弟崔宽留守成都，泸州刺史杨子琳原来就与崔旰有矛盾，看到此时是个机会，便率领精骑数千，乘机冲入成都，几次战斗就打败了崔宽。崔旰的夫人任氏看到这种情况，便拿出家产数十万，招兵买马，终于打败了杨子琳。杨子琳兵败退守泸州，也大招兵马，收罗了数千人，号称要沿江东下入朝去杀崔旰，所以堵住了江道，谁也不让过去。"

"唉，真是国家百姓的一场灾难呀！"岑参长叹一声。

"是呀，"那先生说，"您还没看见呢，自从乱兵来了以后，这里到处是死尸，有些房子还被乱兵一把火给烧了，真惨呀！"

岑参走下小船，沿江信步走去，映入眼底的，的确是一片凄惨景象，真是尸骨遍地，血流成河，乱兵的罪行令人发指！岑参虽然满腔愤怒，却无能为力，只得暂时在泸州住下来，谁知这一住竟是两个多月，岑参的心里焦急极了。他时时感到无限孤独，每天只能借酒浇愁，什么也做不了。这天，他在无聊中多饮了几杯，借着酒力提笔写下《阻戎泸间群盗》诗，诗前有个小序说："戊申岁，余罢官东归，属断江路，时淹泊戎州作。"序中所说"戊申岁"，即唐代宗大历三年（768）。戎，戎州，治所在僰道（今四川宜宾市），在长江与岷江汇合之处。其诗如下：

> 南州林莽深，亡命聚其间。
>
> 杀人无昏晓，尸积填江湾。
>
> 饿虎衔髑髅，饥乌啄心肝。
>
> 腥浥滩草死，血流江水殷。
>
> 夜雨风萧萧，鬼哭连楚山。
>
> 三江行人绝，万里无征船。
>
> 唯有白鸟飞，空见秋月圆。
>
> 罢官自南蜀，假道来兹川。
>
> 瞻望阳台云，惆怅不敢前。
>
> 帝乡北近日，泸口南连蛮。
>
> 何当遇长房，缩地到京关。
>
> 愿得随琴高，骑鱼向云烟。
>
> 明主每忧人，节使恒在边。
>
> 兵革方御寇，尔恶胡不悛！
>
> 吾窃悲尔徒，此生安得全！

南州，指戎、泸一带，战乱景象四处可见。自己罢官东归受阻。南蜀，嘉州在四川南部，故云。阳台云，指巫山之云。宋玉《高唐赋》有"朝为行云，暮为行雨，朝朝暮暮，阳台之下"之句。帝乡，指长安。

泸口，泸川为沱江与长江汇合之处。长房，费长房，传说他有缩地之术。琴高，传说中的仙人。《法苑珠林》卷四十一《潜遁篇》："（琴高）行涓彭之术，浮游冀州、砀郡间二百余年，后复时入砀水中取龙子，与诸弟子期日。期日，（弟子）皆洁斋待于水傍，设星祠。（琴高）果乘赤鲤而出，入坐祠中，砀中旦有万人观之。留一月，复入水。"惆怅之余，岑参警告叛军：唐代宗为百姓忧虑，节度使严阵以待，叛军不思悔改，就一定会覆灭！

借酒浇愁，只能是自我麻醉，其作用是短暂的。这一天，岑参又独自喝起了闷酒，在似醉未醉的时候，他突然把酒杯往地上一扔，命人马上收拾行装回成都。

仆人见岑参脸色不好，没敢再问，忙去收拾东西。岑参见仆人走了，无力地坐在椅子上，他心有所感，又走到书案前，写下《秋夕旅泊古兴》：

> 独鹤唳江月，孤帆凌楚云。
> 秋风冷萧瑟，芦荻花纷纷。
> 忽思湘川老，欲访云中君。
> 骐骥息悲鸣，愁见豺狼群！

诗人沿长江东行，准备经楚地北归，因而有"孤帆凌楚云"之句，继而忽然想到"湘川老"（即舜，又称"湘君"。相传舜南巡，死于苍梧，成为湘水之神。）和"云中君"（云神），自然生思古之情，最后二句感叹时无贤人，只能任凭恶人（指叛乱军队）横行了！骐骥，良驹，此喻指贤明之士。感慨之深沉，令人吃惊……

第二天，岑参就转向成都出发，岑参来到成都的时候，已经是深秋时节了。因为他已没有官职，便住在一个旅舍里。闲来无聊，岑参便常在院子里伫立，看那树叶一片片落下，在秋风中打转，此时此刻，他的心境凄凉极了。是啊，他已经五十五岁了，却仍像落叶一样漂泊无依，这一切怎能不使他感慨万千呢？一天，他悲从中来，挥笔写下了一首《西蜀旅舍春叹，寄朝中故人呈狄评事》诗：

> 春与人相乖，柳青头转白。
>
> 生平未得意，览镜心自惜，
>
> 四海犹未安，一身无所适。
>
> 自从兵戈动，遂觉天地窄。
>
> 功业悲后时，光阴叹虚掷！
>
> 却为文章累，幸有开济策。
>
> 何负当途人，心无矜窘厄。
>
> 回瞻后来者，皆欲肆辔辚。
>
> 起草思南宫，寄言忆西掖。
>
> 时危任舒卷，身退知损益。
>
> 穷巷草转深，闭门日将夕。
>
> 桥西暮雨黑，篱外春江碧。
>
> 昨者初识君，相看俱是客。
>
> 声华同道术，世业通往昔。
>
> 早须归天阶，不能安孔席。
>
> 吾先税归鞅，旧国如咫尺。

狄评事，即狄博济，当时在成都西川节度使幕府任职。一路坎坷，诗人感叹自己年老功微，光阴虚度。"四海"四句是广为流传的名句，写出了人逢战乱的窘态，无人顾念，也很感伤。自己十分怀念当年在朝中为官的时光，现在时世艰难，只能辞官退职，把政治主张放在心里了。狄评事与自己相识相知，二人志趣相投，祖辈就有来往交结，现在狄评事还为国事奔走，而自己却要回故乡了。据载，岑参的伯祖父岑长倩与狄博济的曾祖父狄仁杰在武后时期都做过宰相，二人有一些政治主张完全一致。写罢此诗，岑参把笔往桌子上一扔，重重地坐在椅子上。对他来说，现在唯一的希望就是江路早早畅通，能让他早些回家。

正在这时，仆人进来通报："大人，成文成大人来访！"

"快请进！"岑参话音未落，成文便走了进来，见了岑参，他先施一礼，然后说："我听说大人又回成都了，所以特来拜望。"说着，递上一些银子："这些供大人花用。"

"多谢你了！"岑参叹了口气说，"唉，我被困在蜀中已经好几个月了，真让人着急呀！"

成文说："据我所知，近期岑大人恐怕还是不能成行，要不然先回嘉州住些日子，等情况好转了再说？"

岑参摇摇头："多谢你的美意，近来常常感到身上不舒服，怕是有什么病，每天疲劳得很，一点也不想动，嘉州就不去了吧。"

"可是……"

"成兄，嘉州杂务不少，你还是早些回去吧！"

送走了成文，岑参仍伫立在院中，这时，夜幕降临下来，一弯明月高高地挂在空中，岑参本来是十分喜欢那皎洁的月亮的，可是他久滞于此，天天晚上都在同一地方仰望同一轮明月，有家不能回，其情又何以堪呀！这一天晚上他去参加送别绵州（唐州名，治所在今四川绵阳市东）司马李俊的宴席，在宴饮之间，岑参写下一首感情深沉的《送绵州李司马秩满归京因呈李兵部》的诗：

久客厌江月，罢官思早归。

眼看春光老，羞见梨花飞。

剑北山居小，巴南音信稀。

因君报兵部，愁泪日沾衣。

秩满，任职期满。兵部，指兵部尚书李抱玉，显然诗中是希望他能加以援手，使自己能早日归京，再任朝官。但是，能够如愿吗？"愁泪日沾衣"，虽字字沉重，但能打动李抱玉大人的心吗？

送别李司马的宴会结束时已经很晚了，岑参回到客舍，久久不能入睡，起身徘徊，心情激动，想到崔旰因为叛乱反而受到重用，任为西川节度，他的手下都认为内地不安定，在蜀地反而可以满足一己私利，故而生出远离朝廷之心，于是提笔写下了"申明逆顺之理，抑挫佞邪之计"的《招北客文》。这是一篇奇文，值得认真品读：

先读第一段——

蜀之先曰蚕丛兮，纵其目以称王，当周室陵颓兮，乱无纪纲。洎乎杜宇从天而降，鳖灵溯江而上，相禅而帝，据有南国之九世。蜀本南夷人也，皆左其衽而椎其髻。及通乎秦也，始于惠王之代。五牛琢而秦女至，一蛇死而力士毙。二江双注，群山四蔽，其地卑湿，其风胜脆。蛮貊杂处，滇僰为邻；地偏而两仪不正，寒薄而四气不均。花叶再荣，秋冬如春，暮夜多雨，朝旦多云。阳景罕开，阴气恒昏，以暑以湿，为瘵为疠。气涸热以中人，吾知重腿之疾兮，将婴尔身。蜀之不可往，北客归去来兮！

这一段叙述蜀之历史及地理环境，劝人快归中原，不要到蜀地去。蚕丛，传说为蜀地第一位称王的人，其目直立，与众不同。陵颓，衰败。杜宇，蜀王名，即望帝。鳖灵，继杜宇后称王。"五牛"二句：《蜀王本纪》："秦惠王欲伐蜀，乃刻五石牛，置金其后。蜀人见之，以为牛能大便金；牛下有养卒，以为此天牛也，能便金。蜀王以为然，即发卒千人，使五丁力士拖牛成道，致三枚于成都。秦道得通，石牛之力也。"又曰："秦王知蜀王好色，乃献美女五人于蜀王。蜀王爱之，遣五丁迎女。还至梓潼，见一大蛇入山穴中。一丁引其尾，不出；五丁共引蛇，山乃崩，压五丁，五丁踏地大呼。秦王五女及迎送者，皆上山化为石。"

再读第二段——

　　其东则大江沄沄，下绝地垠，百谷相吞，出于荆门。突怒吼划，附于太白；渤潏硼砰，会于沧溟。跳喷浩淼，上溅飞鸟；麕缩盘涡，下漩鼋鼍。三峡两壁，乱峰如戟，槎枒屹崒，硕洞划拆；高干天霓，云处水积，尽日无光，其下黑窄；瞿塘无底，浅处万尺，啼猿哀哀，肠断过客。复有千岁老蛟，能变其身，好饮人血，化为妇人，衔服靓妆，游于水滨。五月之间，白帝之下，洪涛塞峡，不见滟滪，翻天麕地，霆吼雷怒。亦有行舟，突然而去，人未及顾，棹未及举，瞥见阳台，不辨云雨，千里一歇，日未亭午。须臾黑风暴起，拔树震山，石走沙飞，波腾浪翻，舟子失据，摧樯折竿，漩入九泉，没而不还，支体糜散，荡入石间，水族呀呀，拨剌争餐。蜀之东不可往，北客归去来兮！

这一段讲东边也去不得，还是回去吧！沄沄，形容水流很急的样子。绝，越过。地垠，蜀地的边界。趵刬，江水拍岸。附于，接近。太白，金星。渤潏，水奔腾的样子。硼砰，水浪相击声。盘涡，漩涡。槎枒，此指山峰歧出。屹崪，山势高峻。顁洞，无边无际。刬折，分开。干，犯。滟滪，滟滪堆，长江瞿塘峡口的巨石。亭午，正午。糜散，碎散。呀呀，张开大嘴。拨剌，鱼跃出水面的声音。

第三段写得最为精彩——

其西则高山万重，峻极属天。西有昆仑，其峰相连；日月回环，碍于山巅。峦崖盘嵚，天壁夐绝；阳和不入，阴气固闭。千年层冰，万古积雪；溪寒地坼，谷冻石冽；夏月草枯，春天木折。苍烟凝兮黑雾结，人堕指兮马伤骨。江水喷激，回盘纡萦；栈壁缘云，钩连相撑。绳梁龇虚，傍杳杳冥；下不见底，空闻波声。过者瞿然，亡魂丧精。复引一索，其名为笮，人悬半空，度彼绝壑。或如鸟兮或如猱，倏往还来幸不落。或有豪猪千群，突出深榛，努鬣射人；寒熊孔硕，登树自掷，见人则攫。巨麋如牛，修角如剑；饿虎争肉，吼怒阗阗。复有高崖坠石兮，声若雷之轫轰；上敲下磕，似火迸兮，满山流星；硐溪忽兮倒流，林岸为之颓倾；碎腾狄与过鸟，骇木魅兮山精，飞石压人兮不可行。西有犬戎，与此山通，形貌类人，言语不同；毡庐隆穹，氄裘蒙茸；啜酪啖肉，持枪挟弓；依草及泉，务战与攻；其声如犬，其聚如蜂。中国之人兮或流落于其中，岂只掘鼠茹雪以取活，终当铍其足而累其胸！泣汉月于西海，思故乡于北风。蜀之西不可往，北客归去来兮！

这一段说西边同样不能去，还是回内地吧！盘嶔，曲折高峻。敻绝，极为高远。回盘，盘旋。纡萦，绕弯。绳梁，绳桥。岰虚，若有若无。杳杳冥，幽暗深远的样子。矍然，惊视的样子。玃，指猴类。挈，撕扯。轿轰，雷声。狖，一种猴子。犬戎，古西戎种族名。毳裘，皮衣。茹，食。铍，以矛刺击。

第四段用语不多，同样令人震撼——

其南则有邛崃之关，天设险艰。少有平地，连延长山；横亘泸江，傍隔百蛮。吁彼汉源，上当漏天，靡日不雨，四时雾然，其人如鱼，爱处其泉；终年霖霪，时复日出，狋狋诸犬，向天吠日，人皆湿寝，偏死腰疾。复有阳山之路，毒瘴下凝；白日无光，其气瞢瞢；暑雨下湿，黄茅上蒸，南方之人兮不敢过，岂止走兽蹯兮飞鸟堕！吾不知造化兮，何致此方些？蜀之南兮不可以居，北客归去来兮！

这一段说蜀之南也不可久留，还是回内地去吧！邛崃，山名，在四川荣经县西。雾然，雨多的样子。爱，乃。狋狋，犬吠声。黄茅，指茅黄枯时发的瘴气。

最后一段归入正题——

其北则有剑山巉巉，天凿之门，二壁谽谺，高崖嶙峋。上柱南斗，傍镇于坤，下有长道，北达于秦。秦地神州，中有圣人，左右伊皋，能致我君。双阙峨峨，上覆庆云；千官锵锵，朝于紫宸；玉楼凤凰，金殿麒麟。布德垂泽，搜贤修文；皇化欣欣，煦然如春。蜀之北兮可以往，北客归去来兮！

这一段归为劝北人回中原去，不要参与割据和叛乱！谽谺，谷口张开的样子。南斗，星名。坤，地。尹皋，伊尹、皋陶，古代贤臣。庆云，祥云。紫宸，皇宫。搜贤，寻求贤才。修文，制定礼乐制度。皇化，天子的教化。

作者首先说蜀地不可久留，继而又说东、西、南三面均不可往，而只有北边出了剑门前往中原才是正确的选择，那里有"圣人"，有"尹皋"，有"庆云"，有"紫宸"，更有"布德垂泽""皇化欣欣"，而当时岑参想北归而不得，心情该是多么苦涩而无奈呀！

大历四年（769）冬天，岑参带着未归长安的遗憾客死在成都。在他去世前不久，他写下了一首也许是他的绝笔之作的《客舍悲秋，有怀两省旧游，呈幕中诸公》诗，诗是这样写的：

> 三度为郎便白头，一从出守五经秋。
> 莫言圣主长不用，其那苍生应未休！
> 人间岁月如流水，客舍秋风今又起。
> 不知心事向谁论，江上蝉鸣空满耳！

自己在朝中前后三次为郎官，当时头发已经斑白，后来被任命为嘉州刺史，到现在也已五年过去了。不必计较皇上不重用自己，只是担忧百姓还没有得到安宁。如今自己滞留成都不能东归，满腹心事无处倾诉，独闻江上蝉鸣聒耳，使人烦躁。诗中既有对"苍生"的挂念，又有对"岁月如流水"的感叹，还有"不知心事向谁论"的孤独和寂寞，内容颇为丰富，是岑参晚年的一篇力作。

正是在这种复杂的心境中，岑参走完了他的人生道路……

岑参死后，唐人杜确将其诗文收集在一起，编成了《岑嘉州诗集》，使岑参的作品得到更广泛的流传。岑参的诗，以边塞之作最有价值，因而后人将他与高适一起，并称为唐代边塞诗派的两个代表人物。他虽然在政治上没有实现自己建功立业的愿望，但他留下的不朽诗篇却闪烁着光芒，从而使他成为群星灿烂的唐代诗坛上的一颗夺目的明星。

岑参是盛唐诗坛上的一位重要诗人，他的诗作在当时就受到人们的赞扬，时人殷璠《河岳英灵集》便选录了岑参的作品，并评论说："岑参诗语奇体峻，意亦造奇。"杜甫将他与前人谢朓并提，说他的诗"每篇堪讽诵"（《寄岑嘉州》）。岑参死后三十年，杜确收集其诗并在序中说，开元之际，许多诗人"颇能以雅参丽，以古杂今，彬彬然，粲粲然，近建安之遗范矣。南阳岑公，声称尤著。……遍览史籍，尤工缀文。属辞尚清，用意尚切，其有所得，多入佳境，迥拔孤秀，出于常情。每一篇绝笔，则人人传写，虽闾里士庶，戎夷蛮貊，莫不讽诵吟习焉"（《岑嘉州诗集序》）。至于后代的赞扬与肯定，更是多见，如陆游说："予自少时，绝好岑嘉州诗，尝以为太白、子美之后，一人而已。"（《跋岑嘉州诗集》）明代边贡亦曰："称其近于李杜，斯可谓知言者矣。夫俊也、逸也，是太白之长也；若奇焉而又悲且壮焉，非子美孰其当之！……夫俊也、逸也、奇也、悲也、壮也五者，李杜弗能兼也，而岑诗近之。"（《刻岑诗成题其后》）虽然陆、边二人所论似有过誉之处，但还是很有参考价值的，从而亦可大体看出岑参在文学史上的地位和影响。

岑参最著名的是边塞诗，他先后两次出塞，在边塞度过了六年时间，"足迹遍及天山南北，频繁往返于北庭、轮台和高昌之间，长途跋涉在沙漠、戈壁和龟兹之地"（《西域探险史》）。边塞的生活深深地感染了他，也磨炼了他，《唐才子传》说："岑累佐戎幕，往来鞍马烽尘间十余载，极征行离别之情，城障塞堡，无不经行。"因此郑振铎先生说"唐人咏边塞诗颇多，类皆捕风捉影"，而岑参的边塞诗却"句句从体验中来，从阅历里出"。艺术是生活的反映，岑参的边塞诗就是他边塞生活的结晶，是他整个文学创作的精华，其内容是相当丰富和广泛的。首先，他的边塞之作热情歌颂了唐朝将士不畏艰苦、英勇卫国的精神，描写了唐军士气的雄壮和战斗的胜利，《轮台歌奉送封大夫出师西征》《武威送刘单判官赴安西行营便呈高开府》等就是这一类诗作；其次，他的边塞诗生动地描写了边塞的山水风光，其中融入了诗人对祖国边疆的满腔热爱之情，即使今天读来仍使人赞叹，如诗人描写边地的火山："火山突兀赤亭口，火山五月火云厚。火云满山凝未开，飞鸟千里不敢来。"（《火山云歌送别》）诗人描写迷人的热海："侧闻阴山胡儿语，西头热海水如煮。海上众鸟不敢飞，中有鲤鱼长且肥。岸旁青草常不歇，空中白雪遥旋灭。蒸沙烁石燃房云，沸浪炎波煎汉月。"（《热海行送崔侍御还京》）诗人描写天山："天山雪云常不开，千峰万岭雪崔嵬。"（《天山雪歌送萧治归京》）

正如杜甫所说，岑参是一位"好奇"的诗人，因而他还在诗中广泛地描写了边地奇异的风物与气候，如："终日见雪飞，连天沙复山"；"秋雪春仍下，朝风夜不休"；"凉州三月半，犹未脱寒衣"。这些描写颇为生动具体，的确是非亲到边塞者不能写出的。岑参的边塞诗还表现了各民族间的友好交往，此类作品虽然不多，但很有代表性，其中最为著名的是《赵将军歌》："九月天山风似刀，城南猎马缩寒毛。将军纵博场场胜，赌得单于貂鼠袍。"边境无事，各族和洽，少数民族首领和汉将便可以在博弈场中决一胜负了。岑参对边塞少数民族的音乐和舞蹈有很浓厚的兴趣，《凉州馆中与诸判官夜集》描写了"胡人"弹奏琵琶的艺术魅力："凉州七里十万家，胡人半解弹琵琶。琵琶一曲堪肠断，风萧萧兮夜漫漫。"《酒泉太守席上醉后作》不仅写了胡笳的动人，更写了其他乐器和歌唱："胡笳一曲断人肠，座上相看泪如雨。琵琶长笛曲相和，羌儿胡雏齐唱歌。"而《田使君美人舞如莲花北旋歌》则对少数民族的音乐舞蹈作了生动的描绘：

> 如莲花，舞北旋，世人有眼应未见。
>
> 高堂满地红氍毹，试舞一曲天下无。
>
> 此曲胡人传入汉，诸客见之惊且叹。
>
> 曼脸娇娥纤复秾，轻罗金缕花葱茏。
>
> 回裙转袖若飞雪，左旋右旋生旋风。
>
> 琵琶横笛和未匝，花门山头黄云合。
>
> 忽作出塞入塞声，白草胡沙寒飒飒。
>
> 翻身入破如有神，前见后见回回新。
>
> 始知诸曲不可比，《采莲》《落梅》徒聒耳。
>
> 世人学舞只是舞，姿态岂能得如此！

读罢全诗，胡女的舞姿和神态栩栩如生地展现在读者面前。王嵘《西域探险史》评论道："旅途的艰辛，时局的凶险，都记录在他的诗中；边地的景物，民族的风情，在他的诗句中闪现跳跃。诗人惊异于西域秘境的雄奇怪异，博大深厚，竭力探索，尽倾才华，对西域这崭新的天地作出了独特而创造性的描绘，新的发现在他的诗中层出不穷。他的诗酣畅淋漓，气吞山河，不仅成为难以企及的艺术标本，而且他在诗中揭示的西域之新、西域之奇、西域之美、西域之险，也为西域探险史、考察史留下了真切而华丽的篇章。"

岑参的边塞诗往往能选取那些最具特色的事物加以描写，从而扩大了唐诗的题材范围，正如《许彦周诗话》所说："岑参诗意自成一家，盖尝从封常清军，其记西域异事甚多，如《优钵罗歌》《热海行》，古今传记所不载也。"这些作品来自生活，故而"奇而入理""奇而实确"，是"耳闻目见得之，非妄语也"(《北江诗话》)。岑参诗歌的突出特点是一个"奇"字，而这在边塞诗上表现得更加明显，翁方纲《石州诗话》说："嘉州之奇峭，入唐以来所未有，又加以边塞之作，奇气益出，风云所感，豪杰挺出，遂不得不变出杜公矣。"因为有切身的体验，岑诗之奇有深厚的生活基础和真实的感情。当然，要想达到"奇"的境界，还离不开乐观主义精神和丰富的想象力，在这方面，《白雪歌送武判官归京》常常被人们提起，其诗曰：

北风卷地白草折，胡天八月即飞雪。

忽如一夜春风来，千树万树梨花开。

散入珠帘湿罗幕，狐裘不暖锦衾薄。

将军角弓不得控，都护铁衣冷难着。

瀚海阑干百丈冰，愁云惨淡万里凝。

中军置酒饮归客，胡琴琵琶与羌笛。

纷纷暮雪下辕门，风掣红旗冻不翻。

轮台东门送君去，去时雪满天山路。

山回路转不见君，雪上空留马行处。

此诗借助丰富的想象和生动的比喻，描绘出边塞特有的风光，抒发了深长的惜别之情。苏雪林《唐诗概论》说岑参"有一种热烈豪迈的性格和瑰奇雄怪的思想，最爱欣赏宇宙的'壮美'，以及人间一切可惊、可怖、可喜、可乐的事物，而环境恰恰又成全了他。十余年间驰驱戎幕，经历边塞，所见所闻，都非常人臆想能及。"岑参的边塞诗不仅有

"奇"的一面，还有"壮"的一面，形成了"奇壮"的特色。这是因为在岑参入塞之时，唐朝的国力相当强大，将士们自然有一种豪迈雄壮的气概，这对诗人当然会有深刻的影响，因而写出了许多风格奇壮的佳作，《武威送刘单判官赴安西行营便呈高开府》《轮台歌奉送封大夫出师西征》等都是此类作品，其中最有代表性的是《走马川行奉送出师西征》：

> 君不见走马川行雪海边，平沙莽莽黄入天！
> 轮台九月风夜吼，一川碎石大如斗，随风满地石乱走。
> 匈奴草黄马正肥，金山西见烟尘飞，汉家大将西出师。
> 将军金甲夜不脱，半夜军行戈相拨，风头如刀面如割。
> 马毛带雪汗气蒸，五花连钱旋作冰，幕中草檄砚水凝。
> 虏骑闻之应胆慑，料知短兵不敢接，车师西门伫献捷。

诗人立足于现实生活，借助于奇特的想象，极力描写出黄沙连天，风吹滚石的特定环境，以衬托一场大战即将展开时的紧张气氛，其形容与夸张自有"奇"的一面。但诗人写自然景象，是为了突出特定的人物，诗人渲染条件的艰苦和敌人的强大，是为了更好地表现唐军将士必胜的信心，从而表现了唐军所向无敌的气势，自然达到了"壮"的效果。

总之，岑参诗歌的成就是多方面的，在唐代诗人中自有其一席之地，而其边塞诗内容丰富、艺术成就甚高，更被人们视为盛唐边塞诗派的代表人物之一。

附录一

# 岑参年表

## 开元四年丙辰（716年） 一岁

先世本居南阳，梁时迁往江陵（今湖北荆州市），曾祖父文本、伯祖父长倩、堂伯父羲均官至宰相，分别相太宗、武后和中宗、睿宗。《感旧赋》序："国家六叶，吾门三相矣。"父植，弱冠补修文生，明经擢第，解褐同州参军事，后曾任仙、晋二州刺史。植有五子：渭、况、参、秉、垂，都做过官。

岑参出生于仙州（今河南叶县南）。

## 开元八年庚申（720年） 五岁

开始读书。《感旧赋》序："五岁读书。"

## 开元九年辛酉（721年） 六岁

岑植转任晋州(今山西临汾南）刺史，岑参随父往晋州。

## 开元十二年甲子（724年） 九岁

在兄长指导下开始作文。《感旧赋》序："九岁属文。"赋曰："荷仁兄之教导，方励己以增修。"

## 开元十七年己巳（729年） 十四岁

岑植去世，杜确《岑嘉州诗集序》："早岁孤贫，能自砥砺，遍鉴史籍，尤工缀文。"岑参随母亲迁往河南府王屋县，这里有岑参祖上留下的"别业"，岑参称其为"青萝旧斋"。

## 开元十八年庚午（730年） 十五岁

岑参随母亲来到嵩山少室（嵩山西峰）的"旧草堂"居住。《感旧赋》序："十五隐于嵩阳。"赋曰："无负郭之数亩，有嵩阳之一丘。"此居多年，岑参一直以嵩阳为中心在周边游览、游学。

## 开元二十三年乙亥（735年） 二十岁

曾至洛阳献书，并曾干谒王侯显宦。《感旧赋》序："二十献书阙下。"赋曰："弱冠干于王侯。""我从东山，献书西周。"

## 开元二十四年丙子（736年） 二十一岁

曾至洛阳寻找出仕的机会。《感旧赋》："出入二郡，蹉跎十秋。"二郡，指长安和洛阳。

## 开元二十八年庚辰（740年） 二十五岁

在长安。曾送别王昌龄，有《送王大昌龄赴江宁》诗。

## 开元二十九年辛巳（741年） 二十六岁

往河朔一带，游古邺城（今黄河北临漳县西）、邯郸、冀州（今属河北）、井陉、黎阳（今河南浚县）、新乡等地后回到长安。

## 天宝元年壬午（742年） 二十七岁

出潼关，至滑州（今河南滑县东）、匡城（今河南长垣县西南）、大梁（今开封西北）等地后又回到长安。

## 天宝二年癸未（743年） 二十八岁

在长安。作《感旧赋》，其序有"参年三十"之句，举成数而已。

## 天宝三年甲申（744年） 二十九岁

在长安。举进士，及第。《岑嘉州诗集序》："天宝三载，进士高第。"《唐才子传·岑参传》："天宝三年赵岳榜第二人及第。"

## 天宝四年乙酉（745 年） 三十岁

在长安。授右内率府兵曹参军。《岑嘉州诗集序》："解褐右内率府兵曹参军。"《旧唐书·职官志》："东宫武官：太子左右内率府，掌东宫千牛备身侍奉之事，而主其兵仗，总其府事。兵胄二曹参军，人数、品秩如诸率（从八品下）。"

《初授官题高冠草堂》："三十始一命，宦情多欲阑。"

此期岑参过着亦官亦隐的生活，往来于长安官府和终南山高冠草堂之间。

## 天宝七年戊子（748 年） 三十三岁

在长安。与颜真卿交往，有《胡笳歌送颜真卿使赴河陇》。《颜鲁公行状》："（天宝）七载秋充河西、陇右军试覆屯交兵使。"

## 天宝八年己丑（749 年） 三十四岁

在长安。转任右威卫录事参军，充节度使掌书记，赴安西。经陇山、燕支山、祁连山、敦煌，出阳关，又经过蒲昌海，到达了西州（今新疆吐鲁番）；继续西行，经银山碛、铁门关，到达了安西（今新疆库车），开始在高仙芝幕府任职。

## 天宝九年庚寅（750 年） 三十五岁

在安西。

## 天宝十年辛卯（751年） 三十六岁

自安西至武威，又东归次临洮，秋日回长安。

## 天宝十一年壬辰（752年） 三十七岁

在长安。与杜甫、王维、高适等交往，曾同登慈恩寺塔，有《与高适薛据同登慈恩寺浮图》诗。

## 天宝十二年癸巳（753年） 三十八岁

在长安。颜真卿任平原郡太守，岑参有《送颜平原》诗。与杜甫交往密切，有诗多首。

## 天宝十三年甲午（754年） 三十九岁

夏秋间赴北庭（北庭都护府驻地即今新疆维吾尔自治区吉木萨尔北破城子），岑参经陇头、临洮（今甘肃临潭县西）、金城（今兰州市），到达了凉州（即武威郡），又经过玉门关、贺延碛，终于到达了北庭府城，开始在封常清幕府中任职。

## 天宝十四年乙未（755年） 四十岁

在北庭。《北庭作》："秋雪春仍下，朝风夜不休。可知年四十，犹自未封侯！"

十一月，安禄山反。封常清正入朝奏事，遂被玄宗留下抵御叛军。十二月战败被杀。

### 至德元年丙申（756年） 四十一岁

在北庭。任伊西、北庭支度副使。

六月，玄宗奔蜀。七月，肃宗即位于灵武。

### 至德二年丁酉（757年） 四十二岁

至凤翔，为杜甫、裴荐、韦少游等举荐为右补阙。《岑嘉州诗集序》："入为右补阙，频上封章，指述权佞……"

十月，唐军收复长安。岑参随肃宗还长安。

### 乾元元年戊戌（758年） 四十三岁

在长安。任右补阙。多上谏书，得罪了权贵。与贾至、王维、杜甫等多有交往，有《和贾至舍人早朝大明宫之作》《寄左省杜拾遗》等诗。

### 乾元二年己亥（759年） 四十四岁

在长安。三月，由右补阙"转起居郎"；四月，"出为虢州长史"，五月赴任。《佐郡思旧游》诗序曰："己亥岁春三月，参自补阙转起居舍人。夏四月，署虢州长史。"

### 宝应元年壬寅（762年） 四十七岁

改太子中允，兼殿中侍御史，充关西节度判官。

四月，肃宗去世，代宗继位。

十月，天下兵马元帅雍王李适会诸道节度使于陕州（今河南三门峡），以讨史朝义，以岑参为掌书记。

## 广德元年癸卯（763 年） 四十八岁

在长安。任职于御史台，后又任祠礼员外郎。

## 广德二年甲辰（764 年） 四十九岁

在长安。改任考功员外郎，掌天下贡举之职；又转任虞
部郎中。虞部属工部，郎中一人，从五品上。

## 永泰元年乙巳（765 年） 五十岁

在长安。转库部郎中，库部属兵部，郎中一人，从五
品上。

十一月，出为嘉州（今四川乐山）刺史。因蜀中有乱，
行至梁州（今陕西汉中东）而又返回长安。

## 大历元年丙午（766 年） 五十一岁

诏相国杜鸿渐为山南西道、剑南东川副元帅，剑南西川
节度使，以平蜀乱。杜鸿渐荐举岑参为职方郎中，兼侍
御史，列于幕府。

岑参随杜鸿渐一起前往蜀中，七月抵达成都。

## 大历二年丁未（767 年） 五十二岁

在成都。六月，往嘉州赴任。

## 大历三年戊申（768 年） 五十三岁

在嘉州。七月，罢官东归，因群盗作乱，江路断绝，改
为北行，回到成都。

## 大历四年己酉（769 年） 五十四岁

客居成都，屡欲北归而不成。岁末，卒于成都旅舍。其
子佐公收集其诗，请杜确加以编次，编成《岑嘉州诗集》
八卷并作序，行于世。

附录二　参考文献

1.《岑参集校注》，陈铁民、侯忠义校注，上海古籍出版社 2004 年 9 月版。

2.《岑嘉州诗笺注》，廖立笺注，中华书局 2004 年 9 月版。

3.《岑参诗集编年笺注》，刘开扬笺注，巴蜀书社 1995 年 11 月版。

4.《岑参评传》，廖立著，人民文学出版社 1990 年 8 月版。

5.《高适岑参诗选评》，薛天纬注评，三秦出版社 2010 年 9 月版。

6.《高适岑参诗选译》，谢楚发译注，凤凰出版社 2011 年 5 月版。

7.《高适岑参诗选》，孙钦善等选注，人民文学出版社 1985 年 8 月版。

8.《增订注释全唐诗》，陈贻焮主编，文化艺术出版社 2007 年 8 月版。

9.《王维集校注》，陈铁民校注，中华书局 1997 年 8 月版。

10.《杜甫全集校注》，萧涤非主编，人民文学出版社 2014 年 1 月版。

11.《李白全集校注汇释集评》，詹锳主编，百花文艺出版社 1996

年 12 月版。

　　12.《李白·唐诗·西域》，薛天纬著，上海古籍出版社 2011 年 5 月版。

　　13.《李白与唐代文化》，葛景春著，中州古籍出版社 1994 年 6 月版。

　　14.《唐诗杂论》，闻一多著，上海古籍出版社 2006 年 4 月版。

　　15.《唐诗万象：唐朝风情面面观》，王开洋著，百花文艺出版社 2010 年 6 月版。

　　16.《唐诗故事》，阿袁著，九州出版社 2006 年 10 月版。

　　17.《唐代文学研究》（第十四辑），唐代文学学会主编，广西师范大学出版社 2012 年 7 月版。

　　18.《长安文化与隋唐诗歌》，康震著，陕西人民教育出版社 2008 年 12 月版。

　　19.《唐代文学史》，乔象钟、陈铁民主编，人民文学出版社 1995 年 12 月版。

　　20.《唐代诗人丛考》，傅璇琮著，中华书局 1980 年 1 月版。

　　21.《资治通鉴》，（宋）司马光主编，中华书局 2013 年 1 月版。

　　22.《新唐书》，（宋）欧阳修等撰，中华书局 2003 年 7 月版。

　　23.《旧唐书》，（后晋）刘昫等撰，中华书局 1975 年 1 月版。

　　24.《唐两京城坊考》，（清）徐松撰，中华书局 1985 年 8 月版。

　　25.《唐才子传校正》，（元）辛文房撰，周本淳校正，江苏古籍出版社 1987 年 6 月版。

　　26.《隋唐五代史》，王仲荦著，中华书局 2007 年 11 月版。

　　27.《大唐兴亡三百年》，杨根相、罗义俊著，新华出版社 1989 年 7 月版。

　　28.《天宝十四载：盛世终结与李杨情变》，谢元鲁著，济南出版社 2002 年 10 月版。

29.《新疆两千年》，刘逊、刘迪编著，新疆青少年出版社 2011 年 9 月版。

30.《新疆史鉴》，马大正等著，新疆人民出版社 2006 年 6 月版。

31.《西域探险史》，王嵘著，新疆人民出版社 2008 年 12 月版。

32.《丝绸之路与西域经济：十二世纪前新疆开发史稿》，殷晴著，中华书局 2007 年 12 月版。

33.《武威史话》，郭承录主编，甘肃文化出版社 2007 年 3 月版。

| | | |
|---|---|---|
| 第一辑已出版书目 | 1 | 《逍遥游——庄子传》 王充闾 著 |
| | 2 | 《书圣之道——王羲之传》 王兆军 著 |
| | 3 | 《千秋词主——李煜传》 郭启宏 著 |
| | 4 | 《草泽英雄梦——施耐庵传》 浦玉生 著 |
| | 5 | 《戏看人间——李渔传》 杜书瀛 著 |
| | 6 | 《心同山河——顾炎武传》 陈 益 著 |
| | 7 | 《孤独的绝唱——八大山人传》 陈世旭 著 |
| | 8 | 《泣血红楼——曹雪芹传》 周汝昌 著 |
| | 9 | 《旷代大儒——纪晓岚传》 何香久 著 |
| | 10 | 《烂漫饮冰子——梁启超传》 徐 刚 著 |
| 第二辑已出版书目 | 11 | 《忠魂正气——颜真卿传》 权海帆 著 |
| | 12 | 《花红别样——杨万里传》 聂 冷 著 |
| | 13 | 《感天动地——关汉卿传》 乔忠延 著 |
| | 14 | 《西风瘦马——马致远传》 陈计中 著 |
| | 15 | 《此心光明——王阳明传》 杨东标 著 |
| | 16 | 《梦回汉唐——李梦阳传》 泥马度 著 |
| | 17 | 《天崩地解——黄宗羲传》 李洁非 著 |
| | 18 | 《幻由人生——蒲松龄传》 马瑞芳 著 |
| | 19 | 《儒林怪杰——吴敬梓传》 刘兆林 著 |
| | 20 | 《史志巨擘——章学诚传》 王作光 著 |

第三辑已出版书目

21 《千古一相——管仲传》 张国擎 著

22 《漠国明月——蔡文姬传》 郑彦英 著

23 《棠棣之殇——曹植传》 马泰泉 著

24 《梦摘彩云——刘勰传》 缪俊杰 著

25 《大医精诚——孙思邈传》 罗先明 著

26 《大唐鬼才——李贺传》 孟红梅 著

27 《政坛大风——王安石传》 毕宝魁 著

28 《长歌正气——文天祥传》 郭晓晔 著

29 《糊涂百年——郑板桥传》 忽培元 著

30 《潜龙在渊——章太炎传》 伍立杨 著

第四辑已出版书目

31 《兼爱者——墨子传》 陈为人 著

32 《天道——荀子传》 刘志轩 著

33 《梦归田园——孟浩然传》 曹远超 著

34 《碧霄一鹤——刘禹锡传》 程韬光 著

35 《诗剑风流——杜牧传》 张锐强 著

36 《锦瑟哀弦——李商隐传》 董乃斌 著

37 《忧乐天下——范仲淹传》 周宗奇 著

38 《通鉴载道——司马光传》 江永红 著

39 《琵琶情——高明传》 金三益 著

40 《世范人师——蔡元培传》 丁晓平 著

第五辑已出版书目

41　《真书风骨——柳公权传》　和　谷 著

42　《癫书狂画——米芾传》　王　川 著

43　《理学宗师——朱熹传》　卜　耕 著

44　《桃花庵主——唐寅传》　沙　爽 著

45　《大道正果——吴承恩传》　蔡铁鹰 著

46　《气节文章——蒋士铨传》　陶　江 著

47　《剑魂箫韵——龚自珍传》　陈歆耕 著

48　《译界奇人——林纾传》　顾　艳 著

49　《醒世先驱——严复传》　杨肇林 著

50　《搏击暗夜——鲁迅传》　陈漱渝 著

第六辑出版书目

51　《问天者——张衡传》　王清淮 著

52　《边塞诗雄——岑参传》　管士光 著

53　《一代文宗——韩愈传》　邢军纪 著

54　《花间词祖——温庭筠传》　李金山 著

55　《晓风残月——柳永传》　简雪庵 著

56　《梦溪妙笔——沈括传》　周山湖 著

57　《天地行人——王夫之传》　聂　茂 著

58　《山之巍峨——林则徐传》　郭雪波 著

59　《戊戌悲歌——康有为传》　张　健 著

60　《爱是一切——冰心传》　王炳根 著

## 图书在版编目（CIP）数据

边塞诗雄：岑参传 / 管士光 著. -- 北京：作家出版社，2016.10

（中国历史文化名人传丛书）

ISBN 978-7-5063-8714-9

Ⅰ. ①边… Ⅱ. ①管… Ⅲ. ①岑参（714～770）- 传记 Ⅳ. ①K825.6

中国版本图书馆CIP数据核字（2016）第024113号

---

**边塞诗雄——岑参传**

---

作　　者：管士光

传主画像：高　莽

责任编辑：田小爽

书籍设计：刘晓翔＋韩湛宁

责任印制：李卫东　李大庆

出版发行：作家出版社

社　　址：北京农展馆南里10号　　　　邮　　编：100125

电话传真：86-10-65930756（出版发行部）

　　　　　86-10-65004079（总编室）

　　　　　86-10-65015116（邮购部）

E-mail:zuojia@zuojia.net.cn

http://www.haozuojia.com（作家在线）

印　　刷：北京汇林印务有限公司

成品尺寸：152×230

字　　数：250千

印　　张：20

版　　次：2016年10月第1版

印　　次：2016年10月第1次印刷

ISBN 978-7-5063-8714-9

定　　价：60.00元（精）

---